リファレンス・ドイツ語

在間進 著

ドイツ語文法の「すべて」がわかる

独検対応

第三書房

カバー装丁:みなみのなおこ

まえがき

「本書を手にとってくださったみなさん，こんにちは！」— 今，やっとこう書ける喜びに一人浸って，パソコンの前に座っています（これを人は「自己満足」，「自己陶酔」と言うのでしょうね）。

ドイツ語に出会ってから，もう半世紀以上。最近は，主に亀ヶ谷昌秀さんと独検対策本の執筆に携わってまいりました。毎年2回，独検が実施される度に出題問題のポイントを整理しているのですが，複数年にわたって眺めてみますと，各級の出題範囲に多少の「揺れ」が見られるものの，出題問題のポイント自体はかなりの程度一定してきており，各級の相違は，これらのポイントのどれを出題対象にするかの相違「のみ」であることがわかります。

それならば，まずは，「出題問題ポイント一覧」というものを作成すべきではないかという話になり，その作成に着手しました。しかし，作業が進むに従い，これらはそもそもドイツ語を学ぶ上で必要な学習ポイントで，一般のドイツ語学習者にとっても役立つ，必要なものではないかということに考えが及び，それなら一層，最近可能になりつつある使用頻度という観点や従来の成果も取り入れ，一般のドイツ語学習者も対象にした「リファレンス・ドイツ語」という形で出版したらどうかということになったのです。

ただし，元々は独検受験者を想定したものですので，執筆に際しては，5級・4級の受験者も使えるように，基本的な文法事項に関しては，可能な限り丁寧な「読めばわかる」説明に心がけることを基本にし，また3級・2級以上の受験者のためには，より詳細な説明は，小さめの書体でメリハリをつけた注という形で学習できるようにしました。

なお，本書の作成中に気づいたことなのですが，独検などの採用している4択という出題形式について一言。4択形式を採用するのは，採点上の手間暇を考えてのことでしょうが，しかし，しっかりドイツ語を学ぼうとする学習者にとって，4択形式は，必ずしもデメリットだけではないということです。たとえば，

Er kauft eine Rose. Er schenkt （　）seiner Freundin.

という文の（　）内に入れる適切なものを次の4つの選択肢

1 ihn　2 sie　3 ihm　4 ihr

から選べというような問題の場合，当然，それぞれの単語の意味を知らなければなりませんが，まず，「前出の名詞の代わりに人称代名詞（3人称）を使うこ

とができる」ということを知らなければなりませんね。

　もしそのことを知っているならば（もちろん，今，本書を手にしている人はすでにご存知だと思いますが），次に，人称代名詞の<u>どの形が適切か</u>ということになります。この問いに答えるには，人称代名詞の<u>文法上の性</u>と<u>数</u>は，受ける名詞の<u>ものを引き継ぐ</u>（→ 女性・単数），そして<u>格</u>は，文中の<u>意味的役割</u>によって別途<u>決まる</u>（→ schenken の 4 格目的語）ことがわかっていなければなりません。すなわち，正解の選択肢（→ 女性・単数・4 格）に辿り着くためには，与えられた<u>4 択の選択肢</u>を対比する中で，

　① <u>人称代名詞</u>（3 人称）は前出の名詞を受けて使うことができる
　② その際の人称代名詞の<u>文法上の性</u>と<u>数</u>は受ける名詞のものと同一になる
　③ どの格形になるかは<u>文中の意味的役割</u>に基づく

という 3 点を確認しなければならないのですから，意識的にも無意識的にも，これらの学習項目が一つひとつ明確に「意識化」されていくはずなのです。

　将来的には，本書で取り上げているドイツ語文法のそれぞれの学習ポイントを一つひとつ「意識化して」学習できるような問題集を作成したいと思っているのですが，きょうも髪の毛を数えると，これは，はかない恋，否，「はかない夢」で終わるかも知れないと思ってしまいます。

　本書を作成するにあたり，様々な方のこれまでの業績から多くのことを学ばせていただきました。これらの方々のお名前をお一人おひとり挙げて感謝の意を表すことができませんが，本書の具体的な執筆に限って言えば，この場を借りて，文法上の不確かなことの確認やネイティブ・チェック依頼などにご協力を頂いた三瓶裕文さん，大薗正彦さんには心から感謝を申し上げます（本書の用例はすべてネイティブによるチェックを受けたものです）。また，本書の企画に関して，陰ながら全面的にバックアップしてくださった第三書房の関一之さん，藤井一嘉さん，特に，執筆を始めてから 2 年以上にわたり様々な観点からサポートして頂いた編集部の南野貴子さんには「長らくありがとうございました」とお礼を申しあげたいと思います。

2017 年 2 月 28 日

　　　　　　　　　　　　　　　　　　　　　　　　　　　在間　進

Ein Haar auf dem Kopf ist zu wenig,
ein Haar in der Suppe ist zu viel.
（訳は→ 119 頁；ちなみに私は 1 本以上あります）

目　　次

第1章　動詞

第1節　時制の形と用法
1. 時制の種類 …… 6
2. 不定形，不定詞 …… 6
3. 現在人称変化，定形，定動詞 …… 7
4. 三基本形 …… 11
5. 過去人称変化 …… 15
6. 現在完了形，過去完了形 …… 17
7. 未来形（単純未来形，未来完了形）…… 22
8. 各時制の用法 …… 23

第2節　受動態（受動形）
1. werden 受動（動作受動）…… 30
2. sein 受動（状態受動）…… 39
3. bekommen 受動 …… 41

第3節　接続法
1. 接続法の形 …… 42
2. 接Ⅰの用法（体験話法も含む）…… 47
3. 接Ⅱの用法 …… 54

第4節　命令法（命令形）
1. 親称の命令形 …… 60
2. 敬称の命令形 …… 61
3. 命令形の細則 …… 62

第5節　各種の動詞
1. 助動詞と本動詞 …… 63
2. 複合動詞（分離動詞，非分離動詞，分離・非分離動詞）…… 64
3. 再帰動詞，再帰的熟語表現 …… 69
4. 話法の助動詞 …… 72
5. 使役の助動詞 lassen，知覚動詞，移動動詞，非人称動詞，機能動詞 …… 78

第6節　不定詞，zu 不定詞句
1. 不定形，不定詞，完了不定詞 …… 84
2. 不定詞句の構成 …… 85
3. 用法1（zu を伴わない不定詞句）…… 86
4. 用法2（zu を伴う不定詞句）…… 88
5. zu 不定詞句と動詞 sein …… 94
6. 動詞との熟語用法 …… 95

第7節　分詞
1. 現在分詞，現在分詞句 …… 97
2. 過去分詞，過去分詞句 …… 102

第2章　名詞，代名詞

第1節　名詞
1. 名詞の分類 …… 107
2. 文法上の性 …… 108
3. 数 …… 112
4. 格 …… 120

第2節　代名詞

1. 人称代名詞 ……………… 131
2. 再帰代名詞，相互代名詞 … 141
3. 指示代名詞 der ………… 145
4. 不定代名詞 ……………… 149
5. 疑問代名詞 wer, was …… 154

第3章　冠詞類

1. 主な冠詞類一覧 ………… 155
2. 定冠詞 …………………… 156
3. 不定冠詞 ………………… 159
4. 無冠詞 …………………… 161
5. 定冠詞類（定冠詞を除く）… 163
6. 不定冠詞類
   （不定冠詞を除く）……… 172

第4章　前置詞

1. 格支配 …………………… 178
2. 2格支配の前置詞 ……… 178
3. 3格支配の前置詞 ……… 180
4. 4格支配の前置詞 ……… 181
5. 3格・4格支配の前置詞 … 183
6. 定冠詞との融合形 ……… 185
7. 前置詞と結びつく動詞と
   形容詞 …………………… 187

第5章　形容詞，副詞

第1節　形容詞

1. 3つの用法 ……………… 189
2. 付加語（名詞修飾）……… 189
3. 形容詞の名詞的用法 …… 193
4. 述語 ……………………… 194
5. 副詞成分（動詞等修飾）… 195
6. 格・前置詞を支配する
   形容詞 …………………… 196

第2節　副詞（関係副詞は除く）

1. 副詞の分類 ……………… 197
2. 本来的な副詞（動詞修飾）… 197
3. 動詞以外の語句を
   修飾する副詞 …………… 198
4. 代名詞副詞（da[r]-＋前置詞）… 200
5. 疑問副詞，疑問代名詞副詞，
   接続副詞 ………………… 202
6. 否定を表す副詞 ………… 206
7. nicht の使用細則 ……… 207

第6章　複合文

1. 並列複合文と
   従属複合文 ……………… 212
2. 並列複合文，並列接続詞
   （相関接続詞も含む）…… 212
3. 従属複合文，副文，
   従属接続詞 ……………… 215
4. 間接疑問文 ……………… 221
5. 関係文，関係詞 ………… 222
6. 比較文 …………………… 235

第7章　文（種類，構成，語順）

1. 文の種類 ………………… 244
2. 文の構成素，文型 ……… 247
3. 定動詞，第2成分，
   文成分の配列（語順）…… 258

補足

1 アルファベット ……………… 271
2 つづりの読み方，アクセント，母音の長短 … 272
3 造語（複合語，派生語）……… 276
4 数詞 ……………………………… 278
5 時刻，年月日 …………………… 282
6 弱音節の e ……………………… 284
7 動詞句，名詞句の変化形一覧 ……………………… 285
8 規則変化動詞の変化形一覧 ……………………… 290
9 不規則変化動詞の変化形一覧と主な不規則変化動詞 … 291

索引 …………………………………… 302

コラム

完了の助動詞の使用細則 …… 29
受動形の語順 …………………… 38
ドイツ語学習の秘訣 …………… 59
複合動詞の細則 ………………… 68
話法の助動詞の対比 …………… 77
他動詞と自動詞 ………………… 83
熟語動詞 ………………………… 96
現在分詞の形容詞化 …………… 101
過去分詞の形容詞化 …………… 106
kein と nicht …………………… 176
in と nach，seit と ab ……… 188
「心態詞」的用法 ……………… 205
文否定の nicht の位置 ………… 211
関係文の作り方 ………………… 232
関係代名詞文と冠飾句 ………… 233
不定関係代名詞 wer …………… 234
枠構造 …………………………… 269
r の発音と語末の -[e]r ………… 275

── 凡　例 ──

4格	4格名詞	3格	3格名詞
2格	2格名詞	形容詞	形容詞
sich⁴	4格の再帰代名詞	sich³	3格の再帰代名詞
/	=「あるいは」	〈 〉	=「あるいは」(語句が長い場合)
[ ]	省略可能	<	派生元の語あるいは重要度
［誤］	誤文，誤句		
→○	関連事項の頁（後続頁も含む）あるいは小見出し番号を示す。		

＊発音記号は，Duden Bd.6（発音辞典）を基にし，部分的に変更して使用しています。

第 1 章　動詞

注 ドイツ語学習上，最も目立つ「壁」は動詞の**形**です。一つの動詞には 150 以上の形があります。これはとてつもない数と言えば，とてつもない数です。しかし，これらの「数」も，本章で説明する文法規則を一つひとつしっかり学べば，いつの間にか克服できてしまう（！）「数」なのです。「文法」を意味する英語 grammar，ドイツ語 Grammatik の語源は（民間語源説ですが）「魔法」とのことです。「文法」を学ぶということは，ドイツ語ができるようになる「魔法」を身に付けるということなのですね。素敵なことではありませんか？

第 1 節　時制の形と用法（直説法，能動態）

注 本節で取り上げるのは**直説法**の**能動態**における 6 つの**時制の形と用法**です。**直説法**というと何か難しそうに聞こえるかもしれませんが，みなさんが初級文法で最初に学ぶ Ich lerne Deutsch. の **lerne** や Er trinkt Kaffee. の **trinkt** のことなのです。
また，**能動態**ですが，これは後に学ぶ**受動態**（受動形）と対立するもので，たとえば Er **wird** von ihr **geliebt**.「彼は彼女に愛されている」に対する Sie **liebt** ihn.「彼女は彼を愛している」のような，最も一般的な表現形式を指します。

1　時制の種類

- **直説法**の**能動態**には，現在，過去，未来，現在完了，過去完了，未来完了の 6 つの時制があります。

  注 以下，これらの時制の形と用法を学ぶわけですが，まず問題になるのが，すでに述べたように，動詞の形です。もちろん動詞のすべての形を一覧表の形で示して済ますことも可能ですが，通常は，**基になるもの**を一つ定め，それらがどのように変化するかという形で説明されます。
  すでに学習されていることと思いますが，動詞の形には，**主語の種類に応じて決まった形**と**主語の種類とは無関係な形**とがあります。前者を**定形**，そして定形の動詞を**定動詞**と呼び，後者を**不定形**，そして不定形の動詞を**不定詞**と呼びますが（→第 6 節），本書も，他の文法書と同じように，後者の，すなわち**不定詞**を動詞の**基になるもの**と定め，これがどのように形を変えていくのかという形で説明をしていきます。

2　不定形，不定詞

> **lern**en 学ぶ　　**lächel**n ほほえむ　　**ruder**n ボートをこぐ

- 上掲の単語は動詞。この形を（定形と区別して）不定形と呼びます。また，この形の動詞を（定動詞と区別して）不定詞と呼びます。

> **注** 不定形および不定詞の「不定」とは形がまだ定まっていない（すなわち主語に応じて定まった形ではない）という意味です。

- 下線部が語幹，青太字の部分が語尾。不定詞は語幹と語尾によって構成されます。語尾には -en と -n の2種類があります。
- 大半の動詞は不定詞の語尾が -en，一部の動詞のみが -n。不定詞語尾 -n の付く動詞は，上例の lächeln や rudern のように，語幹にアクセントのない e（=弱音節の e）のある動詞です（→ 3.1.3；弱音節の e は → 284 頁コラム）。

3　現在人称変化（用法は→ 23 頁），定形，定動詞

3.1　規則変化動詞（人称については→ 131 頁）

```
lernen 学ぶ（不定詞＝人称変化の基）
                単数                      複数
1人称          ich    lerne           wir    lernen
2人称親称       du     lernst          ihr    lernt
3人称          er / sie / es  lernt   sie    lernen
2人称敬称       Sie    lernen          Sie    lernen
```

- 上表の下線部が不定詞の語幹。青太字の部分が主語の人称・数に応じて変わる語尾（＝人称語尾）。
- 主語の人称・数に応じて人称語尾が変化することを人称変化，人称変化した形（たとえば lerne, lernst）を定形，その形の動詞を定動詞と呼びます。1人称・3人称の複数と2人称敬称の定形は不定詞の形と同一になります。
- 現在人称変化形は不定詞の語幹に上表の人称語尾を付けて作るのです。
- 上例の lernen と同一の人称変化する動詞を規則変化動詞と呼びます。ただし，正式な定義は→ 13 頁 **注2**。

〔類例〕　fragen 尋ねる　　kochen 料理する　　wohnen 住んでいる

注1 2人称敬称を除いた人称語尾は，e-st-/ t-en-/ t-en のように区切り，［エステンテン］と覚えるのが一般的です。

人称語尾一覧	ich	-e	wir	-en	〈2人称敬称〉			
	du	-st	ihr	-t	Sie	-en	Sie	-en
	er	-t	sie	-en				

注2 これ以降の表では，**2人称敬称は3人称複数と常に同一であるため省略**し，**3人称単数は er によって代表**させます。人称や単数・複数の表示も省略します。

3.1.1 規則変化バリエーション１ (**語幹末尾に注意**)

```
baden 入浴する                          warten 待つ
ich  bade      wir  baden        ich  warte      wir  warten
du   badest    ihr  badet        du   wartest    ihr  wartet
er   badet     sie  baden        er   wartet     sie  warten
```

- 上表の動詞 baden と warten は**語幹**（下線部）の**末尾**が -d, -t。このように，末尾が -d, -t で終わる動詞の場合，du, er, ihr の人称語尾は，口調の関係で e（＝口調上の e）を挿入し，-est, -et, -et にします。

（類例） enden 終わる　　finden 見つける　　schneiden 切る
　　　　 antworten 答える　arbeiten 働く　　mieten 借りる

注1 口調上の e を挿入する例外的な動詞として以下のものがあります。
atmen 息をする　　öffnen 開ける　　regnen 雨が降る　　rechnen 計算する
zeichnen（絵などを）描く

注2 上掲の atmen は **Atem**「息」からの，regnen は **Regen**「雨」からの，zeichnen は **Zeichen**「記号」からの派生動詞。しかし，名詞形と動詞形を比べると，名詞の語幹にある e が動詞では削除されています。これは，Atem, Regen, Zeichen に不定詞語尾 -en を付けると，atemen, regenen, zeichenen のように，弱音節の e が連続してしまうからなのです。ドイツ語には「弱音節の e の連続は避ける」という原則があるのです（→ 284 頁）。形容詞 offen からの派生動詞も öffenen でなく，öffnen になっているのもこの原則のためです。rechnen の場合，派生元であるべき Rechen「計算」という名詞が現在，存在していませんが，**Rechen**maschine「計算機」などの複合語にその痕跡を見ることができます。

3.1.2 規則変化バリエーション２ (**語幹末尾に注意**)

```
reisen 旅行する                         heißen …という名前である
ich  reise     wir  reisen       ich  heiße      wir  heißen
du   reist     ihr  reist        du   heißt      ihr  heißt
er   reist     sie  reisen       er   heißt      sie  heißen

sitzen 座っている                        tanzen ダンスをする
ich  sitze     wir  sitzen       ich  tanze      wir  tanzen
du   sitzt     ihr  sitzt        du   tanzt      ihr  tanzt
er   sitzt     sie  sitzen       er   tanzt      sie  tanzen
```

第1節　時制の形と用法

- 前頁の動詞のように，語幹（下線部）の末尾が -s, -ss / -ß, -x, -tz, -z の動詞の du の人称語尾は，口調の関係で -st でなく，-t のみになります。

  類例　lösen 解決する　　　fassen つかむ　　　grüßen 挨拶する
  　　　nutzen 利用する　　　heizen 暖房する　　boxen ボクシングをする

  注1 語尾 -st を付ける場合，s を削除するのは s 音の連続を避けるためです。-x, -tz / -z も末尾が s の音になります：nutz- [nʊts], heiz- [haɪts], box- [bɔks]。
  注2 語幹が -sch で終わる動詞の場合，du の人称語尾は -st になります。
  　forschen 研究する → du forschst　　wünschen 望む → du wünschst

3.1.3　規則変化バリエーション3（**語幹末尾と不定詞の語尾**に注意）

lächeln ほほえむ			rudern ボートをこぐ		
ich	lächle	wir lächeln	ich	rud[e]re	wir rudern
du	lächelst	ihr lächelt	du	ruderst	ihr rudert
er	lächelt	sie lächeln	er	rudert	sie rudern

- 上表の動詞の**不定詞語尾**は -n，語幹の末尾が **-el / -er**。このような動詞の場合，語幹末尾が **-el** ならば，1人称単数で**語幹の e** が**省略**され，また，語幹末尾が **-er** ならば，**語幹の e** が口語で省略されます（弱音節の e の連続は→ 284頁）。1人称・3人称の複数語尾は不定詞と同形（-n のみ）。

  類例　angeln 釣りをする　　handeln 行動する　　zweifeln 疑う
  　　　ändern 変える　　　　erinnern 思い出させる　feiern 祝う

  注　tun「…をする」の人称変化：ich tue, du tust, er tut; wir tun, ihr tut, sie tun。

3.2　不規則変化動詞

- 人称変化の際に語幹の母音（= **幹母音**）も変える動詞があります。これらを**不規則変化動詞**と呼びます。主なタイプは以下の二つです。→ 13頁 注2。

3.2.1　a → ä タイプ

schlafen 眠る	ich	schlafe	wir	schlafen
（不定詞 = 人称変化の基）	du	**schläfst**	ihr	schlaft
	er	**schläft**	sie	schlafen

- 上表の動詞は**幹母音のaが2人称親称単数と3人称単数でä**に変わってい

ます。これが一つ目の主なタイプです。なお，複数形（および敬称）は規則変化です。

[類例] fahren（乗り物で）行く　fallen 落ちる　fangen 捕える
schlagen 殴る　tragen 運ぶ　waschen 洗う

[注1] 幹母音 **au** が **äu** になるものもあります：laufen 走る（du **läufst**, er **läuft**）。
[注2] laden「積む」は語幹末尾が -d ですが，口調上の e は入れません（du **lädst**, er **lädt**）。
[注3] 語幹末尾が -ss の動詞，たとえば，lassen「…させる」の2人称親称は，s を一つ削除し，3人称単数と同形になります（du **lässt**, er lässt）。

3.2.2　e → i / ie タイプ

h**e**lfen 手助けする		s**e**hen 見る	
ich　helfe	wir　helfen	ich　sehe	wir　sehen
du　**hilfst**	ihr　helft	du　**siehst**	ihr　seht
er　**hilft**	sie　helfen	er　**sieht**	sie　sehen

● 上表の動詞は幹母音の **e** が **2人称親称単数**と**3人称単数**で **i**（短母音）と **ie**（長母音）に変わっています。これが二つ目の主なタイプです。なお，複数形（および敬称）は規則変化です。

[類例]　短母音：brechen 折る　　sprechen 話す　　treffen 会う
　　　　長母音：empfehlen 推薦する　stehlen 盗む

[注1] 語幹末尾が -s の動詞，たとえば lesen「読む」の2人称親称は，s が重複するため，s を一つ削除し，3人称単数と同形になります（du **liest**, er liest）。語幹末尾が -ss の動詞 messen「測る」も，同様に s を削除します（du **misst**, er misst）。
[注2] geben「与える」は，幹母音が長く発音されますが，**ie** にならず，**i** になります（ただし長く発音されます）：du gibst [gi:pst], er gibt [gi:pt]。

3.2.3　不規則変化バリエーション（**つづりの変化に注意**）

ne**h**men 取る		hal**t**en（手で）持っている	
ich　nehme	wir　nehmen	ich　halte	wir　halten
du　**nimmst**	ihr　nehmt	du　**hältst**	ihr　haltet
er　**nimmt**	sie　nehmen	er　**hält**	sie　halten

- 上例の nehmen の場合，h が m に変わるなど，2人称親称単数と3人称単数で，幹母音とともに，つづりも少し異なります。
- 上例の halten は，2人称親称単数で，語幹末尾が t ですが，口調上の e を入れず，また3人称単数で人称語尾 t を省略します。

  類例 braten（肉などを）焼く　　：du　**brätst**　　　er　**brät**
  　　　raten 助言をする　　　　　：du　**rätst**　　　　er　**rät**
  　　　treten 歩む　　　　　　　　：du　**trittst**　　　er　**tritt**

  注1 stoßen「突く」は**幹母音 o** が変わります。
  　　ich stoße, du **stößt**, er **stößt**　　〔複数〕wir stoßen, ihr stoßt, sie stoßen
  注2 mögen「…が好き」は**幹母音 ö** が変わり，つづりも大きく変わります
  　　ich **mag**, du **magst**, er **mag**　　〔複数〕wir mögen, ihr mögt, sie mögen
  注3 wissen「知っている」は，単数で幹母音も含め，つづりも大きく変わります。
  　　ich **weiß**, du **weißt**, er **weiß**　　〔複数〕wir wissen, ihr wisst, sie wissen

3.2.4　sein, haben, werden の現在人称変化

ich	bin	…である	habe	持っている	werde	…になる
du	bist		hast		wirst	
er	ist		hat		wird	
wir	sind		haben		werden	
ihr	seid		habt		werdet	
sie	sind		haben		werden	

4　三基本形

4.1　過去基本形，過去分詞

不定詞	（語幹）			過去基本形	過去分詞
kaufen	(kauf-)	買う	→	kaufte	**gekauft**
lesen	(les-)	読む	→	las	**gelesen**
denken	(denk-)	考える	→	dachte	**gedacht**

- 青太字は過去基本形。**過去人称変化形**の基になるものです。
- 黒太字は過去分詞。過去分詞は助動詞と結びついて**完了形，受動形**などを作ります（詳細は→102頁）。

第1章　動詞

- 不定詞，過去基本形，過去分詞は，動詞の様々な形の基本になるため，<u>三基本形</u>と呼びます。三基本形の作り方は，<u>幹母音</u>がどう変わるか，どのような<u>接辞</u>が付くかによって，<u>3つのタイプ</u>に分かれます。

4.2　第1タイプ（規則変化動詞；○は語幹を示します）

不定詞（○-en）	過去基本形（○-te）	過去分詞（ge-○-t）
frag**en**（frag-：尋ねる）	frag**te**	**ge**frag**t**

- 上例の動詞は，過去基本形を<u>語幹 + -te</u> という形で，過去分詞を <u>ge- + 語幹 + -t</u> という形で作ります。
- このタイプの動詞を<u>規則変化動詞</u>と呼びます。これらの動詞は，接辞を付けるだけのため（変化が「弱い」ため），かつては**弱変化動詞**と呼んでいました。大半の動詞がこのタイプに属します。

（類例）
lern**en**	（lern-：学ぶ）	lern**te**	**ge**lern**t**
such**en**	（such-：探す）	such**te**	**ge**such**t**
wein**en**	（wein-：泣く）	wein**te**	**ge**wein**t**

- 語幹が -d, -t で終わる動詞の場合，**口調上の e を入れ**，過去基本形は<u>語幹 + -ete</u>，過去分詞は <u>ge- + 語幹 + -et</u> という形になります。

bad**en**	（bad-：入浴する）	bad**ete**	**ge**bad**et**
end**en**	（end-：終わる）	end**ete**	**ge**end**et**
arbeit**en**	（arbeit-：働く）	arbeit**ete**	**ge**arbeit**et**
wart**en**	（wart-：待つ）	wart**ete**	**ge**wart**et**

4.3　第2タイプ（不規則変化動詞）

gehen（geh-：行く）	g**i**ng	**ge**g**a**ngen

- 上例の動詞は，過去基本形を，接辞も付けず，<u>幹母音</u>を変えるのみで作り，過去分詞は <u>ge- + 語幹 + -en</u> という形で作ります。なお，幹母音がどのように変化するかは，過去分詞の場合も含め，それぞれの動詞で異なります。
- このタイプの動詞を<u>不規則変化動詞</u>と呼びます。これらの動詞は，<u>幹母音が変わるため</u>（変化が「強い」ため），かつては**強変化動詞**と呼んでいました。
- 不規則変化動詞の<u>幹母音の変化</u>には，以下の3タイプがあります。
  ① 幹母音が三つとも異なる。（上掲の囲みの例もこのタイプ）

| helfen | (helf-：助ける) | half | geholfen |
| trinken | (trink-：飲む) | trank | getrunken |

② **不定詞**と**過去分詞**の幹母音が同一になる。

| fallen | (fall-：落ちる) | fiel | gefallen |
| lesen | (les-：読む) | las | gelesen |

③ **過去基本形**と**過去分詞**の幹母音が**同一になる**。

| fliegen | (flieg-：飛ぶ) | flog | geflogen |
| schließen | (schließ-：閉める) | schloss | geschlossen |

注1 nehmen「取る」(nahm, genommen) のように，過去分詞の**子音字**が変わるものも，sitzen「座っている」(saß, gesessen) のように過去基本形と過去分詞の**子音字**が変わるものもあります。

注2 規則変化か不規則変化かの区別は**過去基本形の作り方**（幹母音の変化）に基づくものです。したがって，現在人称変化の例としてよく使われる kommen「来る」も不規則変化動詞になります（kommen – kam – gekommen）。

4.4 第3タイプ（不規則変化動詞バリエーション）

| bringen | (bring-：運ぶ) | brachte | gebracht |
| denken | (denk-：考える) | dachte | gedacht |

- 上例の動詞の場合，過去基本形は，<u>幹母音</u>を変え，かつ **-te** を付けて作り，過去分詞は，<u>幹母音</u>を変え，<u>ge- + 語幹 + -t</u> という形で作ります。

  〔類例〕
brennen	(brenn-：燃える)	brannte	gebrannt
kennen	(kenn-：知っている)	kannte	gekannt
nennen	(nenn-：…と呼ぶ)	nannte	genannt

- このタイプの動詞は規則変化の特徴（過去形 -te, 過去分詞 ge- + 語幹 + -t）と不規則変化の特徴（幹母音の変化）を併せ持つため，通常，昔通り**混合変化動詞**と呼びます。

4.5 sein, haben, werden の三基本形

sein	– war	– gewesen
haben	– hatte	– gehabt
werden	– wurde	– geworden

注 話法の助動詞，使役の助動詞 lassen，知覚動詞の過去分詞は→ 20頁。

4.6 分離動詞の三基本形

> auf|hören 止める　　hörte ... auf　　aufgehört　　（< hören 聞く）

- 上例は**分離動詞**（→ 64 頁）の三基本形。**基礎動詞**の三基本形に基づいて作ります。なお，分離前つづりは，**過去基本形**の場合，分離させて末尾に置き，**過去分詞**の場合は，基礎動詞の過去分詞の前に置きます（一語になります）。

  〔類例〕　aus|ziehen　脱ぐ　　　　zog ... aus　　ausgezogen
  　　　　mit|teilen　伝える　　　teilte ... mit　　mitgeteilt
  　　　　vor|schlagen 提案する　　schlug ... vor　　vorgeschlagen

4.7 非分離動詞，-ieren 動詞の三基本形

> a) besuchen　訪れる　　besuchte　　besucht　　（< suchen 探す）
> b) diskutieren 討論する　diskutierte　diskutiert

- 上例 a は **be-** の付いた**非分離動詞**（→ 66 頁）の三基本形。**基礎動詞**の三基本形が基になります。ただし，過去分詞で **ge-** を付けません（→ 284 頁）。

  〔類例〕　erklären　　　説明する　　　erklärte　　　erklärt　　　（規則変化）
  　　　　zerbrechen 粉々になる　　　zerbrach　　　zerbrochen　（不規則変化）
  　　　　verbringen （時を）過ごす　verbrachte　　verbracht　（混合変化）

注1 分離・非分離動詞は，分離用法の場合は分離動詞として，非分離用法の場合は非分離動詞として三基本形を作ります。

　　durchfahren　〈分離〉　Er ist unter einer Brücke durchgefahren.
　　　　　　　　　　　　　彼は橋の下を通過しました。
　　　　　　　　〈非分離〉Er hat mit dem Fahrrad Spanien durchfahren.
　　　　　　　　　　　　　彼は自転車でスペインを周遊しました。

注2 複数個の前つづりが付く動詞の三基本形は→ 68 頁。

注3 複合的動詞も，第 1 音節にアクセントがあれば，過去分詞で ge- を付けます。
　　frühstücken [frýːʃtʏkən]　朝食をとる　→ gefrühstückt
　　langweilen　[láŋvailən]　退屈させる　→ gelangweilt

- 語尾が **-ieren** の動詞は，過去基本形を語幹 + **-te**，過去分詞を語幹 + **-t** という形で作ります。過去分詞で **ge-** を付けません（→ 284 頁）。

  〔類例〕　analysieren 分析する　　analysierte　　analysiert
  　　　　studieren　大学で学ぶ　　studierte　　　studiert

5　過去人称変化 （用法は→ 24 頁）

5.1　規則変化動詞（弱変化動詞）

> lachen（不定詞；「笑う」）→ **lachte**（過去基本形＝過去人称変化の基）
>
> | | | | | | | |
> |---|---|---|---|---|---|---|
> | ich | **lachte** | wir | **lachten** | 人称語尾 | – | -n |
> | du | **lachtest** | ihr | **lachtet** | | -st | -t |
> | er | **lachte** | sie | **lachten** | | – | -n |

- 上表の下線部が過去基本形，青太字の部分が人称語尾。主語の種類に応じて**過去基本形**に様々な人称語尾が付くことを過去人称変化と呼びます。
- 規則変化動詞の場合，過去基本形に上掲の人称語尾を付けて作ります。
  Seine Eltern **kauften** ein Auto und **schenkten** es ihm zum Geburtstag.
  彼の両親は車を買い，誕生日にそれを彼に贈りました。
- 語幹が -d, -t で終わり，口調上の e を入れる動詞も上表の語尾を付けます。
  Die Kinder **badeten** im See.　子供たちは湖で泳いでいました。
  Die Kinder **warteten** gespannt auf den Weihnachtsmann.
  子供たちはサンタクロースを今か今かと待っていました。
- 分離動詞の場合も非分離動詞の場合も，**基礎動詞**を過去人称変化させます。
  Sie **hörten** seinem Vortrag **zu**.　彼らは彼の講演に耳を傾けていました。
  Er **verkaufte** sein Auto für 3 000 Euro.　彼は車を3000ユーロで売りました。

5.2　不規則変化動詞（強変化動詞）

> trinken（不定詞；「飲む」）→ **trank**（過去基本形＝過去人称変化の基）
>
> | | | | | | | |
> |---|---|---|---|---|---|---|
> | ich | **trank** | wir | **tranken** | 人称語尾 | – | -en |
> | du | **trankst** | ihr | **trankt** | | -st | -t |
> | er | **trank** | sie | **tranken** | | – | -en |

- 上表の下線部は過去基本形，青太字の部分は人称語尾。
- 不規則変化動詞の場合，過去基本形に上掲の人称語尾を付けて作ります。
  Sie **aßen**, **tranken** und **sangen**.　彼らは食べ，飲み，そして歌いました。
- 分離動詞の場合も非分離動詞の場合も，**基礎動詞**を過去人称変化させます。
  Er **stand** heute um 6 Uhr **auf**.　彼はきょう6時に起きました。
  Die Zeit **verging** im Flug.　時は飛ぶように過ぎて行きました。

> 注 2人称親称 du, ihr の場合の補足説明
> ① 規則変化動詞と語尾が異なるのは**複数の1人称・3人称**と**敬称**のみ（-n が -en）。
> ② 過去基本形の末尾が -d / -t の場合，du の人称語尾は -est（まれに -st），ihr の人称語尾は -et。
>   fand　（< finden 見つける）　→　du fand**est**　　ihr fand**et**
>   hielt　（< halten 持っている）　→　du hielt**est**　　ihr hielt**et**
> ③ 末尾が -s，-ss / -ß の場合，du の人称語尾は -est（ihr の人称語尾は -t）。
>   las　　（< lesen 読む）　　　→　du las**est**　　ihr las**t**
>   schloss　（< schließen 閉じる）　→　du schloss**est**　　ihr schloss**t**
>   aß　　（< essen 食べる）　　　→　du aß**est**　　ihr aß**t**
> なお，末尾が -sch の場合，du の人称語尾は -est でなく，-st。
>   wusch　（< waschen 洗う）　　→　du wusch**st**　　ihr wusch**t**

5.3　混合変化動詞（a；→13頁）と話法の助動詞（b；→72頁）

> a) denken（不定詞；「考える」）　ich **dachte**　　wir **dachten**
> 　→ **dachte**（過去基本形）　　du **dachtest**　　ihr **dachtet**
> 　　　　　　　　　　　　　　　　er **dachte**　　sie **dachten**
>
> b) können（不定詞「…ができる」）　ich **konnte**　　wir **konnten**
> 　→ **konnte**（過去基本形）　　du **konntest**　　ihr **konntet**
> 　　　　　　　　　　　　　　　　er **konnte**　　sie **konnten**

● 上表の下線部は<u>過去基本形</u>，青太字の部分は<u>人称語尾</u>。過去人称変化は規則変化動詞に準じます。

5.4　sein, haben, werden の過去人称変化

　sein　　→ war　　（過去基本形）　ich **war**　　wir **waren**
　　　　　　　　　　　　　　　　　du **warst**　　ihr **wart**
　　　　　　　　　　　　　　　　　er **war**　　sie **waren**

　haben　→ hatte　（過去基本形）　ich **hatte**　　wir **hatten**
　　　　　　　　　　　　　　　　　du **hattest**　　ihr **hattet**
　　　　　　　　　　　　　　　　　er **hatte**　　sie **hatten**

　werden → wurde　（過去基本形）　ich **wurde**　　wir **wurden**
　　　　　　　　　　　　　　　　　du **wurdest**　　ihr **wurdet**
　　　　　　　　　　　　　　　　　er **wurde**　　sie **wurden**

6　現在完了形，過去完了形（用法は→25頁）

> 注　未来完了形は，7で，未来形（正確には，単純未来形）と一緒に扱い，ここでは，**現在完了形**と**過去完了形**のみを扱います。

6.1　完了不定詞

> $\left.\begin{array}{l}\textbf{getanzt haben}\\ \textbf{gekommen sein}\end{array}\right\}$完了不定詞　（不定詞 tanzen 踊る）
> （不定詞 kommen 来る）

- 上例の **getanzt** は tanzen の，**gekommen** は kommen の過去分詞。下線部の **haben** と **sein** は完了の助動詞。過去分詞と完了の助動詞（haben / sein）の組み合わせを完了不定詞と呼びます。完了の不定詞は，完了の助動詞を末尾に置いた形で示します。完了不定詞は，様々な完了形を作る基になります。

> 注　単に「不定詞」という場合，通常，上掲の囲みの完了不定詞ではなく，（　）内の動詞本体を指します。両者を区別する必要がある場合は，後者を「単純不定詞」と呼びます。

- 完了の助動詞 **haben** と **sein** の使い分けは次の 6.2 および 29 頁コラム。

6.2　完了の助動詞 sein で完了形を作る動詞

> 〔移動〕　　　gehen　　　行く　　　　→　gegangen　　sein
> 〔状態変化〕　wachsen　　成長する　　→　gewachsen　　sein
> 〔例外〕　　　bleiben　　…に留まる　→　geblieben　　sein

- 大半の動詞は，完了不定詞を完了の助動詞 **haben** と作りますが，上例の〔移動〕〔状態変化〕を表す自動詞と例外的ないくつかの自動詞は，完了の助動詞 **sein** と完了不定詞を作ります。
- 分離動詞や非分離動詞も，**移動**，**状態変化**を表すものは，完了の助動詞 **sein** と完了不定詞を作ります。

> 類例　〔移動〕　　　fallen　　　　落ちる　　　→　gefallen **sein**
> 　　　　　　　　　　ab|fahren　　 出発する　　→　abgefahren **sein**
> 　　　　　　　　　　entfliehen　　逃走する　　→　entflohen **sein**
> 　　　〔状態変化〕　werden　　　 …になる　　→　geworden **sein**
> 　　　　　　　　　　auf|wachen　　目覚める　　→　aufgewacht **sein**

〔例外〕
verblühen	（花が）しぼむ	→ verblüht **sein**
sein	…である	→ gewesen **sein**
begegnen	出会う	→ begegnet **sein**
gelingen	成功する	→ gelungen **sein**
geschehen	起こる	→ geschehen **sein**
auf|fallen	気づく	→ aufgefallen **sein**

注1 ab|nehmen「減少する」, zu|nehmen「増加する」は「状態変化」を表しますが, haben と完了形を作ります（abgenommen **haben** / zugenommen **haben**）。

注2 完了の助動詞 sein で完了形を作る動詞は, 基本的に特定の意味の自動詞に限られているため, まずこれらの動詞をしっかり覚えることが, 完了の助動詞の使い分けを知る上で, 最も合理的な方法と言えます（すなわち「①移動と②状態変化と③いくつかの例外」を除いた他の動詞はすべて完了の助動詞が haben になるのです）。

6.3　現在完了人称変化

---

hören（不定詞:「聞く」）　→　**gehört** haben（完了不定詞）

ich	habe	… **gehört**	wir	haben	… **gehört**
du	hast	… **gehört**	ihr	habt	… **gehört**
er	hat	… **gehört**	sie	haben	… **gehört**

gehen（不定詞:「行く」）　→　**gegangen** sein（完了不定詞）

ich	bin	… **gegangen**	wir	sind	… **gegangen**
du	bist	… **gegangen**	ihr	seid	… **gegangen**
er	ist	… **gegangen**	sie	sind	… **gegangen**

- 上表の青太字の部分は完了の助動詞 haben / sein の現在人称変化, 黒太字の **gehört** と **gegangen** は過去分詞。現在完了形は, 完了不定詞を基にして, 上表のように, 完了の助動詞 haben / sein を現在人称変化させて作ります。

  Ich **habe** ihn gestern im Theater **gesehen**.
  私は彼を昨日劇場で見かけました。
  Hans **hat** den ganzen Tag Musik **gehört**.
  ハンスは一日中音楽を聴いていました。
  Unser Zug **ist** pünktlich **abgefahren**.
  私たちの列車は時刻通りに出発しました。
  Wir **sind** gestern ins Kino **gegangen.**
  私たちは昨日映画を見に行きました。

6.4 現在完了文の作り方

> a) Ich **habe** eine traurige Jugend **gehabt**.
> 私は悲しい青春時代を過ごしました。
> b) **Hast** du eine schöne Jugend **gehabt**?
> 君は素敵な青春時代を過ごしましたか？
> c) *Was für eine Jugend* **hat** er **gehabt**?
> 彼はどんな青春時代を過ごしたのだろうか？

注 疑問冠詞 was für ein は → 175 頁。

- 現在完了文では，**完了の助動詞**は**定動詞**の**語順規則**に従い，また，**過去分詞**は**文末**に置きます。
- 上例 a は**平叙文**。完了の助動詞が**第 2 位**，過去分詞が**文末**。
  (類例) Er **ist** gestern ins Kino **gegangen**.
  彼は昨日映画を見に行きました。
- 上例 b は**決定疑問文**。完了の助動詞が**文頭**，過去分詞が**文末**。
  (類例) **Bist** du gestern ins Kino **gegangen**?
  君は昨日映画を見に行きましたか？
- 上例 c は**補足疑問文**。完了の助動詞が**第 2 位**，過去分詞が**文末**，疑問詞が**文頭**。
  (類例) *Um wie viel Uhr* **ist** sie nach Hause **gekommen**?
  彼女は何時に帰宅しましたか？

注 時刻表現は→ 282 頁。

- **副文**では，過去分詞 + 完了の助動詞の順序で**文末**に置きます（下例 a）。**zu 不定詞句**では，過去分詞と完了の助動詞の間に **zu** を入れます（下例 b）。

  a) ... er einen schönen Tag **gehabt hat** 　　彼が素敵な一日を過ごした…
  　 ... er gestern ins Kino **gegangen ist** 　　彼が昨日映画を見に行った…
  b) einen schönen Tag **gehabt** *zu* **haben** 　素敵な一日を過ごした（こと）
  　 gestern ins Kino **gegangen** *zu* **sein** 　昨日映画を見に行った（こと）

6.5 話法の助動詞の現在完了文

> a) Er **hat** gestern nach Berlin fahren **müssen**.
> 彼は昨日ベルリンに行かねばなりませんでした。
> b) Er **hat** sofort nach Hause **gemusst**.
> 彼は直ちに帰宅しなければなりませんでした。

注 文の作り方は一般の現在完了文に準じます。

- 上例は話法の助動詞の完了文。完了形は haben と作ります。ただし，過去分詞は，不定詞を伴う本来的な用法の場合と不定詞を伴わない独立用法の場合とで異なります（独立用法は→73頁）。
- 上例 a は本来的な用法。過去分詞は不定詞の形を使います。

　(類例) Die Niederlage **hat** man nicht vorhersehen **können**.
　　　　この敗北は予見することができませんでした。

- 上例 b は独立用法。独立用法の場合の過去分詞は，以下のようになります。

dürfen → **gedurft**	können → **gekonnt**	mögen → **gemocht**
müssen → **gemusst**	sollen → **gesollt**	wollen → **gewollt**

　(類例) Früher **habe** ich das **gekonnt**.
　　　　以前はそうすることができました。
　　　　Das **haben** wir nicht **gewollt**.
　　　　私たちはそういうことを望んでいませんでした。
　　　　Wir **haben** früher alle zur Armee **gemusst**.
　　　　私たちは以前，全員入隊しなければなりませんでした。

6.6　使役の助動詞 lassen と不定詞を伴う知覚動詞の現在完了文

> a) Wir haben ihn **kommen** lassen.
> 　　私たちは彼に来させました。
> b) Ich habe ihn nie **schwimmen** sehen.
> 　　私は彼が泳ぐのをまだ見たことがありません。
>
> 注 文の作り方は一般の現在完了文に準じます。

- 使役の助動詞 lassen「…させる」と知覚動詞 sehen, hören, fühlen も，不定詞と結びつく場合，haben と完了形を作ります。
- 上例 a は使役の助動詞 lassen の完了形（下の類例の意味は「…のままにさせておく」；→78頁）。通常，過去分詞として不定詞の形を使います。

　(類例) Wir **haben** ihn **schlafen lassen**.　私たちは彼を眠らせておきました。

　注 使役の意味が薄れた熟語的表現の場合（たとえば liegen lassen「横たわったままにして置く」に対する「置き忘れる」の用法），本来の過去分詞 gelassen も使います。
　　Ich **habe** im Restaurant meine Tasche **liegen lassen / gelassen**.
　　私はレストランにバックを置き忘れてしまいました。

- 上例 b は**知覚動詞** sehen の完了形。**sehen** の場合，通常，過去分詞として不定詞の形を使います。なお，**hören**, **fühlen** の場合は，過去分詞として不定詞の形も本来の過去分詞も使いますが，後者の方が好まれています。

  （類例）　Wir **haben** ihn noch nie **lachen gehört** / hören.
  　　　　　私たちは彼が笑うのをまだ一度も聞いたことがありません。
  　　　　　Sie **hat** Tränen über ihre Wangen **rinnen gefühlt** / fühlen.
  　　　　　彼女は涙が頬を流れるのを感じました。

6.7　過去完了人称変化と過去完了文の作り方

```
kochen（不定詞：「料理をする」）
  → gekocht hatte（完了不定詞の過去基本形＝人称変化の基）
  ich   hatte    ... gekocht      wir   hatten   ... gekocht
  du    hattest  ... gekocht      ihr   hattet   ... gekocht
  er    hatte    ... gekocht      sie   hatten   ... gekocht

kommen（不定詞：「来る」）
  → gekommen war（完了不定詞の過去基本形＝人称変化の基）
  ich   war      ... gekommen     wir   waren    ... gekommen
  du    warst    ... gekommen     ihr   wart     ... gekommen
  er    war      ... gekommen     sie   waren    ... gekommen
```

- 上表の青太字の部分が**完了の助動詞** haben / sein の**過去人称変化形**，黒太字の **gekocht** と **gekommen** が**過去分詞**。**過去完了形**は，完了不定詞の**完了の助動詞** haben / sein **を過去人称変化**させて作ります。

  注　完了の助動詞 **haben / sein** の使い分け，および**話法の助動詞**，使役の助動詞 **lassen** などの過去分詞は，現在完了形の場合に準じます（→ 6.2；→ 20 頁）。

- **過去完了文**（平叙文，疑問文）は現在完了文に準じて作ります（→ 6.4）。
  〈平叙文〉Die Maschine **war** schon **abgeflogen**.
  　　　　　飛行機はもう飛び立っていました。
  　　　　　Als er ankam, **hatten** sie die Arbeit schon **beendet**.
  　　　　　彼が到着した時，彼らは仕事をすでに終えていました。
  〈疑問文〉**War** die Maschine schon **abgeflogen**?
  　　　　　飛行機はもう飛び立っていましたか？

Warum war die Maschine schon **abgeflogen**?
飛行機はなぜもう飛び立っていたのですか？

〈副文〉 Nachdem sie **abgeflogen war**, kam er am Flughafen an.
彼女が飛び立った後に，彼は空港に着きました。

Er hat das Hemd, das er gestern **gekauft hatte**, umgetauscht.
彼は昨日買ったシャツを取り替えてもらいました。

7　未来形（単純未来形，未来完了形）

- 未来形には，未来の助動詞 werden が単純不定詞（→ 17頁 注）と作る 単純未来形 と完了不定詞と作る 未来完了形 があります。

  注 単に「未来形」という場合，通常，未来完了形でなく，単純未来形を意味します。両者を区別する必要がある場合のみ，後者を「単純未来形」と呼びます。

7.1　単純未来形

```
gewinnen（不定詞：「勝つ」）→ gewinnen werden
                     （未来の不定詞＝人称変化の基）
  ich  werde  … gewinnen     wir  werden  … gewinnen
  du   wirst  … gewinnen     ihr  werdet  … gewinnen
  er   wird   … gewinnen     sie  werden  … gewinnen
```

- 上表の青太字の部分が 未来の助動詞 werden，黒太字の **gewinnen** が 不定詞。未来の助動詞と不定詞を組み合わせたものを 未来の不定詞 と呼びます。
- 単純未来形 は，未来の助動詞 werden を 現在人称変化形 させて作ります。不定詞を末尾に置いた形で示します。
- 単純未来形の文 は，話法の助動詞の文に準じて作ります（→ 73頁）。

〈平叙文〉 Er **wird** im Sommer in den Urlaub **fahren**.
彼は夏に休暇に出かけるでしょう。

〈疑問文〉 **Wird** sie alleine nach Japan **fliegen**?
彼女は一人で日本に行くのだろうか？

Wann **wird** er endlich **kommen**?
彼はいつになったら来るのだろうか？

〈副文〉 Wenn du wieder ins Ausland **gehen wirst**, wird sie traurig sein.
君が再び外国に行ってしまうならば，彼女は悲しがるでしょう。

7.2 未来完了形

> kommen（不定詞;「来る」）
> → **gekommen sein** werden（未来完了の不定詞＝人称変化の基）
> ich werde ... **gekommen sein**　　wir werden ... **gekommen sein**
> du wirst ... **gekommen sein**　　ihr werdet ... **gekommen sein**
> er wird ... **gekommen sein**　　sie werden ... **gekommen sein**

- 上表の青太字の部分が未来の助動詞 werden，黒太字の **gekommen sein** が完了不定詞。未来の助動詞と完了不定詞を組み合わせたものを未来完了の不定詞と呼びます（haben 支配の動詞の人称変化は→ 285 頁）。
- 未来完了形は，未来完了の不定詞を基にして，未来の助動詞 werden を現在人称変化形させて作ります。完了不定詞は末尾に置いた形で示します。
- 未来完了文では，未来の助動詞 werden は**定動詞の語順規則**に従い，また，完了不定詞は**文末**に置きます。ただし，副文では，完了不定詞 ＋ 未来の助動詞の順序で**文末**に置きます。

〈平叙文〉　Wir **werden** bis spätestens 11 Uhr **angekommen sein**.
　　　　　私たちは遅くとも 11 時には着いていることでしょう。
〈疑問文〉　**Wird** das Paket bis zum Abend **angekommen sein**?
　　　　　小包は夕方までに着いているだろうか？
〈副文〉　　Wenn unser Paket bis morgen nicht **angekommen sein wird**, werde ich die Post anrufen.
　　　　　小包が明日までに着いていないならば，私は郵便局に電話をしてみます。

8　各時制の用法（接続法の用法は→ 47 頁，54 頁）

8.1　現在時制

> Überall blüht Löwenzahn.　いたるところにタンポポが咲いています。
> Unser Hund schläft unter dem Baum.　私たちの犬は木の下で眠っています。

- 現在形の基本的用法は，上例のように，現在の状態を表すことです。
- 現在進行中の動作も，英語の現在進行形のような特別な形を使うことなく，現在形で表します。通常，進行中であることを示す副詞などが伴います。
　　Er schreibt **gerade** eine Mail.　彼はちょうどメールを書いています。
　　Mein Vater kocht **jetzt**.　　　　私の父は今料理をしています。

> 注 動作が進行中であることを明示するため，**an 前置詞句**を使うことがあります。
> Er baut **an einer Hundehütte**.　彼は犬小屋を作っています。
> ← Er baut **eine Hundehütte**.　彼は犬小屋を作ります。

- 未来のことでも，生起が確実な事柄あるいは確定している事柄は，現在形で表します。

  Morgen **ist** ihr Geburtstag.　明日は彼女の誕生日です。
  Unser Zug **geht** morgen um 12:10 ab Heidelberg.
  私たちの列車は明日 12 時 10 分にハイデルベルクから出発します。

  また，継続的でない事柄（移動や状態変化）も，口語では，未来の時点を表す副詞などを添えて，しばしば現在形で表します。

  Morgen fahren wir nach Wien.　明日私たちはウィーンに行きます。
  Bald grünen die Bäume des Waldes.　まもなく森の木々が緑色になります。

> 注1 現在形で表す現在の事柄として，以下のようなものもあります。
> ① **過去**から続いている現在の事柄
>   Er **wohnt** seit 30 Jahren in Japan.　彼は 30 年前から日本に住んでいます。
> ② 現在の**習慣的**な事柄
>   Er **spielt** jeden Tag Fußball.　彼は毎日サッカーをします。
> ③ **普遍的**な事柄
>   Gold **ist** ein Edelmetall.　金は貴金属です。
>   Jeder Mensch **stirbt** irgendwann.　人は皆いつか死ぬのです。
> 注2 命令口調で，**命令表現**として使うことがあります。
>   Du **gehst** sofort ins Bett!　すぐ寝なさい！

- 過去の時点を表す**副詞**などによって，あるいは**文脈**からそのことが明らかな場合，出来事を生き生きと**現前化**させる表現方法として，過去のことを現在形で表すことがあります。この現在形は歴史的現在と呼ばれ，物語，日記，年表などで使われます。

  1939 **beginnt** der zweite Weltkrieg.　1939 年に第二次世界大戦が始まる。

8.2　過去時制

> Ben **spielte** gestern Fußball.　ベンは昨日サッカーをしました。
> Gestern **regnete** es den ganzen Tag.　昨日は一日中雨が降っていました。

- 過去形の基本的用法は，上例のように，過去の事柄を表すことです。

- 過去の事柄を表す点で，現在完了形と同一ですが，過去形は，主に小説，物語，報告，報道などで使います。

   Damals **war** er sehr arm. Er **hatte** weder Arbeit noch Geld. Aber er **hatte** eine sehr nette Freundin.
   当時，彼は非常に貧乏でした。彼は職もなく，お金もありませんでした。しかし，彼にはとてもやさしいガールフレンドがいました。

   注1 会話でも，**sein**，**haben**，話法の助動詞，受動形は，通常，過去形で使います（現在完了形の用法は→ 8.3）。
   Ich bin direkt ins Bett gegangen, weil ich sehr müde **war**.
   私はとても疲れていたので，すぐにベッドに入りました。
   Wir **mussten** eine Woche in diesem lauten Hotel **bleiben**.
   私たちは一週間このうるさいホテルに泊まらなければなりませんでした。
   Warum **wurde** er **festgenommen**? 彼はなぜ逮捕されたのですか？
   注2 会話の決まった言い回しに過去形を使うことがあります。
   Wie **war** doch Ihr Name? あなたのお名前は何とおっしゃいましたっけ？
   注3 小説，物語などにおける体験話法としての過去形は→ 53 頁。

8.3　現在完了時制

> **Hat** er ein neues Auto **gekauft**?　彼は新しい車を買ったの？
> Er **ist** heute damit nach Berlin **gefahren**.
> 彼はきょうそれに乗ってベルリンに行きました。

- 現在完了形の基本的用法は，上例のように，過去の事柄を表すことです。なお，英語と異なり，過去の時点を表す副詞とも結びつきます。

   Was hast du **gestern** gemacht?　君は昨日何をしたの？

- 過去の事柄を表す点で過去形と同一ですが，現在完了形は主に日常会話で，特に現在の状況に影響を及ぼしているような事柄に関して使います。

   Haben Sie gut **geschlafen**? — Ja, sehr gut!
   よく眠れましたか？ — はい，とてもよく！
   Hat jemand das Fenster **geöffnet**? Es ist kalt.　誰か窓を開けたの？寒いよ。

   注 現在の状況との関連が重要であるため，以下のような広告文の場合，かならず現在完了形を使います。
   Wir **haben** gestern unser neues Geschäft in der Wilhelmstraße **eröffnet**.
   私どもは昨日新しい店をヴィルヘルム通りに開店いたしました。

- 過去のことでなくても，物事の完了を示すために，使うことがあります。
  Wenn ich **angekommen bin**, rufe ich dich an.　着いたら，電話するね。
  Was einmal **geschehen ist**, ist nicht zu ändern.
  一度起きたことは変えることはできません。

  > 注　未来の時点を表す副詞句などがある場合，未来完了形の代わりとしても使うことができます。
  > **Bis zum nächsten Jahr hat** er sein Studium **abgeschlossen**.
  > 来年までには彼は大学の勉学を修了しているでしょう。

8.4　過去完了時制

> Nachdem sie Fußball gespielt hatten, gingen sie ins Café.
> 彼らはサッカーをした後，喫茶店に行きました。

- 過去完了形の用法は，上例のように，ある過去の事柄よりさらに以前の事柄を表すことです。通常，過去時制，現在完了時制の文と関連して使います（→ 28 頁）。
  Als er **ankam**, **hatten** sie die Arbeit schon **beendet**.
  彼が到着した時，彼らは仕事をすでに終えていました。
  （副文が過去，主文が過去完了）
  Alles, was er mir **erzählt hatte**, **habe** ich im Kopf **behalten**.
  彼が私に話したことはすべて覚えています。
  （関係文が過去完了形，主文が現在完了形）

8.5　単純未来時制

> Wer wird den Vortrag halten?　誰が講演をするのですか？

- 単純未来形の基本的用法は，上例のように，未来の事柄を表すことです。

  > 注　未来の事柄でも，確実に生じる，あるいは確定している事柄は，現在形によって表します。また，移動や状態変化を表す動詞の場合，口語では，しばしば未来の時点を表す副詞などを伴い，現在形を使います（→ 24 頁）。

- 未来形には，特に 3 人称の場合，推量の意味合いが加わります。
  Das **wird** er sein Leben lang nicht **vergessen**.
  そのことを彼は一生忘れないでしょう。

Nach der Spritze **wird** der Schmerz bald **nachlassen**.
注射の後，痛みはまもなく鎮まるでしょう。

注 主語が 1 人称・2 人称の場合，次のような意味でも使います。
① **1 人称**の主語＝主語の意志の表明
Warte, ich **werde** dir helfen!　待ちなさい，助けてやるから。
Das **werde** ich auf keinen Fall tun!　それはどんなことがあってもやりません。
Das nächste Mal **werde** ich besser aufpassen.
次回はもっとよく注意します。
② **2 人称**の主語＝主語への命令あるいは勇気づけ
Du **wirst** jetzt schlafen gehen!　もう寝なさい！
Keine Angst, du **wirst** die Prüfung schon bestehen!
心配するなよ，君はきっと試験に受かるって！

- 状態を表す動詞の場合，**現在の事柄に関する推量**を表します。
  Frank ist heute nicht da. Er **wird** krank sein.
  フランクはきょう来ていません。彼は病気なのでしょう。
  Sie **wird** sich gerade auf die Prüfung vorbereiten.
  彼女はちょうど試験の準備をしているところでしょう。
  Das **wird** schon stimmen.　（計算などが）きっと合っているでしょう。

8.6　未来完了時制

> **Morgen wird** er alles **vergessen haben**, was er heute gelernt hat.
> 明日，彼は，きょう学んだことをすべて忘れてしまっているでしょう。

- **未来完了形**の基本的用法は，上例のように，**未来のある時点に完了していると推量される事柄**を表すことです。ただし，その際，未来の時点を表す副詞などが必ず必要です。

  類例　**Bald wird** er es **geschafft haben**.
  　　　まもなく彼はそれを仕上げてしまっているでしょう。
  　　　Das Paket **wird bis zum Abend angekommen sein**.
  　　　小包は夕方までには届いているでしょう。

注 未来完了文は，未来の時点を表す副詞などを伴う**現在完了文**によっても書き換えることができます。
Morgen **wird** er die Arbeit **beendet haben**.
明日には彼はその仕事を終えてしまっているでしょう。
= Morgen **hat** er die Arbeit **beendet**.

- 過去のある時点に<u>すでに起きたと推量される事柄</u>を表すのにも使います。
    Es **wird** wohl in der Nacht **geregnet haben**. Der Boden ist noch nass.
    夜中に雨が降ったようです。地面がまだ濡れています。
    Er **wird** jetzt dort schon **angekommen sein**.
    彼はいまもうそこに到着しているでしょう。
    Stefan **wird** schon ein Glas Wein **getrunken haben**.
    シュテファンはすでにワインを1杯飲んだらしい。

8.7 相対的用法と絶対的用法

> a) Nachdem sie gegessen hatten, **gingen** sie spazieren.
>   食事をした後，彼らは散歩に出かけました。
> b) Sie nahm noch ein Schlafmittel, bevor sie ins Bett **ging**.
>   彼女は寝る前に睡眠薬を服用しました。

- 上例 a の場合，副文の行為（「食事」）は主文の行為（「散歩」）より時間的に<u>前</u>のことなので，副文の時制は主文の時制よりも<u>前</u>のものになっています（過去形に対して過去完了形）。時制形が他の文との関係によって決められることを<u>相対的用法</u>と呼びます。nachdem 文の場合，相対的用法になります。
    〔類例〕 Er **hat** völlig **vergessen**, was er **gesagt hatte**.
        彼は自分が言ったことをまったく忘れていました。
        （主文は現在完了形，副文は過去完了形）

        Ich **hatte** einige Anzeigen in der Zeitung **aufgegeben**, aber es **war** erfolglos.　私は新聞に広告を出しましたが，無駄でした。
        （先行文は過去完了形，後続文は過去形）

- 上例 b の場合，副文の行為（「就寝」）は主文の行為（「薬の服用」）より時間的に<u>後</u>のことですが，両者とも，過去のことを表すので，過去形を使っています。時制形が<u>他の文とは無関係</u>に決められることを<u>絶対的用法</u>と呼びます。bevor 文の場合，絶対的用法になります。
    〔類例〕 Ich **bedauere**, dass ich nicht daran **teilgenommen habe**.
        私はそれに参加しなかったことを後悔します。
        （主文は現在のことなので現在形，副文は過去のことなので現在完了形）

        Ich **habe beschlossen**, dass ich bei ihm **einziehe**.
        私は彼のところに引っ越すことを決めました。
        （主文は過去のことなので現在完了形，副文は未来のことなので現在形）

コラム 完了の助動詞の使用細則

1. 一部の動詞は，意味用法に応じて haben によっても sein によっても完了形を作ります。これらには，次のような動詞があります。

① 移動性に焦点を当てて表現する場合には sein によって，行為性に焦点を当てて表現する場合には haben によって完了形を作る動詞

　　Nach dem Sturz **ist** er zum Arzt **gehinkt**.
　　転倒した後，彼は足を引きずりながら医者のところへ行きました。
　　Er **hat** auf dem linken Fuß **gehinkt**.　彼は左足を引きずっていました。

> 注　schwimmen「泳ぐ」，reiten「乗馬をする」なども，本来この種の動詞ですが，行為性に焦点が当たる場合でも最近は，In diesem See **bin** ich oft geschwommen.「この湖で私はしばしば泳ぎました」，Ich **bin** früher viel geritten.「以前，私はよく馬に乗りました」のように，sein を使うようになっています。

② 移動の用法の他に，移動を引き起こす他動詞的用法を持つ動詞

　　Er **ist** mit dem Auto nach Wien **gefahren**.　彼は車でウィーンに行きました。
　　Er **hat** das Auto in die Garage **gefahren**.
　　彼は車をガレージに（運転して）入れました。

③ 状態変化の自動詞的用法の他に，状態変化を引き起こす他動詞的用法を持つ動詞

　　Eis **ist** geschmolzen.　氷が溶けました。
　　Die Sonne **hat** das Eis geschmolzen.　日差しで氷は溶けました。

④ 基礎語が sein によって完了形を作る複合的派生動詞（durchgehen「詳しく調べる」，eingehen「（契約などを）結ぶ」，loswerden「（不安などから）逃れる」など）は，他動詞でも，基礎語と同じように sein によって完了形を作ります。

　　Ich **bin** mit ihm eine Wette **eingegangen**.　私は彼と賭けをしました。

2. 例外的に sein によって完了形を作る自動詞の具体例

　　Wer **ist** krank **gewesen**?　誰が病気だったのですか？
　　Am Wochenende **bin** ich zu Hause **geblieben**.　週末，私は家にいました。
　　Mir **ist** nichts **passiert**.　私は無事でした。
　　Wie **ist** der Unfall **geschehen**?　事故はどうやって起きたのですか？
　　Das **ist** mir nicht **gelungen**.　そのことはうまくいきませんでした。
　　Das **ist** mir sofort **aufgefallen**.　そのことに私はすぐ気づきました。
　　Ich **bin** ihm gestern zweimal **begegnet**.　私は彼に昨日二度出会いました。

第2節 受動態 (受動形)

> 注 本節では，直説法の**受動態**の形と用法を扱います。受動態は能動態 (→第1節) と対立するもので，たとえば Sie **liebt** ihn.「彼女は彼を愛している」に対する Er **wird** von ihr **geliebt**.「彼は彼女に愛されている」のような表現形式を指します。

- 受動態の形を受動形と呼びます。
- 受動形にも，**現在**，**過去**，**未来**，**現在完了**，**過去完了**，**未来完了**の6つの時制があります。それぞれの用法は，基本的に，能動形に準じます (→ 23頁)。
- 受動形には，**werden 受動** (動作受動)，**sein 受動** (状態受動)，**bekommen 受動**の3種類があります。

1 werden 受動 (動作受動)
1.1 受動の不定詞

> **gelobt** werden ほめられる (< loben ほめる)

- 上例の **gelobt** は loben の**過去分詞**，**werden** は受動の助動詞。本動詞の過去分詞と受動の助動詞の組み合わせを受動の不定詞と呼びます。
- 受動の不定詞は，受動の現在形，過去形，未来形の基になるものです。受動の助動詞を末尾に置いた形で示します。

1.2 人称変化1 (現在形，過去形，未来形)

> a) ich werde   ... gelobt　　　wir werden ... gelobt
>   du wirst   ... gelobt　　　ihr werdet ... gelobt
>   er wird   ... gelobt　　　sie werden ... gelobt
>
> b) ich wurde   ... gelobt　　　wir wurden ... gelobt
>   du wurdest ... gelobt　　　ihr wurdet ... gelobt
>   er wurde   ... gelobt　　　sie wurden ... gelobt
>
> c) ich werde   ... **gelobt werden**　　　wir werden ... **gelobt werden**
>   du wirst   ... **gelobt werden**　　　ihr werdet ... **gelobt werden**
>   er wird   ... **gelobt werden**　　　sie werden ... **gelobt werden**

- 上表の a が動詞 loben の受動の現在人称変化，b が過去人称変化，c が未来人

称変化。受動の助動詞 werden をそれぞれ現在人称変化，過去人称変化，未来人称変化させます。定動詞以外は文末に置いて示します。

1.3 完了不定詞

> **gelobt worden sein** ほめられた（< gelobt werden ほめられる；< loben ほめる）

- 上例の **gelobt** は loben の**過去分詞**，**worden sein** は受動の助動詞 werden の**完了不定詞**。

  注1 受動の助動詞の過去分詞は，geworden でなく，**worden** になります。
  注2 1.1 の「不定詞」は，完了不定詞と区別する場合，「単純不定詞」と呼びます。

- 本動詞の過去分詞と受動の助動詞 werden の完了不定詞の組み合わせを<u>受動の完了不定詞</u>と呼びます。**受動の完了不定詞**は，受動の現在完了形，過去完了形，未来完了形の基になるもので，上例のような順序で並べます。

1.4 人称変化 2（現在完了形，過去完了形，未来完了形）

> **gewählt worden sein** ← gewählt werden 選ばれる
> （受動の完了不定詞）   ← wählen 選ぶ

a) ich bin   ... gewählt worden   wir sind ... gewählt worden
   du bist ... gewählt worden   ihr seid ... gewählt worden
   er ist   ... gewählt worden   sie sind ... gewählt worden

b) ich war   ... gewählt worden   wir waren ... gewählt worden
   du warst ... gewählt worden   ihr wart ... gewählt worden
   er war   ... gewählt worden   sie waren ... gewählt worden

c) ich werde ... gewählt worden sein
   du wirst   ... gewählt worden sein
   er wird   ... gewählt worden sein
   wir werden ... gewählt worden sein
   ihr werdet ... gewählt worden sein
   sie werden ... gewählt worden sein

第1章　動詞

- 前頁表の a が動詞 wählen の受動の現在完了人称変化，b が過去完了人称変化，c が未来完了人称変化。受動の助動詞 werden をそれぞれ現在完了人称変化，過去完了人称変化，未来完了人称変化させます。定動詞以外は文末に置いて示します。

1.5　werden 受動文の作り方（→ 38 頁コラムも）

> a) Ich **werde** vom Lehrer **gelobt**.　　私は先生にほめられます。
> b) **Wurdest** du vom Lehrer **gelobt**?　君は先生にほめられましたか？
> c) *Warum* **bist** du vom Lehrer **gelobt worden**?
> 　　どうして君は先生にほめられたのですか？

- 上例の werde，wurdest，bist は受動の助動詞の定形になる部分。黒太字の部分はそれに関連する部分。
- 上例 a は平叙文。定形になる部分は第 2 位，関連する語句は文末。
  (類例)　Diese Stadt **wird** von vielen Touristen **besucht**.　　（現在形）
  　　　　この都市は多くの旅行者が訪れます。
  　　　　Er **wird** zum Bürgermeister **gewählt werden**.　　（未来形）
  　　　　彼は市長に選ばれるでしょう。
- 上例 b は決定疑問文。定形になる部分は文頭，関連する語句は文末。
  (類例)　**Bist** du zum Vorsitzenden **gewählt worden**?　　（現在完了形）
  　　　　君は議長に選出されたのですか？
  　　　　War er vorher nicht darüber **informiert worden**?　　（過去完了形）
  　　　　彼はあらかじめそのことについて知らされていなかったのですか？
- 上例 c は補足疑問文。定形になる部分は第 2 位，関連する語句は文末，疑問詞は文頭。
  (類例)　*Warum* **wird** Anna immer **gelobt**?
  　　　　アンナはなぜいつもほめられるのですか？
- 副文の場合，定形になる部分も末尾に置きます。
  　　..., dass diese Stadt von vielen Touristen **besucht wird**.　　（現在形）
  　　この都市が多くの旅行者に訪れられること…
  　　..., dass er gestern vom Lehrer **gelobt wurde**.　　（過去形）
  　　彼が昨日先生にほめられたこと…
  　　..., dass du zum Vorsitzenden **gewählt worden bist**.　　（現在完了形）
  　　君が議長に選出されたこと…

> **注1** **zu 不定詞句**の場合，zu は，不定詞句の末尾の語の前に置きます。
> von vielen Touristen **besucht zu *werden*** （訳は上例参照）
> zum Vorsitzenden **gewählt worden zu *sein*** （訳は上例参照）
>
> **注2** **話法の助動詞文**の場合，受動の不定詞はそのまま**文末**に置きます。
> Kindesmisshandlung **soll** härter **bestraft werden**. （受動の単純不定詞）
> 児童虐待はもっと厳しく処罰されるべきです。
> Die Kirche **muss** um 1 800 **erbaut worden sein**. （受動の完了不定詞）
> この教会は 1800 年頃建てられたに違いありません。

1.6 人称受動と非人称受動

- werden 受動には，他動詞から作る人称受動文と自動詞から作る非人称受動文があります。

    > **注** **4格目的語**をとる動詞を**他動詞**，その他の動詞を**自動詞**と呼びます（→ 83 頁）。

1.6.1 人称受動文（他動詞の受動文）

> a) Der Arzt untersucht den Patienten. 医者は患者を診察します。
> b) Der Patient wird vom Arzt sorgfältig untersucht.
>   患者は医者に念入りに診察してもらいます。

- 上例 a は他動詞文。**Arzt は動作主**，**Patienten**（4格）は**被動作者**。b はそれに対応する受動文（「…は～によって…される」）。このように，被動作者が動作主からある行為を**受ける**ことを表す受動文を特に人称受動文と呼びます。
- 上例 a から人称受動文 b を作る**手順**は，以下のようになります。
  ① 他動詞　　　　→　受動形　　　　　（untersucht → wird ... untersucht）
  ② 4 格目的語　　→　受動文の主語　　（den Patienten → Der Patient）
  ③ 主語　　　　　→　von 前置詞句　　（der Arzt → vom Arzt）
  ④ その他の語句　→　そのまま
- この関係を図示すると，下のようになります。

Der Arzt　**untersucht**　den Patienten　sorgfältig.
　③　　　　　①　　　　　②　　　　　　④
　　　　untersucht werden

Der Patient　**wird**　vom Arzt　sorgfältig　**untersucht**.

> 注 文頭には，通常，主語を置きますが，主語でなくても，文脈的に文頭にふさわしい語句があれば，それを文頭に置きます（→ 268 頁）。
> **Hier** wird eine neue Klinik gebaut.　ここに新しい病院が建てられます。

- 受動文の von 前置詞句は任意，すなわち動作主の表示は省略可能です。そのため，人称受動文は，一般的に以下のような場合に使います。
  ① 動作主が文脈から明らかで，動作主を表示する必要がない。
  ② 動作主を表示したくない。
  ③ 動作主が不明で，動作主を表示できない。
  Gestern **wurde** der neue Bundespräsident **gewählt**.
  昨日新しい連邦大統領が選出されました。
  Als Motiv **wird** Eifersucht **vermutet**.　動機は嫉妬だろうと推測されます。

- 人の行為というよりも，出来事的な側面が強くなることもあります。
  Durch einen Druck auf den Knopf **wird** die Heizung **eingeschaltet**.
  そのボタンを押せば，暖房のスイッチが入ります。

1.6.2　非人称受動（自動詞の受動文）

> 1　a) Viele Menschen helfen dem Lehrer.
>   多くの人が先生の手助けをします。
>   　b) Dem Lehrer **wird** von vielen Menschen **geholfen**.
>   先生は多くの人に手助けしてもらいます。
> 2　a) Man tanzte auf den Straßen.　人々は通りで踊っていました。
>   　b) Auf den Straßen **wurde getanzt**.　通りでは人々が踊っていました。

- 上例 1 の a は 3 格目的語のみの**自動詞文**（自動詞は→ 83 頁）。b はそれに対応する**受動文**。受動文の主語（1 格）になれるのは 4 格目的語のみなので，主語のない受動文になります。3 格目的語は 3 格目的語のままにします。
- 上例 2 の a は行為を受ける人（＝被動作者）をそもそも想定できない**自動詞文**。b はそれに対応する**受動文**。この場合も，被動作者がそもそも存在しえないのですから，主語のない受動文になります。
- 上例の 1 と 2 の b のように**主語のない受動文**を特に非人称受動文と呼びます。定動詞は 3 人称単数になります。
- 非人称受動文は，**動作主を主語の位置から外し**，行為のみを際立たせて，出来事として表現するものです。

- 上例 1 の a から非人称受動文 b を作る**手順**は，以下のようになります。
  ① 動詞　　　　　→　受動形　　　　（→ wird ... geholfen）
  ② 主語　　　　　→　von 前置詞句　（→ von vielen Menschen）
  ③ その他の語句　→　そのまま

  この関係を図示すると，以下のようになります。

  Viele Menschen　**helfen**　dem Lehrer.
  　　②　　　　　　①　　　　③
  　　　　　　geholfen werden

  Dem Lehrer　**wird**　von vielen Menschen　**geholfen**.

- 文頭には，文脈的にふさわしい語句を置きますが，そのような語句がない場合，**非人称の es**（「穴埋めの es」；→ 137 頁）を置きます。

  Es wurde gesungen, gelacht und getanzt.
  歌い，笑い，そして踊りました。
  Es wurde einen ganzen Tag auf die Antwort gewartet.
  一日中答えを待っていました。

  注「穴埋めの es」は，文頭に置く適当な語句がない場合に使うもので，上掲の囲みの例のように，他の語句を文頭に置く場合には使いません。

- 非人称受動を作る自動詞には，以下のようなタイプがあります。
  ① **目的語のない**自動詞（→上掲の囲みの例 2）
  　Heute **wird** auf dem Balkon **gefrühstückt**.
  　きょうはバルコニーで朝食をとります。（frühstücken 朝食をとる）
  　Dort **wurde** heftig **gekämpft**.
  　あそこでは激しい戦闘が行われました。（kämpfen 戦う）
  ② **3 格目的語**をとる自動詞（→上掲の囲みの例 1）
  　Auch **ihm** wird herzlich gedankt.
  　彼にも心から感謝します。（3格 + danken …³ に感謝する）
  ③ **2 格目的語**をとる自動詞
  　Der Opfer wurde in der Kirche gedacht.
  　犠牲者たちを偲ぶ会が教会で開かれました。（2格 + gedenken …² を偲ぶ）
  ④ **前置詞句目的語**をとる自動詞文
  　Heute wird **an den Urknall** geglaubt.
  　今日ではビッグバンが信じられています。（an + 4格 glauben …⁴ を信じる）

1.7 von と durch の使い分け

> a) Ich bin **von meinen Eltern** nie geschlagen worden.
> 私は両親にぶたれたことはありません。
> b) Die Kirche wurde **durch ein Erdbeben** zerstört.
> 教会は地震で破壊されました。

- 上例 a の **von meinen Eltern** は，以下の能動文の主語（＝**動作主**）に対応します。← **Meine Eltern** haben mich nie geschlagen.
- 上例 b の **durch ein Erdbeben** は，以下の能動文の主語（＝**出来事の原因**）に対応します。← **Ein Erdbeben** zerstörte die Kirche.
- 能動文の主語を受動文で表す場合，主語が動作主（人や動物）ならば **von 前置詞句**を，出来事の原因ならば **durch 前置詞句**を使うというのが原則です。
- 受動文で動作主や原因を表示するのは，それらが**相手に伝えたい新情報**の場合です（したがって，表示は任意：表示される場合の比率は受動文全体の 10％程度とも言われます）。

【類例】 Ihre Verteidigung ist **von einem bekannten Pflichtverteidiger** übernommen worden.
彼女の弁護は有名な国選弁護人によって引き受けられました。

Er wurde von einer Wespe gestochen.
彼はスズメバチに刺されました。

Durch den Lärm wurde das Kind geweckt.
騒音で子供は目を覚ましました。

注1 手段を表す場合，**mit** 前置詞句を使います。
Der Patient wurde **mit einem Medikament** beruhigt.
患者は薬で気持ちが落ち着きました。
　← **Dieses Medikament** beruhigte den Patienten.
　　この薬は患者を落ち着かせました。

注2 媒体・仲介者を表す場合，**durch** 前置詞句を使います。
In den meisten Fällen wird Malaria **durch Mücken** verbreitet.
大抵の場合，マラリヤは蚊によって広まります。

注3 機械などでも，行為性が感じられる場合，**von** 前置詞句を使います。
Der Baum wurde **von dem Traktor** umgerissen.
その木はトラクターによって倒されました。

Das Dach wird **von vier Säulen** getragen.　屋根は 4 本の柱で支えられています。

注4 非人称受動文では，動作主が表示されることはほとんどありません。

1.8　werden 受動の類似表現

> 1 a) Die Sache **ist** leicht **zu erledigen**.
>   その件は簡単に処理することができます。
>   b) Die Sache **ist** so schnell wie möglich **zu erledigen**.
>   その件はできるだけ速やかに処理しなければなりません。
> 2　Die Sache **erledigt sich** leicht.　（意味は1のaと同じ）

- 上例1のaは動詞 **sein** と他動詞の **zu 不定詞**（zu erledigen）の組み合わせによる熟語構文。意味は「…**されることができる**」。したがって，この文は，4格目的語を主語にした werden 受動文に **können** を結びつけたもので書き換えることが可能です（→ 94頁）。
  → Die Sache **kann** leicht **erledigt werden**.
- 上例1のbも，aと同じく，動詞 **sein** と他動詞の **zu 不定詞**（zu erledigen）の組み合わせによる熟語構文。ただし，こちらの意味は「…**されなければならない**」。したがって，話法の助動詞は **müssen** になりますが，4格目的語を主語にした werden 受動文によって書き換えることが可能です（→ 94頁）。
  → Die Sache **muss** so schnell wie möglich **erledigt werden**.

注　動詞 sein と他動詞の zu 不定詞句の熟語構文は，結びつく語句によって，aのような意味にもbのような意味にもなります。

- 上例2は，他動詞（erledigen）と再帰代名詞 **sich** と難易を表す形容詞の組み合わせによる熟語構文。この文の文字通りの訳は「その件は自分自身を簡単に処理する」。自然な日本語に直すと，「その件は簡単に**処理できる**」。したがって，この文も，例1のaのように，4格目的語を主語にした werden 受動文に **können** を結びつけたもので書き換えることが可能です（→ 71頁）。

（類例）　Warum das so ist, **erklärt sich leicht**.
　　　それがなぜそうなるのかは，簡単に説明できます。
　　　（→ Warum das so ist, kann leicht **erklärt werden**.）

- 上例1a, 1b, 2は，4格目的語を主語にした werden 受動文と書き換え関係が成り立つため，**werden 受動の類似表現**と言われます。

注　不特定の人々を表す **man** を主語とする能動文も，動作主より動作そのものを際立たせる働きを持つという点で werden 受動の類似表現になります。
　上例1aと2　= **Man** kann die Sache leicht erledigen.
　上例1b　　 = **Man** muss so schnell wie möglich die Sache erledigen.

[類例] Auf dem Lande redet **man** Mundarten.　田舎では方言を話します。

- **被動作者が主語**になる以下の表現も，werden 受動の類似表現になります。
  ① 他動詞 + sich + 難易を表す形容詞 + 使役の助動詞 lassen（→ 78 頁）
     Die Sache **lässt sich** leicht erledigen.
     （上掲の囲みの例 1a, 2 の意味と同一；man による書き換えは前頁の注を参照）
  ② 接辞 -bar（→ 277 頁）
     Das neue Gerät ist mühelos trag**bar**.　新しい器具は簡単に持ち運びができます。
       受動文：Das neue Gerät kann mühelos **getragen werden**.
       能動文：Man kann das neue Gerät mühelos tragen.
  ③ 機能動詞句（→ 81 頁）
     Der Vorschlag **fand Anerkennung**.　提案は承認されました。
       受動文：Der Vorschlag wurde anerkannt.
       能動文：Man erkannte den Vorschlag an.
  ④ 他動詞 + sich（状態変化を表す他動詞のみ；→ 70 頁）
     Die Tür **öffnet sich**.　ドアが開きます。
       受動文：Die Tür wird geöffnet.
       能動文：Man öffnet die Tür.

コラム　**受動形の語順**

受動形を構成する語句の順序は，定形になる部分を除けば，日本語の場合と同一です。副文の場合は，定形になる部分も文末に置かれ，日本語とまったく同一になります。

彼は	犬に	かま	れ	た。
Er	von einem Hund	**gebissen**	**worden**	*ist*

Er　*ist*　von einem Hund　**gebissen**　**worden**.

彼は	犬に	かま	れ	た	に違いない。
Er	von einem Hund	**gebissen**	**worden**	**sein**	*muss*

Er　*muss*　von einem Hund　**gebissen**　**worden**　**sein**.

（副文）…, dass er von einem Hund gebissen **worden sein muss**.
　　　　彼が／犬に／かまれ／た／に違いない／こと…。

2 sein 受動 (状態受動)
2.1 sein 受動形と用法

> a) Alle Türen **sind** wieder **geöffnet**.　ドアはすべて再び開けられています。
> b) Alle Plakate **sind** schon **abgehängt**.
> 　ポスターはすべてもう取り外されています。

- 上例の sind は sein 受動の**助動詞**。a の **geöffnet** は他動詞 öffnen「開ける」の，b の **abgehängt** は他動詞 abhängen「取り外す」の**過去分詞**。助動詞 sein と他動詞の過去分詞の組み合わせは sein 受動 (=状態受動) を作ります。なお，**sein 受動の主語**は過去分詞の動詞の4格目的語です (**Türen** öffnen ドアを開ける，**Plakate** abhängen ポスターを取り外す)。
- werden 受動は被動作者 (能動文の4格目的語) に対してある行為がなされることを表しますが，sein 受動は，被動作者の，ある行為による結果状態を表します (「…を開ける」→「…が開けられている」；「…を取り外す」→「…が取り外されている」)。
  - 〔類例〕　Die Tankstelle **war geschlossen**. (過去形)
  - 　　　　　ガソリンスタンドは閉まっていました。
- sein 受動と動作の完了との関連は，werden 受動の完了形から **worden を削除**すると，sein 受動になるということからも見てとれます。
  - 上例 a ← Alle Türen sind wieder geöffnet [**worden**].　←　削除される
  - 　　　すべてのドアが再び開けられました。　　　　　　　　と sein 受動
  - 上例 b ← Alle Plakate sind schon abgehängt [**worden**].　←
  - 　　　ポスターはすべてもう取り外されました。
- sein 受動は，werden 受動の可能な，主に状態変化の他動詞から作ります (上例 a, b を参照)。ただし，4格目的語の結果状態が十分に推測できるような意味の他動詞からも作られます。
  - Der Vorschlag ist **abgelehnt**.　提案は却下されました。
  - Rauchen ist **verboten**.　禁煙です。
  - Seine Tage sind **gezählt**.
  - 彼の余命はいくばくもありません。(←彼の日々は数えられています)
  - Ihr seid herzlich **eingeladen**!
  - 君たちは大歓迎です！(←あなたたちは心から招待されております)
- sein 受動の場合，結果状態に焦点が置かれるため，通常，動作主は表示されません。

2.2 sein 受動の各時制形

〈現在〉	er ist	… 過去分詞	
〈過去〉	er war	… 過去分詞	
〈未来〉	er wird	… 過去分詞 + sein	
〈現在完了〉	er ist	… 過去分詞 + gewesen	
〈過去完了〉	er war	… 過去分詞 + gewesen	

注 3人称単数形
注 未来完了はほとんど使われないため省きます。

- sein 受動にも上掲の時制があります。上例の人称変化形は3人称単数のみですが，他の受動形と同じように，各人称・数に応じて人称変化します。

〈現在〉　　Heute **sind** die Geschäfte **geschlossen**.
　　　　　　きょうお店は閉まっています。

〈過去〉　　Der Hörsaal **war** bis auf den letzten Platz **besetzt**.
　　　　　　大教室は満員で，座る席が一つもありませんでした。

〈未来〉　　Bald **wird** das Geld **vergeudet sein**.
　　　　　　まもなくそのお金は無駄に使われてしまっていることでしょう。

〈現在完了〉 Seine Eltern **sind** sehr **überrascht gewesen**.
　　　　　　彼のご両親はとても驚いていました。

〈過去完了〉 Die Tür **war** noch **abgeschlossen gewesen**.
　　　　　　ドアはまだ鍵が掛かったままでした。

2.3 sein 受動文の作り方

a) Der Müll ist schon längst **abgeholt**.
　ゴミはもうとっくに回収されています。

b) Ist dein Zimmer schon **aufgeräumt**?
　君の部屋の掃除はもう済んでいますか？

c) *Bis wie viel Uhr* ist die Bibliothek **geöffnet**?
　図書館は何時まで開いていますか？

- 上例 a は平叙文。sein 受動の定動詞は第2位，過去分詞は文末。
- 上例 b は決定疑問文。sein 受動の定動詞は文頭，過去分詞は文末。
- 上例 c は補足疑問文。sein 受動の定動詞は第2位，過去分詞は文末，疑問詞は文頭。
- 副文での語順も werden 受動に準じます。

3　bekommen 受動

> a) Sie **schenkt** Herrn Müller einen Hut.
> 　彼女はミュラー氏に帽子を贈ります。
> b) Herr Müller **bekommt** von ihr einen Hut **geschenkt**.
> 　ミュラーさんは彼女から帽子を贈ってもらいます。

- 上例 a は 3 格目的語と 4 格目的語を持つ schenken の他動詞文。b は，a の 3 格目的語を主語にした受動文。ただし，受動の助動詞 werden と過去分詞の組み合わせでなく，本来「得る」という意味を持つ動詞 **bekommen** と過去分詞の組み合わせになっています。このような受動表現を **bekommen 受動**と呼びます（すなわち英語の，**間接目的語**を主語にした受動文）。通常，「…してもらう」という意味合いになります。
- 上例 a から bekommen 受動の b を作る手順は，以下のようになります。
  ① 3 格目的語　→ 受動文の主語　　（Herrn Müller → Herr Müller）
  ② 主語　　　　→ von 前置詞句　　（sie → vo ihr；ただし削除可能）
  ③ 他動詞　　　→ bekommen 受動形　（schenken → geschenkt bekommen）
- この関係を図示すると，以下のようになります。

　　Sie　　　　　**schenkte**　Herrn Müller　einen Hut.
　　②　　　　　　③　　　　　①

　　Herr Müller　**bekam**　von ihr　　einen Hut　**geschenkt**.

> (類例)　Heute **bekommen** wir den Fernseher **geliefert**.
> 　きょう私たちはテレビを配達してもらいます。（< liefern 配達する）
> Er hat seinen Führerschein **entzogen bekommen**.
> 　彼は免許証を取り上げられました。（< entziehen 取り上げる）
> Er hat dabei keine Einzelheiten **mitgeteilt bekommen**.
> 　彼はその際，詳しいことは何も知らせてもらえませんでした。
> （< mit|teilen 伝える）

注1　類義の **kriegen**（口語的），**erhalten**（文語的）によっても，bekommen 受動に準じる表現を作ることができます。
注2　bekommen 受動は，文脈に応じて，「…してもらう」という意味合いにも，「…されてしまう」という意味合いにもなります。

第3節　接続法

1　接続法の形

- 接続法の形には第1式と第2式があります。以降，第1式を接Ⅰ，第2式を接Ⅱと略記します。それぞれに人称変化形があります。
- 時制は，接Ⅰの場合，現在，過去，未来の3つ。接Ⅱの場合，基本は，現在，過去の2つ（未来については→54頁 注）。使い方はそれぞれの用法で異なります。接Ⅰは→2，接Ⅱは→3。
- 接続法の様々な形の代用形として werden の接Ⅱ（würde）と単純不定詞，完了不定詞を組み合わせたものもあります（= **würde 形式**）。代用形としての使われ方については，以下の 2 (47頁)，3 (54頁) を参照。

1.1　変化形一覧 （3人称単数）

- 接続法の形の全体像を示すために，**3人称単数**（er）の形を示します。

```
a) 現在　 接Ⅰ　er kaufe  < kaufen 買う
         接Ⅱ　er kaufte              er ginge  < gehen 行く
              er käme   < kommen 来る  er dächte < denken 考える
b) 過去　 接Ⅰ　er habe   ... gekauft   er sei    ... gekommen
         接Ⅱ　er hätte  ... gekauft   er wäre   ... gekommen
c) 未来　 接Ⅰ　er werde  ... kaufen
d) würde 形式  er würde  ... kommen
              er würde  ... gekommen sein
```

注 würde 形式の würde は，werden の接Ⅱです。したがって，würde 形式を接Ⅱ未来・接Ⅱ未来完了と呼ぶ学習書もあります。しかし，この形式の主な用法は，「接続法の代用形」にあるため，本書では中立的な「würde 形式」という名称を使います。

- 上表の b, c, d は，助動詞 **haben**, **sein**, **werden** と不定詞（完了不定詞も含む）の結合なので，haben, sein, werden も含めて，a の「接Ⅰ現在」と「接Ⅱ現在」の作り方を学習すれば十分ということになります。また，詳細は後述しますが，接続法の形は語幹ないし（不規則動詞の場合，ウムラウトしたものも含め）過去基本形に右の人称語尾を付けて作ることにな

接続法	ich	-e	wir	-en
語尾一覧	du	-est	ihr	-et
	er	-e	sie	-en

ります。なお，過去基本形が -de, -te で終わる場合，末尾の e は省きます。

1.2 人称変化
1.2.1 接Ⅰ現在

不定詞 kaufen 買う	ich	**kaufe**	wir	**kaufen**
→語幹 **kauf-**	du	**kaufest**	ihr	**kaufet**
	er	**kaufe**	sie	**kaufen**

注 2人称敬称（単数，複数）は，3人称複数と常に同形であるため，省略します。

- **接Ⅰ現在**は，不定詞の語幹を基にして，前頁の**接続法人称語尾**を付けます。すべての語尾に **e** が含まれているのが特徴です。
- 直説法との相違点は2人称親称単数（du）と3人称単数（er）と2人称親称複数（ihr）の3か所のみ。ただし，語幹末尾が **-d**, **-t** で終わる動詞（baden「入浴する」，warten「待つ」など）の場合，相違点は3人称単数のみになります。

ich	bade	wir	baden	ich	warte	wir	warten
du	**badest**	ihr	**badet**	du	**wartest**	ihr	**wartet**
er	bade	sie	baden	er	warte	sie	warten

注1 -eln, -ern で終わる動詞の接Ⅰの形は，以下のように，3人称単数を除き，直説法の場合と同一になります（複数形は省略：→9頁）。
　直説法：ich handle　　du handelst　　er handelt
　接Ⅰ　：ich handle　　du handelst　　er **hand[e]le**

注2 不規則変化動詞（強変化動詞）も幹母音は変化しません。
　ich fahre　　du **fahrest**　　er fahre
　wir fahren　　ihr fahret　　sie fahren

- **sein**, **haben**, **werden** の接Ⅰの人称変化

語幹（不定詞）	**sei-** (sein)	**hab-** (haben)	**werd-** (werden)
ich	**sei**	**habe**	**werde**
du	**sei[e]st**	**habest**	**werdest**
er	**sei**	**habe**	**werde**
wir	**seien**	**haben**	**werden**
ihr	**seiet**	**habet**	**werdet**
sie	**seien**	**haben**	**werden**

1.2.2 接 II 現在

- **接 II 現在**は，以下の3つのパターンがあります。

① 規則変化動詞 （< kaufen 買う）

過去基本形 **kaufte**	ich	**kaufte**	wir	**kauften**
→ **kaufte-** （基になる形）	du	**kauftest**	ihr	**kauftet**
	er	**kaufte**	sie	**kauften**

過去基本形を基にして42頁の**接続法人称語尾**を付けます。ただし，**末尾が e で終わるため，e は省きます**。結果的に直説法過去と同形（→ 15頁）。

> **注** 接 II 現在は，直説法過去からの派生形であるため，**接続法過去**と呼ぶことがあります。しかし，派生関係に基づくこの名称の「過去」が「過去を表す」と誤解されることがあるため，現在は使われなくなってきています。

② 不規則変化動詞 （< gehen 行く；< kommen 来る）

過去基本形 **ging**	ich	**ginge**	wir	**gingen**
→ **ging-** （基になる形）	du	**gingest**	ihr	**ginget**
	er	**ginge**	sie	**gingen**
過去基本形 **kam**	ich	**käme**	wir	**kämen**
→ **käm-** （基になる形）	du	**kämest**	ihr	**kämet**
	er	**käme**	sie	**kämen**

過去基本形の**幹母音**が**ウムラウト不可能な**場合，直説法の**過去基本形**を基にして，42頁の接続法人称語尾を付けます。

ウムラウト可能な場合，まず過去基本形の**幹母音をウムラウト**させ，それを基にして，42頁の接続法人称語尾を付けます。個別事例は→巻末補足9。

③ 混合変化動詞

過去基本形 **dachte**	ich	**dächte**	wir	**dächten**
→ **dächte-** （基になる形）	du	**dächtest**	ihr	**dächtet**
	er	**dächte**	sie	**dächten**

過去基本形の**幹母音**を**ウムラウト**させ，それを基にして，42頁の**接続法人称**

語尾を付けます。ただし，末尾がeで終わるため，eは省きます。

注1 話法の助動詞 sollen, wollen は，幹母音をウムラウトさせずに，過去基本形に前頁の表の人称語尾を付けます。複数も含め，直説法の過去形と同一です（→ 16 頁）。
注2 brennen, kennen, nennen, rennen の接Ⅱは→ 55 頁 **注2**。

• **sein, haben, werden** の接Ⅱの人称変化

過去基本形 （　）内は不定詞		**war**(sein)	**hatte**(haben)	**wurde**(werden)
	ich	**wäre**	**hätte**	**würde**
	du	**wär[e]st**	**hättest**	**würdest**
	er	**wäre**	**hätte**	**würde**
	wir	**wären**	**hätten**	**würden**
	ihr	**wär[e]t**	**hättet**	**würdet**
	sie	**wären**	**hätten**	**würden**

1.2.3　接Ⅰ過去と接Ⅱ過去（< kaufen 買う；< kommen 来る）

a) 接Ⅰ過去	ich **habe**	... gekauft	wir **haben**	... gekauft
	du **habest**	... gekauft	ihr **habet**	... gekauft
	er **habe**	... gekauft	sie **haben**	... gekauft
	ich **sei**	... gekommen	wir **seien**	... gekommen
	du **sei[e]st**	... gekommen	ihr **seiet**	... gekommen
	er **sei**	... gekommen	sie **seien**	... gekommen
b) 接Ⅱ過去	ich **hätte**	... gekauft	wir **hätten**	... gekauft
	du **hättest**	... gekauft	ihr **hättet**	... gekauft
	er **hätte**	... gekauft	sie **hätten**	... gekauft
	ich **wäre**	... gekommen	wir **wären**	... gekommen
	du **wär[e]st**	... gekommen	ihr **wär[e]t**	... gekommen
	er **wäre**	... gekommen	sie **wären**	... gekommen

• 接Ⅰ過去は，完了の助動詞の接Ⅰと本動詞の**過去分詞**の組み合わせを基にして，上表のaのように作ります。接Ⅱ過去は，完了の助動詞の接Ⅱと本動詞の**過去分詞**の組み合わせを基にして，上表のbのように作ります。

- これらの形式は，直説法の完了形からの派生であるため，直説法で完了の助動詞として haben をとる動詞はやはり haben を（前頁の kaufen），sein をとる動詞はやはり sein をとります（前頁の kommen）。

> 注 接 I 過去は，直説法現在完了からの派生形なので，**接続法現在完了**と，また，接 II 過去は，直説法過去完了からの派生形なので，**接続法過去完了**と呼ぶことがあります。しかし，派生関係に基づくこれらの名称の「現在完了」「過去完了」が時制的用法の意味と誤解されることがあるため，現在は使われなくなってきています。

1.2.4　接 I 未来（< kommen 来る）

```
接 I 未来   ich  werde   ... kommen      wir  werden  ... kommen
           du   werdest ... kommen      ihr  werdet  ... kommen
           er   werde   ... kommen      sie  werden  ... kommen
```

- **接 I 未来**は，未来の助動詞の接 I と本動詞の**不定詞**を組み合わせて，上表のように作ります。

1.2.5　würde 形式

```
a) würde ＋ 単純不定詞
   ich  würde   ... kommen          wir  würden  ... kommen
   du   würdest ... kommen          ihr  würdet  ... kommen
   er   würde   ... kommen          sie  würden  ... kommen

b) würde ＋ 完了不定詞
   ich  würde   ... gekauft haben   wir  würden  ... gekauft haben
   du   würdest ... gekauft haben   ihr  würdet  ... gekauft haben
   er   würde   ... gekauft haben   sie  würden  ... gekauft haben
```

- **würde 形式**は，werden の接 II（**würde**）と**単純不定詞**および**完了不定詞**と結びつけて，上表のように作ります。なぜこの変化形を，接 II 未来・接 II 未来完了ではなく，würde 形式と呼ぶかは → 42 頁 注。

> 注 würde 形式は，過去時制の文脈の中で未来のことを推測する「過去未来形」として使うこともあります（→ 53 頁）：Das Wetter ist schön. Es wird nicht regnen. → Das Wetter war schön. Es **würde** nicht regnen.「天気はよかった。雨は降らないだろう（と考えた）」。

2 接Ⅰの用法（体験話法も含む）

- 接Ⅰには，間接話法と要求話法の二つの用法があります。

2.1 間接話法

> a) *Er sagte*, er **habe** die Prüfung bestanden.
> 彼は，試験に受かったと言いました。
> b) *Er sagte*, **dass** er die Prüfung bestanden **habe**. （意味はaと同じ）

- 上例は，間接話法の文。間接話法は，「誰それは…と言った」などのように，ある人（＝「報告者」）が別のある人（＝「被報告者」）の話したことを間接的に再現する，すなわち報告の表現様式です。
  イタリック体の部分は報告者の**報告の仕方**（「…と言った」「…と主張した」「…と叫んだ」など），下線部は被報告者の話した内容（＝報告者が報告する内容）。直接話法との対比は→ 51 頁。
- 上例のa, bの **habe** は接Ⅰ。接Ⅰの形はある人の話した内容を報告者が間接的に再現したものであることを示します。
- 間接話法の文は以下の二つの部分から構成されます。
  ① 報告者の報告の仕方を表す部分（＝主文の導入部）
  ② ある人の話した内容を表す部分（＝ある人の発言内容を表す文）
- 「発言内容を表す文」には，上例aのように，接Ⅰの定動詞が**第2位**に置かれる主文形式のものと，bのように，**dass** 文を使うものがあります。

2.1.1 接Ⅰの代用形（接Ⅱ，würde + 不定詞，直説法）

> a) Er sagte mir, **ich hätte** keinen Mut.
> 彼は私に，私は勇気がないと言いました。
> b) Sie sagten, dass sie gern Schach **lernen würden**.
> 彼らは，チェスを学ぶのが好きだと言いました。
> c) Kana sagte, **dass** Max morgen **kommt**.
> カナは，マックスが明日来ると言いました。

- 間接話法の接Ⅰの代わりに，接Ⅱと **würde + 不定詞**と直説法を使うことがあります。

上例 a は接Ⅱの例。この場合，接Ⅰと直説法が同形なので（共に habe），接Ⅰを使っても，ある人の発言内容の間接的再現であることを一義的に示すことができません。そのため，接Ⅱを使っているのです。

注1 接Ⅰの形が直説法と異なるのは，
① 動詞 sein の全変化形
② 話法の助動詞（たとえば er darf – er dürfe）と wissen の単数形
③ 他の動詞の3人称単数形（たとえば er kauft – er kaufe，er fährt – er fahre）
などで，これら以外の動詞ではほぼすべて同形です。したがって，上掲の①②③以外の場合，間接話法では接Ⅱを使うことになります。

注2 間接話法の発言内容文における動詞の形の約90％は3人称（単数形と複数形）で，残りの約10％も大半は1人称（単数形）との調査報告があります。

上例 b は **würde + 不定詞** の例。不定詞の動詞は**規則変化動詞**。規則変化動詞の場合，（接Ⅰの代わりとしての）接Ⅱも直説法と同形になることがあります（lernten）。そのような場合，接Ⅱを使っても，ある人の発言内容の間接的再現であることを一義的に示すことができません。そのため **würde + 不定詞** を使っているのです。

なお，不規則変化動詞の i / ie 型の1人称・3人称の複数の場合も（たとえば gehen「行く」；→ 12頁），直説法と同形になるので，規則変化動詞の場合に準じます。

　　Sie sagen, sie würden nicht zur Wahl gehen.（gingen の代わりに）
　　彼らは，選挙には行かないと言います。

注1 直説法との区別が明瞭でなくなっても，非現実話法と誤解されないために，接Ⅰを使う方がよいという意見もあります。

注2 接Ⅱが難しい形という印象を与える不規則変化動詞，たとえば äße（< essen 食べる）や接Ⅱが古臭いという印象を与える動詞，たとえば brennen「燃やす」（接Ⅱ：brennte），kennen「知っている」（接Ⅱ：kennte），nennen「名づける」（接Ⅱ：nennte）の場合も，würde + 不定詞 を代用形として使う傾向があります。

　　Er sagt, er würde gern Tenpura essen.
　　彼は，天ぷらが好物だと言います。
　　Sie sagten, sie würden ihn schon lange kennen.
　　彼らは，彼のことをもう長いこと知っていると言いました。

- 上例 c は直説法の例。ただし**接続詞 dass** を使っています。このように dass 文を使う場合，dass 文以下が**間接的再現**であることが明らかなので，**直説法**もしばしば使います。ただし，書き言葉の場合，主文形式で直説法を使うことはあまりありません（→ 2.1.2）。

注1 dass 文の直説法の時制は，主文の時制とは無関係に（すなわち英語のように「時制の一致」を考えることなく），実際の状況に合わせて，時制形を使います。
　　Sie **sagte**, dass ihre Mutter krank **ist**.
　　彼女は，母親が病気だと言いました。（報告者の発話の時点でも母親は病気）
　　（←直接話法：Sie sagte: „Meine Mutter ist krank."）

注2 報告者が，発言内容文の事柄が自分自身の意見あるいは見解でもあることを明示する場合も，直説法を用います。
　　Ich behaupte, dass das nicht **stimmt**.　　私は，それは間違っていると思います。

したがって，直説法と接Ⅰが対立的な意味合いを持つこともあります。たとえば，以下の両文とも，「彼はドイツが勝ったと知らせて来ました」という意味ですが，直説法のa文によって，報告者が発言内容文の事柄を事実とみなしているという意味合いを，接Ⅰのb文によって，報告者が発言内容文の事柄を単に間接的に再現しているだけであるとの意味合いを表すこともできます。
　　a) Er teilte mit, dass Deutschland gewonnen **hat**.
　　b) Er teilte mit, dass Deutschland gewonnen **habe**.

2.1.2　話し言葉における間接話法の特徴

> a) Er sagt, er **hat** Fieber.
> 　　彼は，熱があると言っています。
> b) Sie hat gesagt, sie **käme** morgen.
> 　　彼女は，明日来ると言いました。
> c) Er hat gesagt, seine Kinder **würden** gern in Japan leben.
> 　　彼は，子供たちが日本で暮らしたがっていると言いました。

- 発言内容を表す文の動詞は，上例aの場合，**直説法**，bの場合，**接Ⅱ**，cの場合，**würde + 不定詞**です。
- 書き言葉に対する話し言葉（口語）の特徴として以下の点が挙げられます。
① 直説法を一般的に使う（上例a）。
現在，接Ⅰは，公的な講演などで使われるだけで，使用は極めて限定的です。
② 間接的再現であることを示す必要がある場合，接Ⅰでなく，接Ⅱが好まれる（上例b）。ただし，特に本動詞の場合，kommen, wissen などの一部の動詞を除き，通常，接Ⅱ現在よりも，**würde + 不定詞**の方が使われる（上例c）。
③ 接続詞 dass によらない主文形式が増えつつある。
これは，主文の導入部が表現されていれば，主文形式でも，間接話法であることが自然に理解できるためと考えられます。

2.1.3 間接話法の時制

> a) **Ken sagte**, er lerne seit einem Jahr Deutsch.
> ケンは，1年前からドイツ語を学んでいると言いました。
> b) **Ken sagte**, er habe gestern Deutsch gelernt.
> ケンは，昨日ドイツ語を学んでいたと言いました。
> c) **Ken sagte**, er werde morgen Deutsch lernen.
> ケンは，明日ドイツ語を学ぶと言いました。

- 上例 a では接I現在（lerne）を，b では接I過去（habe … gelernt）を，c では接I未来（werde … lernen）を使っています。
- a の接I現在は，ケンの発話時点と彼のドイツ語学習の時点が同一であることを，b の接I過去は，ケンのドイツ語学習の時点がケンの発話時点よりも前であることを，c の接I未来は，ケンのドイツ語学習の時点がケンの発時点よりも後であることを示します。
このように，接I現在は同時性を，接I過去は前時性を，そして接I未来は後時性を示します。

  注1 **直接話法**（→ 2.1.5）との関連で見るならば，直接話法での時制が**現在**ならば，発言内容文の時制も**接続法現在**，直接話法での時制が**過去**ないし**現在完了**ならば，発言内容文の時制も**接続法過去**になります。
  注2 間接話法で**直説法**を使う場合，直接話法ならば使ったであろう時制形を使います。すなわち，時制の一致はありません（具体例は→ 49 頁上 **注1**）。

2.1.4 独立的間接話法

> Er rief die Bedienung und sagte, er wolle zahlen. Das Essen sei sehr gut gewesen.
> 彼は給仕を呼び，そして勘定を払いたい，料理はとてもおいしかったと言いました。

- 上例の後半部では，sei（sein の接I）の文が主文を伴わずに，発言内容文として使われています。このように，発言内容文を独立させて使う用法を**独立的間接話法**と呼びます。
- 定動詞は，**第2位**に置かれ，接続法の形が間接話法であることを示す**唯一の標識**であるため，かならず接I（ただし，接I が直説法と同形の場合，接II）を使います。

2.1.5 直接話法と間接話法

> 1 a) Er sagte: „Ich besuche meine Tante."
>   彼は,『私は叔母を訪ねます』と言いました。
>   b) Er sagte, er **besuche** seine Tante.　（a の訳参照）
> 2 a) Ich fragte ihn: „Wen hast du besucht?"
>   私は彼に,『君は誰を訪問したのですか？』と尋ねました。
>   b) Ich fragte ihn, **wen** er besucht habe.　（a の訳参照）
> 3 a) Sie sagte zu ihm: „Bitte besuchen Sie mich bald wieder."
>   彼女は彼に,『また近く遊びに来てください』と言いました。
>   b) Sie sagte ihm, er **möge** sie bald wieder besuchen.　（a の訳参照）

- 上例の 1, 2, 3 の a は直接話法の文, b は間接話法の文。直接話法は, 報告者がある人の言ったことを直接的に, すなわちある人の言ったことを言葉通りに再現する表現様式です。間接話法の定義は→ 2.1.1。
- 間接話法の文タイプには, 上例 a のような叙述文と b のような疑問文と c のような要求文の 3 種類があります。
- 叙述文の場合, 直接話法の発言内容文は, 主文形式で再現される場合（上例）と **dass** 文で再現される場合があります→ 2.1。
- 疑問文の場合, 補足疑問文ならば, 直接話法の発言内容文は, 上例 b のように, 疑問詞を文頭に, 定動詞を文末に置く間接疑問文で再現されます。決定疑問文ならば, 以下の（類例）のように, 接続詞 **ob** で再現されます。
  - （類例）　Er fragte mich: „Darf ich dich küssen?"
    彼は私に,『キスをしてもいい？』と尋ねました。
    → Er fragte, **ob** er mich küssen dürfe.　（直接話法の訳参照）
- 要求文（命令形の書き換え）の場合, 話法の助動詞 **mögen**（優しい要求：上例 3）や **sollen**（強い要求）の発言内容文に変えます。なお, 通常, 主文形式を使います。
  - （類例）　Er sagte zu ihr: „Warten Sie draußen."
    彼は彼女に,『外で待っていなさい』と言いました。
    → Er sagte ihr, sie möge draußen warten.
    Sie rief ihm zu: „Halt das Maul!"
    彼女は彼に,『黙りなさい！』と, 大きな声で言いました。
    → Sie rief ihm zu, er solle das Maul halten.　（直接話法の訳参照）
- 間接話法における人称代名詞, 場所副詞, 時間副詞などは報告者との関係で

決まります。

Er sagt zu mir: „**Du** bist ein Idiot."
彼は私に，『お前は愚かものだ』と言います。
→ Er sagt mir, dass **ich** ein Idiot sei.
（直接話法の Du は主文の mir のことなので，間接話法では ich になります。）
Bei der Abschiedsparty sagte er: „Ich heirate **morgen**."
彼はお別れ会で，『僕は明日結婚します』と言いました。
→ Bei der Abschiedsparty sagte er, dass er **am nächsten Tag** heirate.
（報告者にとっての morgen と被報告者の er にとっての morgen が同一でない場合，中立的な am nächsten Tag「次の日に」などに書き換えます。）

2.2 要求話法

a) Gott **segne** den König! 　　　　　　　　王に神の御加護あれ！
b) Man **nehme** dreimal täglich eine Tablette! 　1日3回1錠服用のこと。
c) ABC **sei** ein rechter Winkel. 　　　　　　ABC が直角であるとしよう。

- 上例の **segne**，**nehme**，**sei** は**要求話法の接 I**。**要求話法**は，本来，**3 人称の主語**（単数，まれに複数）に対する**話者の祈願**などを表す表現様式です。
- 現在では，**決まった言い回し**（上例 a），**使用解説書**（上例 b），**調理法**（下の類例），**数式**（上例 c）などにしか使いません。

【類例】 Die Zubereitung ist einfach. Man **nehme** drei Eier und **vermische** sie mit zwei Esslöffel Zucker.
調理は簡単です。卵を3つ用意し，それを砂糖大さじ2杯と混ぜます。

注1 願望的ニュアンスを強く出す場合には mögen の接 I を使います。
Er **möge** noch lange leben! 　彼がまだまだ長生きしますように！

注2 認容文でも，要求話法の一種として，接 I を使います。
Was auch immer **komme**, ich führe es durch.
何が来ようとも，私はそれをやり抜きます。

注3 **2 人称敬称の命令形**および **1 人称複数形**による「…しましょう」という**提案表現**に使う動詞の形も本来は要求話法の接 I。したがって，動詞 sein の場合，接 I の形 seien になるのです。
　Bitte **nehmen** Sie Platz! 　　どうぞお座り下さい！
　Seien Sie fleißig! 　　　　　一所懸命やりなさい！
　Setzen wir uns auf die Bank. 　ベンチに座りましょう。
　Seien wir doch mal ehrlich! 　ちょっと一度正直になろうよ！

2.3 体験話法（間接話法の特殊形）

> a) ドイツ語文
> Plötzlich schwitzte er. Vielleicht **hatten ihn** die Kinder im Dorf schon erkannt? Man **würde ihn** schnappen und zurückbringen. Eine Mütze **müßte er** haben, keiner **durfte seine** roten Haare sehen. ...
>
> b) 日本語訳
> 突然汗が出て来た。もしかしたら村の子どもたちはもう僕に気づいてしまっただろうか？僕をつかまえて，連れ戻すだろうな。帽子を被っていなきゃだめだ，誰にも赤毛を見られてはならないのだから。…
>
> c) 作中人物の独白文（冒頭の文の次から）
> Vielleicht **haben mich** die Kinder im Dorf schon erkannt? Man **wird mich** schnappen und zurückbringen. Eine Mütze **müßte ich** haben, keiner **darf meine** roten Haare sehen. ...

- 上例の a は小説（U.Wölfel : Der rote Rächer）の一部，一見，作中人物についての，書き手の描写に見えます。しかし，試みた日本語訳の b と比べると，いくつか奇妙な点がありますね。その一つは a での ihn が b の訳では，「僕に」「僕を」となっていること。もう一つは，日本語訳の２番目からの文が，作中人物についての描写というよりも，作中人物の独白になっている点です。

- ドイツ語には，出来事を物語る中で作中人物が心に思ったことを（「…と作中人物は考えた」のような語句を省略）地の文に直接，組み込む表現様式があるのです。このような表現様式を体験話法と呼びますが，上例はこの体験話法なのです。ただし，だからと言って，作中人物が心に思ったことをそのまま，何もせず，地の文に組み込んでよいわけではありません。

- 上例 c は体験話法の文を作中人物が実際に心に思ったであろう文に書き直したもの。比べると，1人称の mich, ich, meine が 3人称の ihn, er, seine に，現在形が過去形に（darf → durfte），未来の助動詞が接Ⅱの würde に（→過去未来形：46頁），現在完了が過去完了に（haben ... erkannt → hatten ... erkannt）変わり，接Ⅱ（müßte）は，元の思考を表すので，そのままになっています。

- 以上のように，作中人物の独白を体験話法として直接，地の文に組み込むためには，①動詞の**時制形**は地の文に合わせる，②**人称代名詞**などは報告者の視点からのものに変える，などの変更を行う必要があります。したがって，小説を読んでいて，文脈的におかしな文に出会ったら，一度，上掲の①②の点に留意し，体験話法ではないかと考えてみるのも必要な試みと言えます。

3 接 II の用法

- 接 II には，**接 I の代用形**としての用法（→ 2.1）と**非現実話法**の二つの用法があります。ここでは，後者について説明します。

3.1 非現実話法

> a) Was **würdest** du machen, **wenn** du sehr reich **wärst**?
>   もし君が大金持ちならば，何をしますか？
> b) **Wenn** er Geld **gehabt hätte**, **wäre** er nach Deutschland **geflogen**.
>   もしお金があったならば，彼はドイツに行っていたことでしょう。

- 上例は**非現実話法**の文。非現実話法とは，「…ならば，…なのだが」「…だったら，…だったのだが」などのように，**仮定的条件**（wenn 文など）と**仮定的結論**を述べる表現様式です。
- 上例 a は**現在の時点**での仮定とその結論，上例 b は**過去の時点**での仮定とその結論です。
- 仮定的条件の wenn 文にも仮定的結論の主文にも，接 II を使います。条件とその結論が仮定したものであることは接 II によってのみ表されるため，非現実話法には必ず接 II を使います。

〔類例〕 Wenn ich keine Freundin **hätte**, **könnte** ich fleißig Deutsch lernen.
  もしガールフレンドがいなければ，僕は熱心にドイツ語の勉強ができるのだがなあ。

- 非現実話法の時制は**文脈**との関係で決まります。仮定およびその結論と文脈との間に**同時**の関係が成り立つ場合は**接 II 現在**を（上例 a），仮定およびその結論と文脈との間に**それ以前**の関係が成り立つ場合は**接 II 過去**を（上例 b）を使います（代用形の würde は次頁）。

注 仮定およびその結論と文脈との間に**それ以降**（未来）の関係が成り立つ場合，**würde 形式**あるいは**接 II 現在**を使います。ただし，未来に関する非現実話法は，非現実性の表現としてよりも，通常，遠慮がちなニュアンスを表すのに使います（→ 3.3）。
  Wir **würden** uns sehr freuen, wenn ihr kommen **könntet**.
  君たちが来られるのでしたら，私たちにとってとても嬉しいことです。
  Wenn sie **käme**, **wäre** ich froh.
  彼女が来られるのでしたら，私は嬉しいです。
  Es **wäre** schön, wenn ihr nach Japan kommen **könntet**.
  君たちが日本に来られるのでしたら，それは素敵なことです。

第3節 接続法

- 接Ⅱが直説法と同形で，接Ⅱであることを一義的に示すことができない場合（たとえば規則変化動詞），**würde + 不定詞**を代用形として使います。

    Wenn ich Geld hätte, **kaufte** ich ein Haus.
    もしお金があれば，私は家を買うのだが。
    → Wenn ich Geld hätte, **würde** ich ein Haus **kaufen**.

- 条件文は，定動詞を文頭に置いた形式でも表します。また，主文の先頭に副詞の so を置くこともあります。

    Wenn ich genug Zeit **hätte**, so würde ich dir helfen.
    = **Hätte ich** genug Zeit, so würde ich dir helfen.
    時間が十分あれば，君の手助けをするのだが。

- 非現実話法の条件は，wenn 文によらず，前置詞句，文脈などによって表す場合もあります。

    An deiner Stelle würde ich ihn danach fragen.
    僕が君ならば，彼にそのことを尋ねてみるね。
    Ohne dich könnte ich nicht mehr leben!
    君がいなければ，僕はもう生きていけない！
    Mein Freund hat damals an der Universität nicht weiterstudiert. Jetzt **könnte** er schon Doktor sein.
    私の友人は当時大学での勉学を続けませんでした。(もし続けていたら) 今頃, 彼はもう博士になれているでしょう。

なお，結論を述べる主文だけを用いることもあります。

    Was würdest du machen, wenn du sehr reich wärst? — Ich **würde** sofort meine Freundin **heiraten** und eine Weltreise **machen**.
    もし大金持ち持ちだったら，君は何をしますか？ — 僕はすぐに彼女と結婚して，世界旅行をするよ。

注1 **現実的**条件文の場合は，直説法を使います。
Wenn ich Zeit **habe**, **lerne** ich Deutsch.
時間がある時には，私はドイツ語を学びます。

注2 接Ⅱの形が難しい形という印象与える不規則変化動詞（essen → äße）や古臭いという印象を与える混合変化動詞（kennen → kennte）の場合，würde + 不定詞を代用形として使います（→ 48 頁下 **注2**）。
Wenn ich Zeit hätte, **hülfe** ich dir.　時間があれば手助けをするのですが。
→ Wenn ich Zeit hätte, **würde** ich dir **helfen**.

なお，kommen「来る」，wissen「知っている」などの接Ⅱ（käme, wüsste）は，今なおよく使います。

3.2 非現実的願望文,als ob 文

> a) Wenn ich dir nur helfen **könnte**!
> 君の手助けができさえすればなあ!
> b) Er sieht aus, **als ob** er krank **wäre**.
> 彼はまるで病人のようだ。

- 上例 a は,現実話法の条件を表す wenn が独立して用いられる**非現実的願望文**。doch,nur,bloß を伴い,実現不可能な願望を表します。

  〔類例〕 Wenn ich **doch** Deutsch sprechen **könnte**!
  ドイツ語が話せたらなあ!
  Wenn ich **doch nur** die Zeit zurückdrehen **könnte**!
  もし時間を元に戻すことができたらなあ!
  Wenn er **doch** hier **wäre**!　彼がここにいたらなあ!
  Ach, wenn du **bloß mitkämest**!
  ああ,君が一緒に来るのならばなあ!

  注 非現実的願望文は,定動詞を文頭に置く形式も可能です。
  Könnte ich dir nur helfen!　(上掲の囲みの例の言い換え)
  Hätte ich doch nichts gesagt!
  私は何も言わなかったらなあ!

- 上例 b は「まるで〈あたかも〉…かのように」と非現実のたとえを表す **als ob 文**。現実に起きた出来事から受ける印象が,他の,現実とは異なる非現実の出来事から受ける印象と同一であることを表します。

  〔類例〕 Anna hat natürlich Interesse, doch sie tut so, **als ob** sie kein Interesse **hätte**.
  アンナはもちろん興味を持っていますが,興味がないような振りをします。
  Das klingt ja wirklich, **als ob** es im Handumdrehen möglich **wäre**.
  それは,聞いた感じでは,本当にあっと言う間にできそうですね。
  Er benahm sich, **als ob** er betrunken **wäre**.
  彼は,まるで酔っぱらってしまったように振る舞いました。

  als ob 文の接続法の時制は,主文に対して同時のことならば,接続法現在(上例のすべて),以前のことならば,接続法過去を使います(下例)。

  Es hat ausgesehen, **als ob** sie sich **gestritten hätten**.
  彼らはまるで喧嘩をしたかのようだった。

注1　接Ⅰを使う場合もあります。
Er behandelt die Studenten, **als ob** sie Kinder **seien**.
彼は学生たちをまるで子供のように扱います。

注2　**als + 定動詞**という形式になることもあります。
Er glotzte, **als hätte** er so was noch nie gesehen.
彼はそういうことをまだ見たことがなかったかのように目を丸くしていました。

注3　als ob のバリエーションとして **als wenn** という形式もあります。
Ich kann nicht so tun, **als wenn** nichts geschehen wäre.
私は何も起きなかったように振る舞うことはできません。

注4　「まさか…ではあるまい」と非現実の事柄を述べ，それによって非現実とは逆のこと，すなわち現実の事柄を強調的に述べることもあります。
Wie konnte er nur so nachlässig sein! **Als ob** er nicht **wüsste**, dass wir kein Geld übrig haben.
どうして彼はそんなにいい加減でいられたのだ！私たちにお金が余っていないことを知らないわけではないでしょうに（知っているのに）。

3.3　外交的接続法

> a) Was möchten Sie trinken? — Ich **hätte gern** Kaffee, bitte.
> 　　何をお飲みになりますか？ — コーヒーを頂けますか？
> b) **Könnten Sie** das noch einmal sagen?
> 　　すみませんが，もう一度言っていただけますか？

- 上例のa，bは，「もしよろしければ…」というニュアンスを含んだ表現。このような**遠慮がちな**ニュアンスを含ませる接Ⅱの用法を**外交的接続法**と呼びます。本来の非現実話法とは文脈や状況によって区別されます。

① 遠慮がちの**応答**，**問いかけ**など（上例 a）

Das **wäre** schön!　それは素晴らしい！
Wäre es möglich?　可能でしょうか？
Ich **hätte gern** ein Kilo Trauben.　ブドウを1キロ頂けますか？
Könnte ich dich umarmen?　君を抱きしめてもいいかい？
Er **hätte** es tatsächlich getan?　彼はそんなことを本当にしたのですか？
Wie **wäre es mit** einem Kaffee?
コーヒー1杯いかがですか？　　注 mit は「…に関して」
Wie **wäre es am** Montagabend?
月曜日の晩はいかがでしょうか？　注 日付の前置詞句の場合，mit 無しで。

② **遠慮がちな依頼，お願い**など（könnte や würde を使って；上掲の囲みの例 b）

Würden Sie bitte das Fenster aufmachen?
すみませんが，窓を開けていただけませんか？
Ich **wäre** Ihnen sehr dankbar, wenn Sie das Buch **zurückgäben**.
本を返していただけると大変ありがたいのですが。

> 注 möchte も本来，mögen の，要望などを丁寧に表現する外交的接続法です。
> Ich **möchte** noch ein Glas Bier trinken.　私はもう1杯ビールが飲みたいなあ。

3.4 接 II の熟語表現

a) Wie dumm, ich **hätte** gestern nicht so viel trinken **sollen**.
　　ああバカだな，昨日あんなに飲まなければよかった。
b) Das Wasser ist **zu** kalt, **als dass** man baden **könnte**.
　　その水は泳ぐには冷た過ぎます。
c) **Fast hätte** ich es vergessen.　　もう少しでそのことを忘れるところでした。
d) Da **wären** wir endlich!　　　　　やっと着いたぞ！

- 上例 a は **hätte** と **sollen** の組み合わせで作る熟語表現。主語が1人称の場合は後悔を表し（上例 a），2人称・3人称の場合は非難を表します（下例）。

(類例)　Das **hättest** du nicht tun **sollen**.
　　　　そんなことはすべきでなかったんだよ。
　　　　Der Kerl, er **hätte** schweigen **sollen**!
　　　　あいつめ，黙ってりゃいいものを！(余計なことしゃべりやがって！)

> 注1 話法の助動詞 müssen でも類似の表現を作ります。
> Sie **hätten** die Arbeit vorbereiten **müssen**.
> あなたは仕事の準備をしておかなければなかったのですよ。

> 注2 dürfen の接 II は「…だろう」，können の接 II は「…かも知れない」，müssen の接 II は「（本当ならば）…はずなのだが」という推量の意味で（→ 74 頁），sollen の接 II は「本当は…であるべきなのに」という価値判断の意味で使います。
> Er **dürfte** bald kommen.　　　彼はまもなく来るでしょう。
> Er **könnte** der Täter sein.　　　彼が犯人かも知れません。
> Er **müsste** schon längst da sein.　彼はもうとっくに着いているはずなのだが。
> Das **sollte** man nicht tun.　　　そんなことはすべきでないのに。

なお，sollen の接 II は，接続詞 falls と結びつき，「万一…ならば」という**蓋然性の低い可能性**を表すのにも使います（→ 76 頁）。
　falls es schneien **sollte**　　万一雪が降るようならば
　falls es nicht klappen **sollte**　もし万一うまく行かない場合は

- 上例 b は zu ＋ 形容詞 ＋ als dass 文 という熟語表現（「…し過ぎて〜できない」）。dass 文は実際には起きなかったことなので，接Ⅱを使います。同じ理由で下例の ohne dass 文（「…することなく〜だ」）の場合も接Ⅱを使います。

    Ich habe tüchtig gefroren, **ohne dass** ich mich erkältet **hätte**.
    私は，凍える程寒かったのですが，風邪は引きませんでした。

    注 dass 文の事柄が実際には起きなかったことは，als dass / ohne dass という接続詞の形で明示されるため，これらの表現でも，直説法の使用が広まりつつあります。
    Er half mir, ohne dass ich ihn darum **bat**.
    頼みもしないのに，彼は私のことを助けてくれました。

- 上例 c は，副詞 beinahe，fast，um ein Haar と接Ⅱ過去の組み合わせで作る熟語表現（「もう少しで…するところだった」）。実際は実現したことですが，実現しなかった場合の条件を想定して，接Ⅱ過去を使うのです。

    〔類例〕 **Beinahe hätte** er den Zug nicht mehr **erreicht**.
    もう少しで彼は列車に間に合わないところでした。

    注 この熟語表現でも直説法の使用が広まりつつあります。

- 上例 d は，「やれやれ，やっと〈とうとう〉…したぞ」という意味合いの，**話し手の安堵感**を表す用法。下例は接Ⅱ過去。
    〔類例〕 Endlich **hätten** wir's **geschafft**. とうとうやり遂げたぞ。

コラム　ドイツ語学習の秘訣

私がドイツ語を学び始めた学生時代，やたらと接続法第1式が使われている長編小説に出会いました（トーマス・マンの『非政治的人間の考察』）。書かれている内容はとても難しくて皆目分かりませんでしたが，接続法第1式に出会うたびに，「これは誰かの言葉を間接的に引用している文だ」「この文は，最後に『…と言った』を付けて訳せばいいんだ」などと思いながら読み，その本を最後まで読んだ時には何となく接続法第1式の「心」が分かったような気分になったのを覚えています。語学はやはり「量」も（「量」が）重要なのでしょうね。
時々，学生から，「どうしたらドイツ語ができるようになれますか？」と質問されることがあります。そんな時はいつも「ドイツ人が読んだであろう量のドイツ語を読み，ドイツ人が聴いたであろう量のドイツ語を聴き，ドイツ人が書いたであろう量のドイツ語を書き，ドイツ人が話したであろう量のドイツ語を話せば，きっとドイツ語ができるようになるよ」と答えています（笑）。

第4節 命令法 (命令形)

- 命令法は話し相手に対する話し手の命令，要求，提案などを表す表現様式です。命令法の動詞の形を命令形と呼びます。
- 命令形は2人称のみで，du / ihr で話し合う相手に対する親称の命令形と Sie で話し合う相手に対する敬称の命令形の2種類があります。イントネーションは降り音調。通常，感嘆符を付けますが，あまり命令的でない助言，提案などの場合，感嘆符でなく，終止符を打つこともあります。

1 親称の命令形
1.1 語幹を変えない動詞

```
相手が一人の場合      Lerne!   学べ！   < lernen 学ぶ
相手が二人以上の場合   Lernt!
```

- 上例は親称の命令形。動詞の語幹（黒太字）に命令形の語尾（青太字）を付けます。相手が一人か二人以上かで語尾が異なります。
- 相手が一人の場合，動詞の語幹に -e を付けます（= du の命令形）。ただしこの -e は口語でしばしば省かれます。

　　Frag[e] ihn selbst!　　　　　彼本人に尋ねなさい！
　　Schlaf gut und **träume** süß!　安らかに眠り，甘い夢を見なさい！
　　Lass mich in Ruhe!　　　　　私のことは放っておいてくれ！

注1 動詞末尾が -igen あるいは語幹末尾が m, n を含む複合的子音の場合，du の命令形の語尾 -e は省きません。
　　Entschuld**ige** bitte!　ごめんなさい！
　　At**me**!　息をして！　　Öff**ne** die Tür!　ドアを開けて！

注2 語幹末尾が -d, -t の場合，du の命令形の語尾 -e は，通常，省きません。
　　Geh zu ihm und re**de** mit ihm, von Mann zu Mann!
　　彼のところに行って，彼と話して来なさいよ，男同士で！
　　Bitte war**te** auf mich! Ich liebe dich!
　　僕のことを待っていてくれ！ 僕は君のことを愛しているんだ！

注3 動詞の末尾が -eln の場合，**語幹の e を省き**，語尾 -e を付けます。
　　Schütt**le** das Glas!　グラスを揺すりなさい！
　動詞の末尾が -ern の場合，**口語**で，語幹の e を省き，語尾 -e を付けます。
　　Kich[e]**re** nicht!　忍び笑いなんかするな！

注4 語尾 -e を省く場合が多いため，「命令形は語幹で作る，ただし一部の動詞では -e を付ける」と説明する学習書もあります（最も簡単な覚え方は，非学問的ですが，「-e

第4節　命令法（命令形）

を付ける，ただし，付けてみて，言いにくかったら付けない」というものです）。

- **相手が二人以上**の場合，動詞の**語幹**に **-t** を付けます（= **ihr の命令形**）。
    Emma, Max! Wo seid ihr denn? **Kommt** her!
    エマ，マックス！　どこにいるの？こっちへいらっしゃい！

    > 注　語幹末尾が **-d**, **-t** の場合，ihr の命令形は口調上の e を挿入します。
    > Arbei**tet**!　働け！　　Re**det**!　話せ！

1.2　語幹を変える動詞

```
du の命令形    Hilf mir!    （君,）私を助けてくれ！         < helfen 助ける
ihr の命令形   Helft mir!   （君たち,）私を助けてくれ！
```

- 現在人称変化の2人称単数で**幹母音 e** を **i** あるいは **ie** に変える動詞は，du の命令形でも幹母音を同じように変えて作ります。語尾 -e を付けません（→ 巻末補足 9）。なお，複数形は幹母音を変えることがありません。

    類例　**Iss** täglich Gemüse!　　毎日野菜を食べなさい！
    　　　Esst täglich Gemüse!

    > 注　sehen には，sieh の他に，「参照」の意味の **siehe** という形もあります。
    > **Siehe** Seite 55!　55 頁を見よ！　　**sieh[e]** oben　上記参照

2　敬称の命令形

```
Essen Sie viel Gemüse!                    野菜をたくさん食べなさい！
Ändern Sie Ihr Passwort regelmäßig.       定期的にパスワードを変えなさい。
```

- essen, ändern は**不定詞**，**Sie** は **2人称敬称の人称代名詞**。**敬称**の命令形は**不定詞 + Sie** ... という形になります。命令形の後ろに主語 Sie を必ず置き，相手が一人でも二人以上でも，同じ形になります（単数複数同形）。

    > 注　tun「…する」は tu**en** に，sein「…です」は sei**en** になります。これらは，接 I の要求話法からの転用形なのです（→ 52 頁：→次頁 3 の①）。

- 敬称の命令文は，**疑問文と同一の形式**になります。ただし，イントネーションは命令口調にします。
    Nehmen Sie sofort Platz! ↘　すぐに座って下さい！

3　命令形の細則

① sein「…である」の命令形は，以下のようになります（→ 52 頁 注3）。
　Sei bitte still!　静かにして！　　　**Seid** bitte still!
　Seien Sie bitte still!　静かにしてください！

② **分離動詞**を命令文で用いる場合，前つづりは分離します。
　Steht bitte sofort **auf**!　すぐ立ってください！

③ 命令文の再帰代名詞は 2 人称の形になります。
　Setz **dich** hin!　座りなさい！　　　Setzt **euch** hin!
　Bitte setzen Sie **sich** hin!　座ってください！

④ 親称でも，主語を強調したい場合，主語を付け加えます。
　Sprich **du** selbst mit ihm!　君が自分で彼と話せよ！

⑤ 命令の意味を強める mal，nur，immer（軽い感じで）あるいは ja，doch（強い意味合い）などを付け加えることがあります。
　Gib mir bitte **mal** die Zeitung her!　ちょっとその新聞をとってくれ！
　Komm **doch** mit!　　　　　　　　　　一緒に来てくれ！

⑥ 直説法現在，直説法未来，話法の助動詞 müssen や sollen，接 I の要求話法文（→ 52 頁）によっても一種の命令文を作ることができます。また，名詞，形容詞，副詞，過去分詞（→ 102 頁），不定詞（→ 87 頁）などの省略形で，命令表現を作ることもあります。
　Du **bleibst** hier!　　　　　　　　　　ここにいて！
　Du **wirst** deinen Weg schon gehen!　君は君の道を行くのです！
　Du **musst** fleißig Deutsch lernen!　君は真面目にドイツ語を学びなさい！
　Er **soll** sofort kommen!　　　　　　彼に即刻来るように言ってくれ！
　Man **lese** einmal diese Ausführungen!　この説明を一度読むこと！
　Vorsicht!　危ない！　　**Still**!　静かに！　　**Herein**!　入りなさい！
　Aufgepasst!　気をつけて！
　Bitte nicht **berühren**!　手を触れないでください！

⑦ 不定詞 + wir および Lass uns ...（Lasst uns ... / Lassen Sie uns ...）!（→ 78 頁）によって提案表現を作ることができます。
　Gehen wir!　行こう！
　Lass uns nicht mehr davon reden, die Sache ist doch erledigt.
　もうその話はよそうよ，ことは済んだのだから。
　Setzen Sie sich, Herr Müller, **lassen Sie uns** ein wenig plaudern.
　おかけください，ミュラーさん。ちょっと雑談でもしましょう。

第5節　各種の動詞

1　助動詞と本動詞

> a) Ich habe Bier getrunken.　　私はビールを飲みました。
> b) Ich wurde zum Essen eingeladen.　私は食事に招待されました。
> c) Sie kann sehr gut kochen.　　彼女は料理がとても上手です。
> d) Trotzdem lässt sie mich kochen.
> 　それにもかかわらず，彼女は私に料理を作らせます。

- 上例 a の **habe** は，過去分詞（**getrunken** < trinken 飲む）と結びついて，現在完了形を作っています。b の **wurde**（< werden）は，過去分詞（**eingeladen** < ein|laden 招待する）と結びついて，受動形を作っています。c の **kann**（< können）は，不定詞（**kochen** 料理する）と結びついて，「…ができる」という意味を付け加えています。d の **lässt**（< lassen）も，不定詞（**kochen**）と結びついて，「…させる」という意味を付け加えています。
- このように，過去分詞や不定詞に結びつけて使う動詞を助動詞，それ単独でも使うことのできる一般的な動詞（上例の trinken, einladen, kochen など）を本動詞と呼びます。
- 助動詞には，a の **haben** のように，時制形を作るのに使う時制の助動詞，b の **werden** のように，受動形を作るのに使う受動の助動詞，c の können のように，「…ができる」などの意味を付け加える話法の助動詞，d の lassen のように，「…させる」などの意味を付け加える使役の助動詞の4つがあります。

〈時制の助動詞〉**haben** と **sein**（完了の助動詞；→ 17 頁）
　　　　　　　werden（未来の助動詞；→ 22 頁）
〈受動の助動詞〉**werden**（werden 受動の助動詞；→ 30 頁）
　　　　　　　sein（sein 受動の助動詞；→ 39 頁）
〈話法の助動詞〉**dürfen, können, mögen, müssen, sollen, wollen**
　　　　　　　（→ 72 頁）
〈使役の助動詞〉**lassen**（→ 78 頁）

注　本動詞に結びつけて使う動詞として，sehen などの**知覚動詞**，gehen などの**移動動詞**などもあります（→ 79 頁）。

2 複合動詞（分離動詞，非分離動詞，分離・非分離動詞）

2.1 前つづりと基礎動詞

> a) **auf**stehen　起きる　（< stehen 立っている）
> b) **be**suchen　訪れる　（< suchen 探す）

- 上例の動詞の前に付いている a の **auf-** と b の **be-** は前つづり。動詞の前に前つづりの付いた動詞を複合動詞，stehen と suchen のように，複合動詞の基礎になっている動詞を基礎動詞と呼びます。前つづりによって新たな意味の動詞を作ることが出来ます。複合語は→ 276 頁。

2.1.1 分離動詞

> a) Sie macht Licht an.　　彼女は明かりをつけます。（< anmachen つける）
> b) Er macht das Licht aus.　彼は明かりを消します。　（< ausmachen 消す）

- 複合動詞の中には，主文で定動詞として使う場合，前つづりを基礎動詞から分離させ，文末に置くものがあります（上例 a の **an-** と b の **aus-**）。このように，文中で分離する前つづりを分離前つづり，分離前つづりを持つ複合動詞を分離動詞と呼びます。
- 分離前つづりは常にアクセントを持ちます。また，**辞書ではふつう分離前つづりと基礎動詞の間に縦線**を入れています。

　　an|machen [ánmaxən]，aus|machen [áusmaxen]

2.1.1.1 分離動詞の人称変化（現在形；三基本形は 14 頁，過去形は→ 15 頁）

> | | | | | | | |
> |---|---|---|---|---|---|---|
> | a) auf\|hören | ich | höre | ... auf | wir | hören | ... auf |
> | 止める | du | hörst | ... auf | ihr | hört | ... auf |
> | | er | hört | ... auf | sie | hören | ... auf |
> | b) an\|fangen | ich | fange | ... an | wir | fangen | ... an |
> | 始める | du | fängst | ... an | ihr | fangt | ... an |
> | | er | fängt | ... an | sie | fangen | ... an |

- 上表の a の auf|hören は**規則変化**，b の an|fangen は**不規則変化**。分離動詞の

人称変化は，基礎動詞が**規則変化**ならば**規則変化**に（上例の hören），**不規則変化**ならば**不規則変化**になります（上例の fangen；du fängst, er fängt）。なお，人称変化形は前つづりを**末尾**に置いた形で示します。

2.1.1.2 主な分離前つづりと分離動詞

ab-	ab|fliegen	Sie **fliegt** morgen nach Deutschland **ab**.
	飛び立つ	彼女は明日ドイツに飛び立ちます。
an-	an|fangen	Sie **fängt** ein neues Leben **an**.
	始める	彼女は新しい人生を始めます。
auf-	auf|stehen	Ich **stehe** um 6 Uhr **auf**.
	起きる	私は6時に起きます。
aus-	aus|steigen	Er **steigt** in Köln **aus**.
	下車する	彼はケルンで下車します。
bei-	bei|stehen	Ich **stehe** dir immer **bei**.
	側にいて助ける	僕はいつも君の側にいるよ。
ein-	ein|steigen	Sie **steigt** in Köln **ein**.
	乗車する	彼女はケルンで乗車します。
mit-	mit|bringen	Er **bringt** mir Blumen **mit**.
	持って来る	彼は私に（おみやげに）花を持って来ます。
nach-	nach|denken	Er **denkt** über den Sinn des Lebens **nach**.
	じっくり考える	彼は人生の意味について考えます。
vor-	vor|schlagen	Er **schlägt vor**, dass wir Sushi essen gehen.
	提案する	彼はお寿司を食べに行くことを提案します。
zu-	zu|hören	Wir **hören** seinem Vortrag interessiert **zu**.
	耳を傾けて聞く	私たちは彼の講演に興味深く耳を傾けます。
zurück-	zurück|kommen	Er **kommt** morgen **zurück**.
	戻って来る	彼は明日戻って来ます。
zusammen-	zusammen|fassen	**Fassen** wir noch einmal **zusammen**.
	要約する	もう一度要点をまとめましょう。

注 分離前つづりは，前置詞から派生したものが主ですが，名詞，形容詞，副詞などから派生したものもあります。

teil- → teil\|nehmen 参加する　　　fern- → fern\|sehen テレビを見る
weg- → weg\|wrfen 捨てる

なお，frühstücken「朝食をとる」，langweilen「退屈させる」は，第1音節にアクセントがあり，分離動詞のように見えますが，分離動詞ではありません。

2.1.2 非分離動詞

> a) Er **be**sucht Heidelberg.
> 彼はハイデルベルクを訪れます。
> b) Er **ver**spricht ihr, nicht mehr zu trinken.
> 彼は彼女に，もうお酒は飲まないと約束します。

- 前つづりには，上例 a の **be-** や b の **ver-** のように，文中でも分離しないものもあります。分離しない前つづりを非分離前つづり，非分離前つづりを持つ複合動詞を非分離動詞と呼びます。
- 非分離前つづりは常にアクセントを持ちません。アクセントは青太字の音節。
  be**su**chen　ver**spre**chen

2.1.2.1　非分離動詞の人称変化 (現在形；三基本形は→ 14 頁，過去形は→ 15 頁)

a) be**su**chen	ich	be**su**che	wir	be**su**chen
訪問する	du	be**su**chst	ihr	be**su**cht
	er	be**su**cht	sie	be**su**chen
b) ver**spre**chen	ich	ver**spre**che	wir	ver**spre**chen
約束する	du	ver**sprich**st	ihr	ver**spre**cht
	er	ver**sprich**t	sie	ver**spre**chen

- 上表の a の besuchen は規則変化, b の versprechen は不規則変化。非分離動詞の人称変化は，基礎動詞が規則変化ならば，規則変化に (上例の suchen)，不規則変化ならば，不規則変化になります (上例の sprechen；du sprichst, er spricht)。

2.1.2.2　主な非分離前つづりと非分離動詞

be-	den Computer **be**nutzen	コンピュータを利用する
emp-	einen Film **emp**fehlen	ある映画を推薦する
ent-	eine Insel **ent**decken	島を発見する
er-	eine Nachricht **er**halten	知らせを受け取る
ge-	das Leben **ge**nießen	人生を楽しむ
miss-	Gefangene **miss**handeln	捕虜を虐待する

ver-	einen schönen Tag **ver**bringen	素敵な一日を過ごす
voll-	einen Auftrag **voll**ziehen	任務を遂行する
zer-	ein Gebäude **zer**stören	建物を破壊する

> 注 **miss**verstehen「誤解する」の場合，例外的にアクセントが miss- に置かれます。

2.1.3　分離・非分離動詞

> a) Er **setzt** mit der Fähre **über**.
> 彼はフェリーで向こう岸に渡ります。
> b) Er **über**setzt den Roman ins Deutsche.
> 彼は小説をドイツ語に訳します。

- 前つづりには，意味によって分離したり，しなかったりするものもあります。上例 a の übersetzen「向こう岸に渡る」の場合，前つづり **über** は分離し，b の übersetzen「翻訳する」の場合，分離しません。
- 意味によって分離したり，しなかったりする前つづりを分離・非分離前つづり，このような前つづりを持つ動詞を分離・非分離動詞と呼びます。
- 分離・非分離前つづりは，分離用法ならば，**アクセントを持ち**，非分離用法ならば，**アクセントを持ちません**。アクセントは青太字の部分。
〔分離用法〕　　**über**setzen
〔非分離用法〕　über**setzen**

2.1.3.1　分離・非分離動詞の人称変化
分離・非分離動詞の人称変化は，分離用法の場合，**分離動詞**に，非分離用法の場合，**非分離動詞**に準じます（→ 2.1.1.1，2.1.2.1）。

2.1.3.2　主な分離・非分離前つづりと分離・非分離動詞
（〔分離〕は分離用法，〔非分〕は非分離用法）

durch-	〔分離〕	Er führt ein Experiment **durch**.	彼は実験を実施します。
	〔非分〕	die Wüste **durch**queren	砂漠を横切る
um-	〔分離〕	Er steigt in den ICE **um**.	彼は ICE に乗り換えます。
	〔非分〕	den Garten **um**geben	（壁などが）庭を取り囲む
unter-	〔分離〕	Der Mond geht **unter**.	月が沈みます。
	〔非分〕	die Reise **unter**brechen	旅行を中断する

wider-	〔分離〕Das Wasser spiegelt den Himmel **wider**.	水が空を映しています。
	〔非分〕den Vorwürfen **wider**sprechen	批判に反論する
wieder-	〔分離〕Er findet seine Brille **wieder**.	彼はメガネを見つけます。
	〔非分〕eine Frage **wieder**holen	質問を繰り返す

注 分離用法と非分離用法の使用頻度には相違があります。たとえば, hinter- の場合, 非分離用法の事例（たとえば hinterlassen「（メッセージなどを）残す」）は多くありますが, 分離用法の事例はほとんどありません。

コラム　複合動詞の細則

- ein|steigen「乗車する」と aus|steigen「下車する」のように, 分離前つづりが反義関係を表すことがあります。以下の分離動詞と非分離動詞は, 基礎動詞の逆の意味を表しています。

ab|bestellen	注文を取り消す	←	bestellen	注文する
auf|binden	ほどく	←	binden	結ぶ
missachten	無視する	←	achten	注意を払う

    以下の分離動詞では, 基礎動詞が手段（「…することによって」）を表します。

drücken	押す	**auf**|drücken	（窓などを押して）開ける
		zu|drücken	（窓などを押して）閉める
ziehen	引く	**an**|ziehen	（服などを引っ張って）着る
		aus|ziehen	（服などを引っ張って）脱ぐ

- 分離前つづりと非分離前つづりが複合する場合, 分離前つづり + 非分離前つづりという順序ならば, 前方の分離前つづりが分離し, 非分離前つづり + 分離前つづりという順序ならば, どの前つづりも分離しません。なお, どちらの場合も, 過去分詞には -ge- を付けません。

vorbereiten	準備する	er	**bereitet** ... **vor**	過去分詞	**vorbereitet**
anerkennen	評価する	er	**erkennt** ... **an**	過去分詞	**anerkannt**
beabsichtigen	意図する	er	**beabsichtigt**	過去分詞	**beabsichtigt**

- 分離前つづりの複合形は全体で一つの分離前つづりを作ります。

her-vor-	Das ruft Proteste **hervor**.	それが抗議を引き起こします。
hin-zu-	Er fügt etwas Salz **hinzu**.	彼は塩を少し付け加えます。
vor-her-	Er sagt das Wetter **vorher**.	彼は天候を予想します。

3　再帰動詞，再帰的熟語表現
3.1　再帰動詞

> a) Die Erde **dreht** sich um die Sonne.　　地球は太陽の周りを回ります。
> b) Ich kann **mich** nicht daran erinnern.　　私はそのことを思い出せません。

- 上例 a の動詞 dreht（他動詞；「回す」）は，再帰代名詞（sich）と結びつき，「回る」という意味を，b の動詞 erinnern（他動詞；「思い出させる」）も，再帰代名詞（mich）と結びつき，「思い出す」という意味を表します（再帰代名詞は→ 141 頁）。
- 再帰代名詞と動詞が結びつき，一つのまとまった意味を作っているものを再帰動詞と呼びます。

  注　動詞が「自分自身」という独立的な意味を持つ再帰代名詞と結びつく場合，**動詞の再帰的用法**と呼びます。
  　sich^4 im Spiegel betrachten　自分の姿を鏡に映して見る

- 再帰動詞には，再帰代名詞が 4 格のものと 3 格のものとがあります。

《4 格》Die Kinder **freuen sich** auf die Ferien.
　　　　　子供たちは休みを楽しみにしています。
　　　　　Er **bedankt sich** bei ihr für die Einladung.
　　　　　彼は彼女に招待のお礼を言います。

類例　　sich^4 ärgern　　　腹を立てる　　　sich^4 beeilen　　急ぐ
　　　　sich^4 erholen　　　休息する　　　　sich^4 erkälten　　風邪をひく
　　　　sich^4 setzen　　　　座る　　　　　　sich^4 stürzen　　飛び込む
　　　　sich^4 auf ＋ 4格 freuen　　　　　　…^{4}を楽しみにする
　　　　sich^4 für ＋ 4格 entscheiden　　　…^{4}に決める
　　　　sich^4 zu ＋ 3格 entschließen　　　…^{3}をする決心をする
　　　　sich^4 für ＋ 4格 interessieren　　…^{4}に興味を持つ

《3 格》Kein Mensch hasst dich, du **bildest dir** das nur **ein**.
　　　　　誰も君を憎んでいない，君がそう思い込んでいるだけだよ。
　　　　　Ich kann **mir** den Straßennamen nicht **merken**.
　　　　　私はその通りの名前を覚えることができません。

類例　　sich^3 ＋ 4格 ＋ vor|stellen　　…^{4}を想像する
　　　　sich^3 ＋ 4格 ＋ erlauben　　　…^{4}をあえてする

注1 再帰動詞の中には再帰代名詞を他の名詞に換えることのできる自立性の強いものもあります（→前頁 **注**）。

Das Kind setzt **sich** auf den Stuhl. 　子供は椅子に座ります。
　→ Er setzt **das Kind** auf die Bank. 　彼は子供をベンチに座らせます。
Er legt **sich** aufs Sofa. 　彼はソファーに横たわります。
　→ Er legt **das Messer** und **die Gabel** neben den Teller.
　　彼はナイフとフォークを皿の横に置きます。

注2 再帰動詞は**自動詞**によって書き換えられるものもあります。
sich daüber **beklagen** = daüber **klagen**
そのことについて苦情を言う

注3 状態変化を表す再帰動詞の過去分詞と sein の組み合わせによって作られる表現を**状態再帰**と呼びます。これは，4 格の再帰代名詞を持つ再帰動詞からの派生形で，その行為，出来事などから生じた**結果状態**を表します。状態受動とは，結果状態を表す点で同一ですが，他者からの行為によるものではないという点で異なります。

Er ist erholt. 　彼は休養して元気です。　（← sich erholen 休養する）
Er ist verliebt. 　彼は恋をしています。　（← sich verlieben 恋をする）

3.2　再帰的熟語表現

a) Die Augen **öffnen sich** ein wenig. 　目がほんの少し開きます。
b) Der Koffer **trägt sich leicht**. 　このスーツケースは運びやすい。
c) **In diesem Bett** schläft **es sich gut**.
　このベッドは眠り心地がよい。
d) Er arbeitete **sich müde**.
　彼は働き過ぎて疲れてしまいました。

- 上例 a は，「開ける」という**他動的状態変化**を表す **öffnen** の，本来 4 格目的語である Augen（< **die Augen** öffnen 目を開ける）を主語にして（本来の主語は削除），**再帰代名詞**を付け加えた文。

　　主語（本来の 4 格目的語）+ **öffnen** + **sich**

このような構文変化によって，**他動的状態変化**の表現から自動詞的な状態変化の表現（「…になる」；「開く」）を作ることができます。

〔類例〕　Salz **löst sich** in Wasser. 　塩は水に溶けます。
　　　　（← Salz in Wasser lösen 　塩を水に溶かす）
　　　　Das Gummiband **weitet sich aus**. 　ゴムバンドは伸びます。
　　　　（← das Gummiband ausweiten 　ゴムバンドを伸ばす）

- 上例 b は、「運ぶ」という**他動的行為**を表す tragen の、本来 **4 格目的語**である Koffer（＜ **einen Koffer** tragen トランクを運ぶ）を主語にして（本来の主語は削除）、**再帰代名詞**と**評価の形容詞** leicht を付け加えた文。

    主語（本来の 4 格目的語）＋ tragen ＋ sich ＋ 評価の形容詞

このような構文変化によって、他動的表現から 4 格目的語の、他動的行為に関連した属性表現（「…するのに～だ」；「運びやすい」）を作ることができます。

〔類 例〕 **Das Lied** singt **sich schwer**.　　この歌は歌いにくい。
　　　　（← ein Lied singen 歌を歌う）
　　　　Das Buch verkauft **sich gut**.　　この本は売れ行きがよい。
　　　　（← ein Buch verkaufen 本を売る）

 注 上掲の囲みの例 b は以下の使役の助動詞 lassen の表現と同義になります。
Der Koffer **lässt sich leicht** tragen.（→ 78 頁）。

- 上例 c は、「眠る」という**自動詞的行為**を表す schlafen の主語として**形式的な es** を置き（本来の主語は削除）、**再帰代名詞**と**評価の形容詞** gut と動詞修飾の**前置詞句** in diesem Bett、すなわち副詞成分を付け加えた文。

    es ＋ schlafen ＋ **sich** ＋ **副詞成分** ＋ **形容詞**

このような構文変化によって動詞修飾の前置詞句など、すなわち副詞成分の、**自動詞的行為**に関連した属性表現（「…するのに～だ」；「眠るのによい」）を作ることができます（140 頁上 注 ）。

〔類 例〕 **Aus diesem Glas** trinkt **es sich** so **schlecht**.
　　　　　このグラスはとても飲みにくい。
　　　　Morgens läuft **es sich angenehm**.　　朝は走るのに気持ちが良い。

- 上例 d は自動詞表現に再帰代名詞と結果を表す形容詞を付け加えた文。

    主語 ＋ arbeiten ＋ **sich** ＋ **結果の形容詞**

このような構文拡張によって、**自動詞の表す行為**による結果表現（「…し過ぎて～になる」；「働き過ぎて疲れる」）を作ることができます。再帰代名詞は、上掲の囲みの例のように 4 格のこともあれば、身体部位の 4 格名詞を伴う 3 格のこともあります（以下の最後の類例）。結果表現は→ 252 頁。

〔類 例〕 Er hat **sich satt** gegessen.　　彼は腹一杯食べました。
　　　　Er lief **sich die Füße wund**.　　彼は走り過ぎて足を傷めました。

4　話法の助動詞

4.1　話法の助動詞と本動詞

> a) Ich **kann** nicht **schwimmen**.
>   私は泳げません。
> b) Leider **muss** ich heute Deutsch **lernen**.
>   残念なことに，私はきょうドイツ語を学ばなければなりません。

- 上例 a の **kann** と b の **muss** は話法の助動詞 können と müssen の人称変化形。また a の **schwimmen** と b の **lernen** は本動詞の不定形。→ 63 頁。
- 話法の助動詞は以下の 6 つです（用法は→ 4.5）。

　　dürfen　können　mögen　müssen　sollen　wollen

> 注　最近の傾向として，mögen の代わりに **möchten** を記載する教科書が増えています。**möchten** は本来，mögen の**接続法第 2 式**（→ 42 頁）なのですが，日常会話で「…したい」という意味でよく使われるため，また，mögen そのものが話法の助動詞として使われなくなって来ているためです。なお，möchten には，過去形も過去分詞もありません。

4.2　現在人称変化（三基本形は巻末補足 9 も参照）

不定詞	dürfen	können	mögen	müssen	sollen	wollen
ich	darf	kann	mag	muss	soll	will
du	darfst	kannst	magst	musst	sollst	willst
er	darf	kann	mag	muss	soll	will
wir	dürfen	können	mögen	müssen	sollen	wollen
ihr	dürft	könnt	mögt	müsst	sollt	wollt
sie	dürfen	können	mögen	müssen	sollen	wollen

- 話法の助動詞も**人称変化**します。**単数**は，sollen を除き，母音も変わる**不規則変化**。ただし，複数はすべて規則変化。過去形は→ 16 頁，完了形は→ 20 頁。
- möchten の人称変化は，以下のようになります。

ich	möchte	du	möchte**st**	er	möchte
wir	möchte**n**	ihr	möchte**t**	sie	möchte**n**

4.3 話法の助動詞文の作り方

> a) Er **kann** Klavier **spielen**.　彼はピアノを弾くことができます。
> b) **Kann** er Klavier **spielen**?　彼はピアノを弾くことができますか？
> c) *Welches Instrument* **kann** er **spielen**?　どの楽器を彼は弾けますか？

- 話法の助動詞は定動詞の**一般的な語順規則**に従い，**本動詞**（不定形）は**文末**に置きます。上例 a は平叙文。したがって，話法の助動詞は**第2位**，本動詞は**文末**。b は決定疑問文。したがって，話法の助動詞は**文頭**，本動詞は**文末**。c は補足疑問文。したがって，話法の助動詞は**第2位**，本動詞は**文末**，疑問詞は**文頭**。
- 話法の助動詞は，zu 不定詞句を作ることも，複数個の話法の助動詞を重ねて使うこともできます。また，完了不定詞（→ 17頁）とも結びつきます。
    Es ist wunderbar, helfen **zu können**.
    手助けできるということは素晴らしいことです。
    Man **muss** gut zuhören **können**.
    他人の話をよく聞くことができるようにならなければなりません。
    Er **soll** wieder **geheiratet haben**.　彼は再び結婚したとのことです。
- 副文の場合，**話法の助動詞**（定形）も**文末**に置きます。完了形の場合は→ 260頁。
    Ich weiß, **dass** ich noch vieles lernen **muss**.
    私は，自分がまだ多くのことを学ばねばならないことはわかっています。

4.4 独立用法

> a) Ich **muss** heute **zum Augenarzt**.　私はきょう眼医者に行かねばなりません。
> b) Niemand **kann** alles, aber jeder **kann** etwas.
> 　何でもできる人はいません，しかし誰でも何かはできます。

- 上例には本動詞がありません。話法の助動詞は**本動詞を省略**することがあります。この用法を話法の助動詞の独立用法と呼びます。
- 本動詞を省略できるのは，以下の場合です。
    ① 上例 a のように，方向を表す語句（前置詞句など）がある場合（移動を表す動詞の省略）
    （類例）　Morgen kann ich nicht **in die Disco**.　明日私はディスコに行けません。

② 上例 b のように，動詞の意味が文脈から明白な場合（tun などの一般的な動詞の省略：es や das を伴わないこともあります）

(類例) Ich **muss** es. 　私はそれをしなければなりません。
　　　Soll ich wirklich? 　本当にすべきですか？

注 すでに**本動詞化**していると見なせる用法もあります。
Er **kann** ausgezeichnet Deutsch. 　彼はドイツ語が素晴らしく良くできます。
Er **will** nur, dass sie glücklich ist.
彼は，彼女が幸せであることだけを望んでいます。

4.5 　話法の助動詞の主な用法（( ) 内は過去基本形と接Ⅱ）

dürfen（durfte, dürfte）
①（許可）…してもよい，（禁止；否定詞と）…してはならない
　Du **darf** alles tun. 　君は何をしてもかまいません。
②（丁寧な申し出；1人称主語の疑問文で）…してもよいですか？
　Darf ich dir noch einen Kaffee anbieten?
　コーヒーをもう一杯いかがですか？
③（十分な根拠があるという意味合いで）…してもかまわない
　Du **darfst** stolz auf ihn sein. 　君が彼のことを誇りに思うのはもっともです。
④（願望の意味合いで；否定詞と）…してはいけない
　Du **darfst nicht** aufgeben! 　諦めてはだめだよ！
⑤（推量；接Ⅱで）…だろう（→ 58頁 注2；確信の度合いは können の場合よりも強く，müssen の場合よりも弱い）
　Es **dürfte** nicht leicht sein, ihn zu überzeugen.
　彼を納得させるのは簡単ではないでしょう。
⑥（独立用法）
　„**Darf** ich?", fragte er. 　「よろしいですか？」と，彼は尋ねました。

können（konnte, könnte）
①（能力）…することができる
　Er **kann** gut schwimmen. 　彼は上手に泳げます。
②（可能性）…が可能である
　Er **kann** nicht kommen. 　彼は来ることができません。
③（丁寧な依頼；疑問文で）…していただけますか？
　Kannst du noch einen Augenblick warten?
　もう少し待ってくれませんか？

④（許可；dürfen より弱い意味で）…してもよい
　　Sie **können** jetzt gehen, die Sitzung ist zu Ende.
　　あなたはもう行ってもいいですよ，会議は終わりです。
⑤（論理的可能性）…かもしれない
　　Das **kann** wahr sein.　それは本当かもしれません。
　〈完了不定詞と〉
　　Ich **kann** mich **geirrt haben**.　私は思い違いをしたのかもしれません。
⑥（独立用法）
　　Ich **kann** nicht anders.　私はそうしかできないのです。

mögen（mochte, möchte）/ möchten
Ⅰ〈möchten の形で〉
①（主語の軽い欲求，願望）…したい
　　Möchtest du Kaffee trinken?　　コーヒーをお飲みになりませんか？
　　Ich **möchte** nicht länger warten.　私はこれ以上待ちたくありません。
②（独立用法）
　　Möchten Sie eine Tasse Kaffee?　コーヒーを1杯いかがですか？
Ⅱ〈mögen の本来的用法〉
①（否定文または疑問文で）…したい，…するのが好きだ
　　Magst du etwas trinken?　何か飲みたいですか？
②（推量）…だろう
　　Da **mögen** Sie recht haben.　それはあなたが言うとおりだろうね。

注　mögen は「…が好き」という意味の他動詞としてよく使います。
　　Er **mag** grünen Tee.　彼は緑茶が好きです。

müssen（musste, müsste）
①（不可避，必要）…しなければならない
　　Ich **muss** nach Hause gehen, weil meine Tochter krank ist.
　　私は，娘が病気なので，家に帰らねばなりません。
　　Ich **muss** mich beeilen, um den letzten Zug noch zu erreichen.
　　私は，最終列車に間に合うために，急がねばなりません。
　（望ましいとの意味合いで）
　　Du **musst** den Film unbedingt einmal sehen.
　　あの映画は是非とも一度は見た方がいいよ。

② (不可抗力) …せずにはいられない

Ich **muss** immer lachen, wenn ich daran denke.

私はそのことを考えると，思わず笑ってしまいます。

③ (運命) 必ず…になる

Alle Menschen **müssen** sterben, vielleicht auch du.

人間はみな死ななければならないのです，多分君も。

④ (論理的必然性) …に違いない

Er **muss** bald kommen.　彼は間もなく来るに違いありません。

〈完了不定詞と〉

Sie **muss** es **vergessen haben**.

彼女はそのことを忘れてしまったに違いありません。

⑤ (独立用法)

Muss ich **das** wirklich?　本当にそれをしなければなりませんか？

sollen（sollte, sollte；主語以外の人の，主語に対する要求を表します）

① (話者の，主語に対する要求) …してほしい

Du **sollst** mehr Deutsch lernen.　君にはもっとドイツ語を学んでほしい。

Er **soll** sofort zu mir kommen.　彼にすぐ私のところに来るように言ってくれ。

(←私は，彼がすぐ私のところに来ることを求めている)

② (話し相手の，主語に対する要求；疑問文で) …しましょうか？

Soll ich auf dich warten?　君のことを待っていようか？

③ (第三者の，主語に対する要求) …してほしいとのことだ

Sie **sollen** sofort zum Chef kommen.

チーフがすぐ来るようにとのことです。

(←チーフは，あなたがすぐチーフのところに来ることを求めている)

④ (不安な気持ち；疑問文で) …したらよいのか？

Was **sollen** wir nur tun?　私たちは一体どうしたらよいのだろう？

⑤ (接Ⅱで) 本当は…すべきなのだが（→ 58 頁）

Sie **sollte** zum Arzt gehen.　彼女は本来医者に行くべきところなのだが。

⑥ (可能性；接Ⅱで；条件文で) 万一…ならば（→ 58 頁）

Wenn du sie sehen **solltest**, ...　万一彼女を見かけたら，…。

⑦ (噂) …だそうだ

Er **soll** wieder geheiratet haben.　彼は再婚したそうです。

⑧ (独立用法)

Warum **soll** ich jetzt schon **ins Bett**?　何でもう寝なきゃだめなの？

Das solltest du nicht!　　　　　　そういうことはすべきじゃないよ！

wollen（wollte, wollte）
 ① (主語の，実現への明確な意思)…するつもりだ，…したい
  Hans **will** Zahnarzt werden.　ハンスは歯医者になるつもりです。
 〈提案：1人称複数の疑問文で〉
  Wollen wir zusammen einkaufen gehen?　一緒に買い物に行きませんか？
 ② (否定詞と)(物事が) なかなか…しようとしない
  Die Diskussion **will** kein Ende nehmen.　議論はなかなか終わりません。
 ③ (主張)…と主張する (話者はそれを信じていないというニュアンスで)
  Er **will** kein Mörder sein.　彼は殺人者ではないと言い張ります。
 〈完了不定詞と〉
  Das **will** er nicht gewusst haben.　それを彼は知らなかったと主張します。
 ④ (独立用法)
  Er **will** jetzt nach Hause.　彼はもう家に帰りたがっています。
  Ich **will** nur meine Ruhe.　私はただ安らぎが欲しいだけなのです。

コラム　話法の助動詞の対比

① müssen は特定の状況から生じる不可避的な事柄（下例 a）あるいは特定の目的を遂行する上で必要な事柄（下例 b）を表すのに対し，sollen は主語以外の人からの主語に対する要求（下例 c）を表します。
 a) Ich **muss** heute noch arbeiten, weil ich morgen eine Prüfung habe.
  明日試験があるから，私はきょうもっと勉強しなければなりません。
 b) Wenn man studieren will, **muss** man das Abitur haben.
  大学で学ぼうとするならば，高校卒業試験を済ませていなければなりません。
 c) Ich **soll** heute noch arbeiten, weil es der Lehrer gesagt hat.
  先生に言われたから，私はきょうまだ勉強しなければなりません。
② können は推論上の可能性を，müssen は論理的必然性を表します。
 Das Paket **kann** verloren gegangen sein.
 小荷物はなくなってしまったかもしれません。
 Sie **muss** es vergessen haben, sonst wäre sie schon hier.
 彼女はそれを忘れたに違いありません，そうでなければもう来ているはずです。

5 使役の助動詞 lassen, 知覚動詞, 移動動詞, 非人称動詞, 機能動詞
5.1 使役の助動詞 lassen

> Ich **lasse** ihn **singen**.　私は彼に歌を歌わせます。

- 上例 a の **lasse** は**使役の助動詞**，**singen**「歌う」は**本動詞**。使役の助動詞 **lassen** は，話法の助動詞と同じように，不定詞と結びつき，「…させる」「…させておく」などの**使役文**を作ります。不定詞は**文末**に置きます。なお ihn は singen の意味上の主語。完了形は→次頁 注2 注3 。
- 使役の助動詞 lassen の主な用法
  ①（使役）（命じて）…させる；（頼んで）…してもらう
    Er **lässt** seinen Sohn den Wagen waschen.　彼は息子に車を洗わせます。
    （Sohn は waschen の意味上の主語，Wagen は waschen の 4 格目的語）
    〈不定詞の意味上の主語を省略して〉
    Er **lässt** sein Auto reparieren.　彼は車を修理してもらいます。
    〈不定詞の意味上の主語を von 前置詞句で〉
    Der Lehrer **lässt** das Gedicht **von einem Schüler** vorlesen.
    先生はその詩を生徒に朗読させます。
  ②（黙認・容認）（好きなように）…させておく，…させてやる
    Lass ihn doch schlafen!　　　　　彼はそのまま寝かせておけ！
    Ich **lasse** dich nur ungern gehen.　私は君を本当に行かせたくありません。
    〈不定詞の意味上の主語が事物の場合〉
    Er **lässt** das Licht brennen.　彼は明かりをつけたままにしておきます。
  ③ (Lass uns …!（相手が一人）／Lasst uns …!（相手が二人以上）／Lassen Sie uns …! の形で）…しよう
    Lass uns jetzt nach Hause gehen!　さあ，家に帰ろう！
  ④（sich + 不定詞 + lassen の形で）…されうる（→ 71 頁）
    Das Rad der Geschichte **lässt sich** nicht zurückdrehen.
    歴史の歯車は逆転させることはできません。
    Diese Probleme **lassen sich** leicht lösen.
    これらの問題は簡単に解くことができます。
    Dagegen **lässt sich** nichts einwenden.
    それには異論を唱えようがありません。

注1 lassen には**本動詞**としての用法もあります：(a)「…をやめる」(Lass das!　そんなことはやめろ！), (b)「…を…のままにしておく」(Lass uns doch in Ruhe!　私たち

注2 使役の助動詞の完了形は，通常，本動詞の過去分詞 gelassen ではなく，不定詞 lassen の形を使います（→ 20 頁）。

　Ich **habe** meinen Sohn den Rasen mähen **lassen**.
　私は息子に芝を刈らせました。

注3 副文で完了形の過去分詞として不定詞の形を使う場合，完了の助動詞は，連続する不定詞の前に置きます（→ 260 頁 **注2**）。

　..., weil er sich nicht ***hat*** **bestechen lassen**.　彼は買収されなかったので，…。

5.2　知覚動詞，移動動詞

> a) Er hört Vögel **zwitschern**.
> 　彼は鳥たちがさえずるのを聞きます。
> b) Sie geht vormittags **einkaufen**.
> 　彼女は午前中に買い物に出かけます。

- 上例 a の hört は他の動詞 **zwitschern** と結びつけて使っている知覚動詞。知覚動詞 hören, sehen, fühlen は，他の不定形の動詞と結びつき，「…するのを聞く，見る，感じる」という文を作ります。不定形の動詞は**文末**に置きます。

　なお，4格の Vögel は zwitschern の意味上の主語で，使役表現の場合と異なり，省略することはできません。完了形は→ **注1**。

〔類例〕　Ich **sehe** meinen Freund **kommen**.
　　　　私は友人の来るのを見ます。
　　　　Sie **fühlt** ihr Herz **schlagen**.
　　　　彼女は心臓の高鳴るのを感じます。

- 上例 b の geht は他の動詞 **einkaufen** と結びつけて使っている移動動詞。移動を表す動詞 gehen, fahren, kommen などは，他の不定形の動詞と結びつき，「…するために〜する」という文を作ります。

〔類例〕　**Kommst** du mit mir Tennis **spielen**?
　　　　テニスをしに私と一緒に来ますか？
　　　　Wir **fahren** nächstes Jahr **zelten**.
　　　　私たちは来年テント旅行に行きます。

注1 他の動詞と結びつけて使う場合，**知覚動詞** sehen の完了形の過去分詞は本動詞の過去分詞 gesehen よりも，通常，不定詞 sehen の形を使います（下例）。しかし，hören, fühlen の場合は，本動詞の過去分詞 gehört, gefühlt と不定詞の形をほぼ同じ

割合で使いますが，どちらかと言えば，前者の方が好まれています（→ 21 頁）。
　Er hat die Kinder Fußball spielen **sehen** /（gesehen）．
　彼は子供たちがサッカーをするのを見ていました。

注2 haben も，stehen，hängen，liegen などの動詞と結びついて，「…の状態にしてある」という文を作ります。
　Sie **hat** ein großes Bild an der Wand **hängen**.
　彼女は大きな絵を壁に掛けています。

5.3　非人称動詞

a) **Es regnet** seit gestern.　　昨日から雨が降っています。
b) **Es schwindelt** mir.　　　　私はめまいがします。
　 Es graut mir jetzt schon davor
　 私はそのことが今からもう恐ろしい。
c) Dabei **handelt** es sich um folgenden Punkt.
　 その際，次の点が問題になります。

- 上例 a は天候などの自然現象を，b は身体的・心理的状態を表す文，c は熟語表現。これらの動詞では es のみが主語になります。このような es を非人称主語（= 形式主語）と，es のみを主語にする動詞を非人称動詞と呼びます（→ 139 頁）。なお，各種の人称が主語になる動詞は**人称動詞**と呼びます。

　〔類例〕① 自然現象
　　　　　Es schneit.　雪が降ります。
　　　　　Es blitzte und donnerte die ganze Nacht.
　　　　　夜中ずっと稲光がし，雷鳴がとどろきました。
　　　　② 身体的・心理的状態（文頭以外ではふつう省略）
　　　　　Es hungert mich.　　私は空腹です
　　　　　（Mich hungert. も可；現在では Ich habe Hunger. の表現を使います。）
　　　　　Es schauderte ihn.　彼は恐れおのきました。
　　　　　（Ihn schaudert. も可）
　　　　③ 非人称熟語
　　　　　Wie geht **es** Ihnen?　お元気ですか？
　　　　　Heute wird **es** noch Schnee geben.
　　　　　きょうはこれから雪が降るでしょう。

- 人称動詞でも，動作主を明らかに表示できない場合や動作主を視野の外に置き，動作事象のみに視点を置く場合，非人称主語として es を使うことがあ

ります。この用法は知覚に関連する出来事を表す動詞に多く認められ，動詞の**非人称用法**と呼びます。

Es klopft an der Tür.　　ノックをする音がします。
Es duftet nach Flieder.　ライラックの香りがします。
Es brennt!　　　　　　 火事だ！

- **3人称の主語**とのみ結びつく動詞もあります。これらの動詞は多く**出来事**を表します。

Dort ist ein Unfall **geschehen**.　　あそこで事故が起きました。
Ihm **gelingt** alles, was er anfängt.　彼はなすことがすべてうまくいきます。

5.4　機能動詞
5.4.1　機能動詞句の構成

> 1 a) Er **erlaubt** der Tochter, nach Deutschland zu fliegen.
>   彼は娘に，ドイツに行くことを許します。
>   b) Er **gibt** der Tochter die **Erlaubnis**, nach Deutschland zu fliegen.
>   彼は娘に，ドイツに行く許可を与えます。
> 2 a) Er **führt** den Plan **aus**.
>   彼は計画を実行します。
>   b) Er **bringt** den Plan **zur Ausführung**.　彼は計画を実行に移します。

- 上例1のaは動詞 **erlauben**「許可する」の文，bは派生名詞 **Erlaubnis**「許可」と **gibt**（< geben）を組み合わせた文。なお，bでは，aの動詞 erlauben の中核的意味「許可」が名詞 Erlaubnis によって担われ，動詞的意味「…をする」は，本来の意味が**希薄化**した動詞 geben が表しています。
- 上例2のaは動詞 **ausführen**「実行する」の文，bは zu を伴った派生名詞 **Ausführung**「実行」と **bringt**（< bringen）を組み合わせた文。なお，bでは，aの動詞 ausführen の中核的意味「実行」が名詞 Ausführung によって担われ，動詞的意味「…をする」は，本来の意味が**希薄化**した動詞 bringen が表しています。
- 上例1の geben や 2の bringen のように，本来の意味が希薄化し，動詞からの派生名詞と熟語的な表現を作る動詞を**機能動詞**，機能動詞が動詞派生名詞と作る動詞句を**機能動詞句**と呼びます。機能動詞句には，機能動詞が4格と結びつくもの（上例1）と前置詞句と結びつくもの（上例2）があります。

〔類例〕　(4格名詞 + 機能動詞)
　　　　Sie **führen** eine **Diskussion** über das Konzept.
　　　　彼らは構想について議論をします。
　　　　(← Sie **diskutieren** über das Konzept.)
〔類例〕　(前置詞句 + 機能動詞)
　　　　Er ist rasch **zum Entschluss gekommen**.
　　　　彼はすばやく決心しました。(← Er hat sich rasch entschlossen.)

5.4.2　機能動詞句の表現機能

> a) Die Wirtschaft nimmt eine gute Entwicklung.
> 　　経済が順調に発展します。
> b) Seine Schweigsamkeit versetzt mich in Erstaunen.
> 　　彼の沈黙は私を驚かします。
> c) Sein Werk hat weltweite Anerkennung gefunden.
> 　　彼の作品は世界的に高く評価されました。

- 機能動詞句化によって，**動詞的表現**の様々なバリエーションが可能になります。
- 上例 a は再帰動詞 sich⁴ **entwickeln** の中核的意味を 4格目的語として取り出した**機能動詞句**(← Die Wirtschaft **entwickelt sich** gut.)。このことによって，動詞の中核的意味がより強く前面に出る表現を作ることができます。なお，動詞を修飾する副詞は名詞を修飾する付加語になります。

　〔類例〕　Die Sache **nahm** einen **guten Verlauf**.
　　　　　事態は順調な経過をたどりました。
　　　　　(← Die Sache ist **gut verlaufen**.)

- 上例 b は他動詞 **erstaunen** の中核的意味を前置詞句の名詞として取り出した**機能動詞句**(← Seine Schweigsamkeit **erstaunt** mich.)。このことによって，動作や変化への移行的側面がより強く前面に出る表現を作ることができます。

　〔類例〕　Der Winter **geht** langsam **zu Ende**.　冬がゆっくりと終わります。
　　　　　(← Der Winter **endet** langsam.)

- 上例 c は，他動詞 **anerkennen** の中核的意味を 4格目的語として取り出し，かつ本来の4格目的語を主語にした**機能動詞句**(← Sein Werk **ist** weltweit **anerkannt worden**.)。このことによって，能動形式の受動表現を作ることが

できます。

(類例) Das neue Stück **kam** in Mannheim **zur Aufführung**.
その新作はマンハイムで上演されました。
(← Das neue Stück **wurde** in Mannheim **aufgeführt**.)

注1 機能動詞としてどの動詞が選ばれるか，どのような機能動詞句になるかは表現内容によって様々です。

注2 元の文と機能動詞句の形が少し異なる場合もあります。これは，機能動詞句が元の文の単なる書き換えでなく，独自の表現形式になりつつあるためと考えられます。

Er trifft **für** die Prüfung Vorbereitungen.
　　⇔ Er bereitet sich **auf** die Prüfung vor.　　彼は試験のための準備をします。
Er übt heftige Kritik **an** der Regierung.
　　⇔ Er kritisiert **die** Regierung heftig.　　彼は政府を厳しく批判します。

注3 使役的機能動詞句（たとえば 5.4.1 の b の Er bringt den Plan zur Ausführung.）に当てはめる形で，自動詞から使役表現を作ることができます。

Er **brachte** sie **zum Weinen**.　　彼は彼女を泣かせました。
Das hat alle **zum Lachen gebracht**.　　それはみんなを笑わせました。

注4 対応する動詞の有無とは無関係に，（本来の意味が希薄化した）機能動詞による様々な熟語もあります。

Die Kinder **stellen** ihm viele **Fragen**. 子供たちは彼にたくさんの質問をします。
Mein Wunsch ist **in Erfüllung gegangen**. 私の願いは実現されました。
Die Banknote **ist** heute nicht mehr **in Gebrauch**.
その紙幣は今日もう使われていません。
Die Kommission **stellt** den Plan **zur Diskussion**.
委員会はその計画を議題にします。
Wir müssen alle Möglichkeiten **in Betracht ziehen**.
私たちはあらゆる可能性を考慮に入れなければなりません。

注5 機能動詞句は論理的思考を展開する論文や専門書で好まれます。

コラム　**他動詞と自動詞**

ドイツ語でも，英語文法の影響を受けて，他動詞と自動詞という区別をしますが，この区別は，完了の助動詞（sein 支配）や受動形の作り方を説明するときに使うだけで，それ以外で使うことはありません。また，その際，4格目的語をとる動詞のみを他動詞と呼ぶため，3格目的語をとる helfen「助ける」は自動詞に分類されます。ドイツ語は格形が保持されているのですから，他動詞・自動詞の区別よりも，4格支配動詞，3格支配動詞などの区別の方が有益だと思うのですが，残念ながら，現状では少数派です。

第6節　不定詞，zu 不定詞句

1　不定形，不定詞，完了不定詞

> 1　Er wird die Prüfung bestehen.
>   彼は試験に合格するでしょう。
> 2 a) Er soll die Prüfung bestanden haben.
>   彼は試験に合格したとのことです。
>   b) Er muss zu seiner Freundin gegangen sein.
>   彼はガールフレンドのところに行ったに違いありません。

- 上例 1 の bestehen は主語の種類と無関係に決まっている形。この形を不定形，また，不定形の動詞を不定詞と呼びます（→6頁：定形，定動詞は→7頁）。なお，上例 2 の「完了不定詞」と区別する場合は対比的に「単純不定詞」と呼びます。
- 単純不定詞の基本的な形は語幹 + -en です（たとえば lernen「学ぶ」, gehen「行く」)。ただし，sein と tun および以下の -eln 型，-ern 型と呼ぶ一部の動詞は語幹 + -n という形になります（→6頁，9頁）。
  ① -eln 型　　lächeln　　微笑む　　wechseln　　交換する
  ② -ern 型　　ändern　　変える　　rudern　　　ボートをこぐ

注　不定詞の語尾が -n になる動詞は語幹に弱音節の e を含むものです。弱音節の e を含む語幹に（弱音節の e の）語尾 -en を付けると，弱音節が連続することになります。これを避けるため，弱音節の e を含む動詞は語幹が -n のみになるのです（→284頁）: lächeln ←［誤］lächel-en, rudern ←［誤］ruder-en。

- 上例 2 の a の bestanden（< bestehen）と b の gegangen（< gehen）は過去分詞。haben と sein は完了の助動詞。過去分詞と完了の助動詞（不定形）を結びつけたものを完了不定詞と呼びます（→17頁；完了の助動詞 haben と sein の使い分けは→17頁）。
- 単純不定詞は動詞の表す行為，状態などの意味をただ単に表すのに対し（下例 a），完了不定詞はそれらの行為，状態などが完了したものであることを表します（下例 b）。
  a) Er muss bald ankommen.　彼は間もなく到着するに違いありません。
  b) Er muss schon angekommen sein.
  　彼はもう到着したに違いありません。

第6節　不定詞，zu不定詞句

注 上述のものは**能動態**の形です。**受動態**の単純不定詞と完了不定詞は以下のようになります（→ 30頁）。
① werden 受動　　単純不定詞 → 過去分詞 + **werden**
　（動作受動）　　完了不定詞 → 過去分詞 + **worden sein**
② sein 受動　　　単純不定詞 → 過去分詞 + **sein**
　（状態受動）　　完了不定詞 → 過去分詞 + **gewesen sein**

2　不定詞句の構成

> 　　　　　不定詞　　　　不定詞句
> 　　　**gehen** 行く → ins Kino **gehen**　　映画に行く
> 　　　　　　　　　→ mit Ben ins Kino **gehen**
> 　　　　　　　　　　ベンと映画に行く
> 　　　　　　　　　→ heute mit Ben ins Kino **gehen**
> 　　　　　　　　　　きょうベンと映画に行く
> 　　　　　　　　　→ heute mit Ben ins Kino **gegangen sein**
> 　　　　　　　　　　きょうベンと映画に行った（こと）

- **不定詞**（単純不定詞あるいは完了不定詞）を**末尾**に置き，不定詞との関係が密接な語句ほど後方に来るように（大雑把に言うと，日本語に準じて）並べた句を**不定詞句**と呼びます。動詞と他の語句の結びつきを，たとえば辞書などで示す場合にも使います。

注 不定詞句での語句の順序は，以下に見るように，定形の部分を除き，平叙文における最も典型的な語順に準じます。

　平叙文　　　　　　　　　　　　　　　不定詞句
　Er geht heute mit Ben ins Kino.　⇔　heute mit Ben ins Kino **gehen**
　彼はきょうベンと映画に行きます。
　Er ist mit Ben ins Kino gegangen.　⇔　mit Ben ins Kino gegangen **sein**
　彼はベンと映画に行きました。
したがって，ドイツ語の文を作る便法として，「不定詞句に適当な主語を補い，末尾の動詞を人称変化させた上で第2位に移動させる」という教え方もあります。

- 不定詞句の用法には **zu** を伴わないものと **zu** を伴うものがあります。

注 用法の説明に際し，不定詞と不定詞句を区別する必要がない場合，両者を一括して「**不定詞句**」と呼びます。また，以下の説明には受動形も含まれます。

3　用法 1（zu を伴わない不定詞句）

- zu を伴わない不定詞句の主な用法は**助動詞との結合**と**名詞化**の用法です。

3.1　助動詞との結合

> 1 a) Es **wird** bald **regnen**.　　　　　まもなく雨が降るでしょう。
>   b) Es **wird** gestern **geregnet haben**.　昨日雨が降ったようです。
> 2 a) **Darf** ich etwas **fragen**?　　　　少し質問をしてもいいですか？
>   b) Es **muss geregnet haben**.　　　　雨が降ったに違いありません。
> 3　**Lass** mich **gehen**!　　　　　　　私を行かせてくれ！

- 上例 1 の a の **regnen** は単純不定詞，wird は未来の助動詞。単純不定詞は，未来の助動詞と結びつき，**単純未来形**を作ります（→ 22 頁）。
  b の **geregnet haben** は完了不定詞，wird は未来の助動詞。完了不定詞は，未来の助動詞と結びつき，**未来完了形**を作ります（→ 23 頁）。
- 上例 2 の a の **fragen** は単純不定詞，darf（< dürfen）は話法の助動詞。また，b の **geregnet haben** は完了不定詞，muss（< müssen）は話法の助動詞。単純不定詞と完了不定詞は，話法の助動詞と結びつき，**話法の助動詞文**を作ります（→ 73 頁）。
- 上例 3 の **gehen** は単純不定詞，lass（< lassen）は**使役の助動詞**。単純不定詞は，使役の助動詞と結びつき，**使役の助動詞文**を作ります（→ 78 頁）。

注1　単純不定詞は**移動動詞**，**知覚動詞**，**haben** などとも結びつきます（→ 79 頁）。
Sie **geht** jeden Tag **spazieren**.　彼女は毎日散歩に出かけます。
Ich **fahre** mit ihr **schwimmen**.　私は彼女と泳ぎに出かけます。
Er **kommt** mich oft **besuchen**.　彼はしばしば私を訪ねて来ます。
Sie **sieht** ihn **weglaufen**.　彼女は，彼が走り去るのを見ます。
Ich **höre** ihn Klavier **spielen**.　私は，彼がピアノを弾くのを聴きます。
Ich **fühle** mein Herz **schlagen**.　私は心臓が鼓動するのを感じます。
Bleiben Sie bitte **sitzen**!　どうぞ座ったままでいてください！
einen Kalender an der Wand **hängen haben**
カレンダーを壁に掛けている
ein Familienfoto auf dem Schreibtisch **stehen haben**
家族写真を机の上に立てている

注2　過去分詞と現在分詞の形も（→ 97 頁），主語の種類に無関係なので，本来，不定形の一種ということになりますが，本書では別立てで扱います。

3.2 名詞的用法

> a) **Obst essen** ist gesund. 　果物を食べるのは健康によい。
> b) **Das Reiten** ist nicht gestattet. 　乗馬は許可されていません。

- 上例 a の **Obst essen** は，Obst essen という不定詞句をそのまま一つの**名詞**として使っているものです。ただし，この用法は，zu 不定詞句（→ 88 頁）の場合と異なり，**主語**としての用法に限られます。

  (類例) **Irren** ist menschlich. 　思い違いは人の常。
  　　　 Zu viel trinken ist ungesund.
  　　　 お酒の飲み過ぎは健康によくありません。
  　　　 Den ganzen Tag in der Sonne liegen macht müde.
  　　　 一日中日光浴をすると疲れます。
  　　　 Unrecht leiden ist besser als **Unrecht tun**.
  　　　 不正を働くより不正を忍ぶほうがよい。

- 上例 b の **Reiten** は，不定詞 reiten の頭文字を大文字で書き，**中性名詞化**したものです。形容詞を付けることも，前置詞と結びつけることも可能です。

  (類例) Langes **Sitzen** ist ungesund. 　長時間座っているのは不健康です。
  　　　 Er hilft ihr **beim Kochen**.
  　　　 彼は彼女の料理の手助けをします。
  　　　 Er unterschreibt **ohne Zögern**.
  　　　 彼は躊躇することなくサインをします。
  　　　 Was braucht man alles **zum Campen**?
  　　　 キャンプにはそもそも何が必要ですか？

注1 **不定詞句**を一語にして，中性名詞化したものもあります：Autofahren 車の運転，Inkrafttreten（法律などの）発効。

注2 不定詞から派生した中性名詞には，名詞化が進み，**具体的な物や事**を表すものもあります：Essen 食事，Leben 生命，Treffen 会合。

注3 不定詞句は**命令表現**としても使います（→ 62 頁）。
　Einsteigen, bitte! 　乗車してください！
　Aussteigen, bitte! 　お降りください！
　Maul halten! 　　　　黙れ！

注4 不定詞句は注意書きとしてもしばしば使います。
　Bitte abends die Fenster **schließen**. 　夜間は窓を閉めてください。
　Nicht **hinauslehnen**. 　　　　　　　　身を乗り出さないでください。

4 **用法 2**（zu を伴う不定詞句）

4.1 zu 不定詞と zu 不定詞句の作り方

> 1 a) **zu zahlen** 　　　　　支払う（こと）
>   b) **zurückzuzahlen** 　　返済する（こと）
> 2 　ins Kino **zu gehen** 　映画に行く（こと）

- 上例 1 の a は**不定詞**と **zu** が結びついたもの。**zu 不定詞**と呼びます。**分離動詞**の場合，b のように，分離前つづりと基礎動詞の間に **zu** を入れます。
- 複合的な動詞句の場合も，**zu** は末尾の**不定詞**の**直前**に置きます。
① 完了不定詞	gezahlt **zu** haben	支払った（こと）
② 話法の助動詞	zahlen **zu** können	支払うことができる（こと）
③ 動詞結合	spazieren **zu** gehen	散歩に行く（こと）
④ 受動の不定詞	gelobt **zu** werden	ほめられる（こと）
⑤ 受動の完了不定詞	gelobt worden **zu** sein	ほめられた（こと）

  注 一語書きも認められる**動詞結合**を一語書きする場合，分離動詞に準じた形になります（たとえば kennen**zu**lernen「知り合いになる（こと）」）。

- 上例 2 のように zu 不定詞と他の語句が結びついたものを **zu 不定詞句**と呼びます（不定詞句の末尾の不定詞に zu を付けたものと等しくなります）。

  注 zu 不定詞句が並列する場合，zu は繰り返します。
  Er hört auf, **zu rauchen** und Alkohol **zu trinken**.　彼は喫煙と飲酒を止めます。

4.2 個別的用法

4.2.1 主語と述語

> 1 　**Ihn zu überzeugen** ist schwer. 　　　彼を納得させるのは難しい。
> 2 a) **Es** ist schwer, **ihn zu überzeugen**.　（1 と同じ意味）
>   b) Endlich ist [**es**] mir gelungen, **den Tresor zu öffnen**.
>   ようやく私は金庫を開けることに成功しました。
> 3 　Sein Ziel ist [**es**], **Menschen zu helfen**.
>   彼の目標は人を助けることです。

- 上例 1 の下線部は**主語**としての **zu 不定詞句**。zu 不定詞句は全体で一つの**長い名詞**と言えます（**Das** ist schwer.「それは難しい」の das に対応）。

〔類例〕 **Wien zu besuchen** ist mein Traum.
　　　　ウィーンを訪れるのが私の夢です。
　　　　= **Der Besuch von Wien** ist mein Traum.

- 上例2のように，zu 不定詞句は，通常，長くなるため，**文末**に持って行きます。a と b の es は，文末に移した zu 不定詞句を予告するものです（「予告の es」；→ 135 頁）。
- この es の存在によって zu 不定詞句が文中の他の語句とのような関係にあるのかが明示的になります。なお，zu 不定詞句が主語（1格）に当たるため，es になっています。a は es が**文頭**に置かれた例，b は es が**文中**に置かれた例。文中の es は任意（省略可能）です。
- 上例3の下線部は述語としての **zu 不定詞句**。文中の es は文末の zu 不定詞句を予告するものです（述語の予告にも es を使います；→ 135 頁）。ただし，この es は任意（省略可能）です。

注　述語としての zu 不定詞句を文頭に置くこともできます。
　Menschen zu helfen ist sein Ziel.　人を助けることが彼の目標なのです。

〔類例〕 **Es** lohnt sich, **den Film anzusehen**.
　　　　その映画は見る価値があります。
　　　　Es ist sehr gesund, regelmäßig **zu schwimmen**.
　　　　定期的に泳ぐことは健康にとてもよい。
　　　　Sein Ziel ist [**es**], **den Nobelpreis zu gewinnen**.
　　　　彼の目標はノーベル賞をとることです。
　　　　Mein Traum ist [**es**], **irgendwann auf eine ziellose Reise zu gehen**.　私の夢はいつか目的のない旅に出ることです。

4.2.2　目的語
4.2.2.1　4格目的語

a) ［誤］Er lehnt mit mir zu sprechen ab.　彼は私と話すことを拒否します。
　　参考：Er lehnt **ein Gespräch mit mir** ab.　彼は私との話し合いを拒否します。
b) Er lehnt es ab, mit mir zu sprechen.　（a の正しい文）

- 上例 a は zu 不定詞句（下線部）を 4 格目的語として文中に置いたもの。ただし，zu 不定詞句は，通常，（参考で挙げた名詞の例と異なり）文中に置くことはできないので，この文は誤文になります。

- 上例 b は a での zu 不定詞句を**文末**に移したもの。**es** は，文末に移した zu 不定詞句を**予告**するものです（「予告の es」；→ 136 頁）。この場合，zu 不定詞句が 4 格目的語に当たるため，es になっています。

  「予告の es」を置くか置かないかは，多くの場合，任意で，動詞ごとに異なります。上掲の囲みの例の es も任意です。

  （類例）　Sie haben mir versprochen, **mich zu unterstützen**.
  　　　　　彼らは私に，支持することを約束しました。
  　　　　　参考：Sie haben mir ihre **Unterstützung** versprochen.（意味は同じ）
  　　　　　Er vergisst immer, **das Auto abzuschließen**.
  　　　　　彼はいつも自動車の鍵を閉めるのを忘れます。
  　　　　　参考：Er vergisst immer **das Abschließen** des Autos.（意味は同じ）

  注1 lieben や hassen の場合は，通常，es を置きます。
  　Er liebt **es**, sonntags auszuschlafen.
  　彼は日曜日にぐっすり眠るのが好きです。
  　Ich hasse **es**, so lange zu warten.
  　私は長く待つのが好きではありません。

  注2 zu 不定詞句を文頭に置くこともまれにあります。
  　Gekrault zu werden liebt jede Katze.
  　指先で優しく撫でられるのは，どんな猫も好きです。

- 4 格目的語として **zu 不定詞句**をとる**形容詞**もあります。

  Ich bin [es] **gewohnt**, spät ins Bett zu gehen.
  私は夜遅く寝るのが習慣になっています。

4.2.2.2　前置詞句目的語

> a) Sie **bittet** ihn **darum, ihm zu helfen**.
> 　彼女は彼に手助けしてくれるよう頼みます。
> 　参照：Sie bittet ihn **um** Hilfe.（意味は同じ）
> b) Er **entscheidet** sich **dafür, sofort abzureisen**.
> 　彼は，すぐ出発することに決めます。
> 　参照：Er entscheidet sich **für** eine sofortige Abreise.（意味は同じ）

- 上例 a の zu 不定詞句は bitten「頼む」の**前置詞句目的語**（→ 251 頁）。**darum** は文末に移した zu 不定詞句を**予告**する**代名副詞**（da[r]- + 前置詞；→ 200 頁）。

b の zu 不定詞句は sich entscheiden「決める」の**前置詞句目的語**。dafür は文末に移した zu 不定詞句を予告する代名副詞。
- どの**前置詞**の代名副詞を使うかはそれぞれの動詞がどの**前置詞**と結びつくかに基づきます。上例 a で darum を使うのは，(参照で示したように) **bitten** が前置詞 **um** と結びつくからで，また b で **dafür** を使うのは，(参照で示したように) **sich entscheiden** が前置詞 **für** と結びつくからです。
- 「予告の代名副詞」は，多くの場合，任意で，動詞ごとに異なります。

daran　　　Er **gewöhnt** das Kind **daran, früh aufzustehen**.
　　　　　　彼は子供に早起きの習慣をつけさせます。(代名副詞は義務的)
　　　　　　参照：Sie gewöhnt das Kind **an** das frühe Aufstehen.（意味は同じ）

darauf　　Er **freut** sich **darauf, nach Italien zu reisen**.
　　　　　　彼は，イタリアに旅行することを楽しみにしています。
　　　　　　(代名副詞は義務的)
　　　　　　参照：Er freut sich **auf** die Italienreise.（意味は同じ）

dazu　　　Er **entschloss** sich [**dazu**], **den Vorschlag anzunehmen**.
　　　　　　彼は提案を受け入れる決心をしました。
　　　　　　参照：Er entschloss sich **zur** Annahme des Vorschlags.（意味は同じ）

darüber　Ich bin sehr **froh** [**darüber**], **Sie wiederzusehen**.
　　　　　　私はあなたと再会できてとても嬉しく思います。
　　　　　　参照：Ich bin sehr froh **über** unser Wiedersehen.（意味は同じ）

dazu　　　Er ist nicht bereit [**dazu**], **sich zu entschuldigen**.
　　　　　　彼は謝る気がありません。
　　　　　　参照：Er ist nicht bereit **zur** Entschuldigung.（意味は同じ）

注1 zu 不定詞句の意味上の主語が何になるかは動詞によって異なります。
①意味上の主語が一般的な人
　Verantwortung zu übernehmen ist unbequem.
　責任を背負うことは煩わしいことです。
②意味上の主語が主文の主語
　Sie gesteht, **ihn noch zu lieben**.
　彼女は，彼をまだ愛していると告白します。
③意味上の主語が主文の 4 格目的語
　Ich bitte **ihn**, **sich das Foto noch einmal anzusehen**.
　私は彼に，写真をもう一度見るように頼みます。
④意味上の主語が主文の 3 格目的語
　Der Arzt hat **ihm** empfohlen, **mehr Sport zu treiben**.
　医者は彼に，もっとスポーツをするように勧めました。

注2 behaupten, hoffen などの目的語になる dass 文の主語が主文の主語と同一の場合，zu 不定詞句に書き換えることができますが（下例 a），異なる場合は，zu 不定詞句に書き換えることができません（下例 b）。

a) **Er** behauptet, **dass er** recht hat.
   彼は，自分が正しいと主張します。
   → Er behauptet, **recht zu haben**.
b) **Er** behauptet, **dass wir** unrecht haben.
   彼は，私たちが間違っていると主張します。
   → ［誤］Er behauptet, **unrecht zu haben**.

4.2.3　付加語（名詞修飾）

1　Er hat **den Wunsch**, in Deutschland zu studieren.
　　彼は，ドイツの大学で学ぶことを望んでいます。
2 a) Hast du im Moment **Zeit**, mir zu helfen?
　　君は今，私の手助けをする時間がありますか？
 b) Ich habe **keine Zeit**, dir zu helfen.
　　私は君の手助けをする時間がありません。

- 上例1の名詞 **Wunsch** は下線部の **zu 不定詞句**によって内容的に規定されています（「…するところの〜」）。
- 修飾される名詞には，通常，上例 a のように**定冠詞**を付けます。ただし，上例2の **Zeit** のように，肯定の場合，無冠詞で，否定の場合，**kein** を付けるものもあります。

［類例］　**Die Freude**, ihn getroffen zu haben, war sehr groß.
　　　　彼に会えた喜びはとても大きかった。
　　　　Sie hat **die Absicht**, ihn zu unterstützen.
　　　　彼女は彼を支持するつもりです。
　　　　Das Gehirn hat **die Fähigkeit**, neue Informationen aufzunehmen, zu verarbeiten und zu speichern.
　　　　脳は新しい情報を取り入れ，処理し，そして蓄える能力を持っています。
　　　　Hast du **Lust**, mit mir spazieren zu gehen?
　　　　君は私と散歩する気があるかい？
　　　　Ich habe **keine Lust**, mit dir auszugehen.
　　　　私は君とデートする気はありません。

4.2.4 副詞成分（動詞修飾）

> a) Sie fuhr in die Stadt, **um eine Tasche zu kaufen**.
> 彼女は，バッグを買うために町に行きました。
> b) Er ging, **ohne ein Wort zu sagen**.
> 彼は，一言も言わずに立ち去りました。
> c) Wir sehen heute Abend fern, **statt trinken zu gehen**.
> 私たちは今晩，飲みに出かける代わりに家でテレビを見ます。

- 上例 a の um + zu 不定詞句は「…するために」，b の ohne + zu 不定詞句 は「…することなしに」，c の statt + zu 不定詞句は「…する代わりに」と いう意味の副詞成分（→ 253 頁）を作ります（通常，副詞的用法と呼びます）。

〔類例〕 ① um + zu 不定詞句

Was braucht man, **um** Sushi selbst zu machen?
寿司を自分で作るためには何が必要ですか？

Um eine Weinflasche zu öffnen, braucht man einen Korkenzieher.
ワインボトルを空けるためにはコルク抜きが必要です。

注1 形容詞 + **genug** と結びついて「…するためには十分に〜（である）」，**zu** + 形容詞と結びついて「…するためには〜過ぎる」という表現を作ります。um を省略する場合もあります。

Das Kind ist **alt genug**, [um] sich alleine anzuziehen.
その子供は一人で服を着られる歳に十分なっています。
Er ist **zu jung**, [um] das zu verstehen. 彼はそれを理解するには若過ぎます。

注2 断り書きとしても使います。この場合，後続する主文から独立しているため，語順に影響を与えません。

Um die Wahrheit zu sagen, ich schätze ihn nicht.
本当のことを言うと，私は彼を評価していません。
Um es kurz zu machen, er ist einfach nicht der Richtige für dich.
一言で言えば，彼はとにかく君にふさわしい人ではないのです。

② ohne + zu 不定詞句

Er antwortet, **ohne** zu überlegen.
彼はじっくり考えることなく答えます。

Er lief uber die Straße, **ohne** auf die Autos zu achten.
彼は車に注意を払うことなく，道路を走って横切りました。

Er ging durch den Regen, **ohne** einen Mantel zu tragen.
彼は，コートも着ないで，雨の中を歩いて行きました。

③ **statt** / **anstatt** + **zu** 不定詞句

Er arbeitet, **statt** zu faulenzen.　彼は怠けることなく働きます。
Statt zu arbeiten, ging er ins Kino.
仕事もせずに，彼は映画を見に行きました。
Anstatt den Bus zu nehmen, bestellte er sich ein Taxi.
バスを利用する代わりに，彼はタクシーを呼びました。

5　zu 不定詞句と動詞 sein　（→ 37 頁）

a) Das Buch **ist** leicht **zu lesen**.　この本は簡単に読めます。
  = Das Buch **kann** leicht **gelesen werden**.
b) Die Sache **ist** möglichst schnell **zu erledigen**.
  この件は出来るだけ速く処理しなければなりません。
  = Die Sache **muss** möglichst schnell **erledigt werden**.

- 上例 a は **zu 不定詞句**と動詞 **sein** を組み合わせたもの。zu 不定詞句の動詞は他動詞 lesen で，その本来の目的語 Buch が主語になっています。話法の助動詞 können と受動形を組み合わせたものに対応し，「…されうる」という意味になります。
- 上例 b も **zu 不定詞句**と動詞 **sein** を組み合わせたもの。zu 不定詞句の動詞は他動詞 erledigen で，その本来の目的語 Sache が主語になっています。話法の助動詞 müssen と受動形を組み合わせたものに対応し，「…されねばならない」という意味になります。

注　上例 a の場合，zu 不定詞句の動詞が他動詞で，主語との間に目的語関係が成り立つことは，この文が Es ist leicht, das Buch zu lesen. という zu 不定詞句の文からの派生であると，また，上例 b の場合も，zu 不定詞句の動詞が他動詞で，主語との間に目的語関係が成り立つことは，この文が Es ist notwendig, die Sache möglichst schnell zu erledigen. という zu 不定詞句の文からの派生であると考えれば，納得がいくと思います。

〔類例〕　Seine Unschuld **ist** nicht leicht **zu beweisen**.
　　　　彼の無実は簡単には証明できません。
　　　　Der Plan **ist** sehr leicht **zu realisieren**.
　　　　この計画はとても簡単に実現できます。
　　　　Das **ist** nur schwer **zu verstehen**.
　　　　これは理解するのがとても難しい。

Was **ist** noch **zu tun**? 他にすべきことは何ですか？
Bei aufziehendem Unwetter **sind** alle Fenster **zu schließen**.
天候が悪くなる際には窓はすべて閉めなければなりません。
Eine weitere Verzögerung **ist** unbedingt **zu vermeiden**.
これ以上の遅延はどうしても避けられねばなりません。

注 **zu 不定詞句** + 動詞 **sein** が「…されうる」と「…されねばならない」のどちらの意味になるかは，通常，結びつけて使う副詞（たとえば leicht や möglichst schnell）などによって分かりますが，もっぱら文脈による場合もあります。

Dieses Hindernis **ist** sofort **zu** überwinden.
→この障害は即刻克服することができます。（可能）
→この障害は即刻克服されねばなりません。（義務）

6　動詞との熟語用法

a) Er scheint immer noch **zu schlafen**.　彼はまだ眠っているようです。
b) Sie brauchen morgen nicht **zu kommen**.
あなたは明日来る必要はありません。
c) Ich habe noch eine Stunde **zu arbeiten**.
私はもう1時間働かなければなりません。

- 上例 a は **zu 不定詞句**と scheinen を結びつけた熟語用法。「…らしい」という意味になります（Er schläft immer noch.「彼はまだ眠っている」という文からの派生）。

(類例)　Es scheint **zu regnen**.　雨が降りそうです。（← Es regnet.）
Er scheint nicht gewusst **zu haben**, dass Sofie schon verheiratet ist.　彼は，ゾフィーがもう結婚していることを知らなかったようです。
（← Er hat nicht gewusst, dass Sofie ...）

注 drohen と zu 不定詞句の組み合わせは「今にも…しそうである」という意味になります。
Die Mauer **drohte** einzustürzen.　壁は今にも崩れ落ちそうでした。

- 上例 b は **zu 不定詞句**と nicht brauchen を結びつけた熟語用法。「…する必要がない」という意味で，話法の助動詞 müssen の否定形と同義です（= Du musst morgen nicht kommen.）。nichts と結びつくこともあります。

(類例)　Ich **brauche** heute **nicht** zu arbeiten.
私はきょう働く必要はありません。（= Ich muss heute nicht arbeiten.）

Du **brauchst nichts** zu sagen.
君は何も言う必要はありません。（= Du musst nichts sagen.）

nur と brauchen の組み合わせの場合は「…しさえすればよい」という意味になります。

Du brauchst mich **nur** zu fragen.　君は私に尋ねさえすればいいんだよ。

注　口語では，zu のない不定詞句も使います。
Du brauchst dich nicht **entschuldigen**.　君は謝る必要がないよ。

- 上例 c は **zu 不定詞句**と haben の結びついた熟語用法。「…しなければならない」という意味で，話法の助動詞 müssen の文と同義です。

類例　Sie **haben** meine Anweisungen **zu befolgen**.
あなたは私の指図に従わなければなりません。

注　他動詞の zu 不定詞が直前の名詞を「…するところの〜」と修飾する用法もあります。
Wir haben **nichts** zu essen.　　　　私たちは食べるものが何もありません。
Ich habe **nichts** zu **verlieren**.　　私は失うものは何もありません。
Ich habe noch **etwas** zu **erledigen**.　私はまだ処理すべきことがあります。
Ich habe dir **etwas** zu **sagen**.　　私は君に言うべきことがあります。
Darf ich Ihnen **etwas** zu **trinken** anbieten?
何かお飲み物を差し上げてもよろしいですか？

コラム　熟語動詞

外国語を学ぼうとする場合，まず，頭に浮かぶのが文法と単語ですね。単語は独自の意味を持っていて，それらが文法規則に従って結合されて文の意味が形成されるわけですが，しかし，中には他の語句と固定的に結び付いて特定の意味を表すものもあります。このような結合をふつう熟語と呼ぶのですが，特に動詞と他の語句が一緒になってまとまった意味になるものを**熟語動詞**と呼びます。具体的にいくつか熟語動詞の例を挙げてみます。なお，当然のことですが，熟語動詞を挙げる場合，動詞を末尾に置いた不定詞句の形で示すことになります。

Klavier spielen	ピアノを弾く	Fußball spielen	サッカーをする
zu Hause sein	家にいる	nach Hause kommen	帰宅する
Platz nehmen	座る	ins Bett gehen	就寝する

in der Lage sein + zu 不定詞句　…することができる

Ich bin nicht in der Lage, dir zu helfen.　君の手助けができません。

第 7 節　分詞

1　現在分詞，現在分詞句
1.1　作り方

> 1 a) spiel**end**　（< spielen 遊ぶ）
>   b) lächel**nd**　（< lächeln ほほえむ）
>   ruder**nd**　（< rudern ボートをこぐ）
> 2 a) **dort** spielend　そこで遊んでいる；そこで遊びながら
>   b) **Bier** trinkend　ビールを飲んでいる；ビールを飲みながら

- 上例 1 の a，b は現在分詞。下線部が不定詞の語幹，黒太字が不定詞の語尾（-en, -n），青太字が現在分詞を作る語尾（-d）。現在分詞は不定詞に -d を付けて作ります。なお，-eln 型，-ern 型の動詞も，b のように，-d を付けるだけです。

  なお，tun「…をする」の現在分詞は tu**end**，sein「…である」の現在分詞は sei**end** になります（→ 注）。

  注　現在分詞は本来，語幹に語尾 -end（英語の -ing）を付けたものです。しかし，この説明で問題になるのが -eln 型，-ern 型の動詞です。たとえば lächeln の場合，-end を付けた lächelend が「正しい形」のはずですが，実際は，この形から，ドイツ語の「弱音節の e の連続を避ける」という原則に基づき（→ 284 頁）後方の e を削除した lächelnd が「正しい形」になります。したがって，「語幹に -end」という説明は，たしかに正論なのですが，そうすると「ただし -eln 型，-ern 型の動詞の場合は，-end ではなく，e を削除した -nd を付ける」という細則が必要になってしまいます。

- 上例 2 の a の **dort** は現在分詞を修飾する**副詞**，b の **Bier** は現在分詞の **4 格目的語**。現在分詞と他の語句が結びついたものを現在分詞句と呼びます。

  類例　sich **nähernd**　　　　　　近づいて来る；近づいて来ながら
  　　　auf einer Bank **sitzend**　ベンチに座っている；ベンチに座りながら
  　　　stark im Wind **schwankend**
  　　　風に強く揺れている；風に強く揺れながら
  　　　einen kleinen Sarg **tragend**
  　　　小さな棺を運んでいる；小さな棺を運びながら

  注　以下の用法の説明に際し，特に区別する必要がない場合，現在分詞と現在分詞句を一括して，「**現在分詞句**」と呼ぶことにします。

1.2 用法

- 現在分詞句の主な用法は，**付加語**（名詞修飾）としてのものと**副詞成分**（動詞修飾）としてのものです。

1.2.1 付加語（名詞修飾）

> a) ein **bellend**er Hund　　吠える犬
> b) die **stark im Wind schwankend**en Bäume　　風に強く揺れる木々

- 上例 a の **bellend**er は**現在分詞** bellend の末尾に**格語尾 -er** を付けたもの。現在分詞は，格語尾を付けて，付加語として使います。
- 上例 b の **stark im Wind schwankend**en は**現在分詞句**（下線部）の末尾に**格語尾 -en** を付けたもの。現在分詞句も，格語尾を付けて，付加語として使います。

注1 他の語句を伴う過去分詞句の付加語を**冠飾句**と呼びます（→ 233 頁）。

注2 現在分詞句での **seiend** は省略されます。したがって，本来 seiend を含むはずの現在分詞句は，seiend を省略しますので，述語的形容詞などが格語尾を伴い，直接，名詞を修飾することになります。
　　langjährig **arbeitslose** Menschen 長期間職のない人々
　　　← ［誤］langjährig **arbeitslos seiende** Menschen

注3 コンマで区切り，名詞の後ろに現在分詞句を置くことがあります。
　　Das Mädchen, **sich vor der Dunkelheit fürchtend**, vermied den Weg durch den Wald. 　暗闇が怖かったので，少女は森を抜ける道を避けました。
なお，この場合も，現在分詞が **seiend** ならば，seiend を省略します。
　　Sein Onkel, **schon 45 Jahre alt**, hat immer noch keine Frau.
　　もう 45 歳になった彼のおじはいまだ奥さんがいません。

注4 付加語的用法の**意味上の主語**は修飾する名詞と同一です。したがって，付加語的用法の現在分詞句は，修飾する名詞を先行詞とする**関係文**に書き換えることができます。上掲の囲みの例 a と b は以下のようになります。
　　a) → ein Hund, **der bellt**
　　b) → die Bäume, **die stark im Wind schwanken**

注5 再帰動詞の現在分詞句では，修飾される名詞に応じて再帰代名詞の形が決まります。この関係も，関係文に書き換えると，明示的になります。
　　Er sieht die **sich nähernden** Gewitterwolken.
　　彼は近づいて来る雷雲を見ます。
　　　→ Er sieht die Gewitterwolken, die **sich nähern**.

注6 英語の現在進行形に当たる用法はありません：［誤］Er ist **schlafend**.（→ 23 頁）。

1.2.2　付加語的現在分詞句と主文の時制関係

> a) Die blühenden Rosen **erfreuen** sie.
> 　咲いているバラは彼らを喜ばせます。
> b) Die blühenden Rosen **erfreuten** sie.
> 　咲いていたバラは彼らを喜ばせました。

- 上例の a の **erfreuen** は**現在形**。付加語の blühenden も**現在の時点**のこと。b の **erfreuten** は**過去形**，付加語の blühenden も**過去の時点**のこと。付加語の現在分詞句と主文の時間関係は，通常，**同時**になります。

　注　**副詞**によって時間関係が決まることもあります。以下の場合，付加語の gestern noch が付加語の事柄が主文の事柄よりも**以前**のことであることを示しています。
　Die **gestern noch** blühenden Blumen sind heute verdorrt.
　昨日まだ咲いていた花はきょう枯れてしまいました。

1.2.3　未来受動分詞

> Die heute zu zahlenden Gebühren betragen insgesamt 500 Euro.
> 　きょう支払われるべき手数料は合計で 500 ユーロです。

- 上例の付加語（下線部）の zahlend**en** は，動詞 zahlen の**現在分詞**に格語尾を付けたものです。その前の **zu** は zu 不定詞句を作る zu。heute は zahlen を修飾する副詞。
この付加語は，以下のような zu 不定詞句 + 動詞 sein（→ 94 頁）の文
　Die Gebühren sind heute zu zahlen.　手数料はきょう支払われるべきです。
の zu 不定詞句（下線部）の不定詞を現在分詞にし，それを主語 Gebühren の付加語にしたものです。これを図示すると，以下のようになります。

　Die Gebühren sind heute zu zahlen.
　　→ **heute zu zahlen**（zu 不定詞句を取り出す）
　　　→ **heute zu zahlend**（不定詞を現在分詞にする）
　　　　→ die **heute zu zahlenden** Gebühren（格語尾を付け，付加語にする）

- **zu 不定詞句** + 動詞 **sein** から作る付加語は未来受動分詞と呼びます。「…されうる〜」あるいは「…されるべき〜」という意味になります。

> 〔類例〕 Das ist ein nicht **zu** vergessend**es** Erlebnis.
> それは忘れえぬ体験です。
> ← Das Erlebnis **ist** nicht **zu** vergessen.
> Es gibt noch einige **zu** bewältigen**de** Hindernisse.
> 克服すべき障害がまだいくつかあります。
> ← Es gibt noch einige Hindernisse, die **zu** bewältigen **sind**.

1.2.4 副詞成分（動詞修飾）

> a) Sie saß weinend auf der Bank.
> 彼女は泣きながらベンチに座っていました。
> b) Zwei Männer treten auf, einen kleinen Sarg tragend.
> 2名の男性が，小さな棺を担ぎながら，登場します。
> c) Bier trinkend saß er am Strand.
> ビールを飲みながら，彼は浜辺に座っていました。

- 上例の現在分詞句は，副詞成分として，より詳しく言えば，副詞的あるいは副文的に動詞を修飾しています（「…ながら～」）。
- 文中にも（例文a），文末にも（例文b），文頭にも（例文c）置くことができます。コンマを打つかどうかは任意です。
- 副詞成分としての現在分詞句と主文の時制関係は通常，同時です。また，現在分詞句の意味上の主語は表示されませんが，通常，主文の主語と同一です。

  〔類例〕 Ein Hund ist **kläffend** weggelaufen.
  一匹の犬がキャンキャン吠えながら走り去りました。
  Auf einer Bank sitzend lauschte ich dem Zwitschern der Vögel.
  ベンチに座りながら，私は鳥たちのさえずりに耳を傾けました。
  Sie öffnete die Tür, **am ganzen Körper zitternd**.
  彼女は，全身を震わせながら，ドアを開けました。

注1 現在分詞句は，主文に対する様態を表すものが主ですが，並列的な行為，原因を表すものもあります。
  Dies hörend, brach meine Mutter in Tränen aus.
  これを聞いて，私の母はわっと泣き出しました。（並列的行為）
  Außerhalb der Stadt wohnend, kann er nicht zu Fuß zur Uni gehen.
  郊外に住んでいるため，彼は大学に歩いて行くことはできません。（理由）

注2 **再帰代名詞**は，現在分詞句の意味上の主語に応じた形になります。
　Sich auf den Boden setzend, fing **sie** lautstark an zu weinen.
　床に座り込み，彼女は大声で泣き始めました。

注3 現在分詞句の意味上の主語が主文の主語でない場合もあります。以下は3格目的語が現在分詞句の意味上の主語と同一の事例です。
　Vor Kälte zitternd, gab **mir** die Mutter eine warme Decke.
　寒さで震えていると，私に母が暖かな毛布をくれました。

注4 副文的な現在分詞句の場合，現在分詞 **habend** は省略されます。
　Den Hut in der Hand, betrat der Lehrer das Zimmer.
　帽子を手に持って，先生が部屋に入って来ました。
なお，このような，動詞のない4格の名詞句を**絶対的4格**と呼びます。

コラム　現在分詞の形容詞化（副詞的用法も含む）

- 動詞的意味が弱まり，形容詞的意味（物事の属性表示など）に移りつつある現在分詞も多くあります。

　　Seine Rolle ist **bedeutend**.　　彼の役割は重要です。
　　Das war ein **spannender** Film.　それはわくわくする映画でした。
　　Ich muss dich **dringend** sprechen.
　　私は君と緊急に話さなければならないことがあります。

- 形容詞化が進んだ現在分詞の場合，程度の副詞（sehr など）による修飾，比較変化形の形成，程度を表す用法が可能になります。

　① 程度の副詞による修飾
　　Die Reise war **sehr anstrengend**.
　　この旅行は非常に疲れるものでした。

　② 比較変化
　　Dadurch wurde er nur noch **wütender**.
　　そのことによって彼はさらに腹を立てただけでした。
　　Das war der **entscheidendste** Augenblick seines Lebens.
　　それは彼の人生の最も決定的な瞬間でした。

　③ 程度を表す副詞的用法
　　eine **bezaubernd schöne** Frau　うっとりするほど美しい女性

注 形容詞と同じように，頭文字を大文字で書き，名詞化しているものもあります。
　der / die **Reisende** 旅行者
　Immer mehr **Reisende** kommen nach Deutschland.
　ますます多くの旅行者がドイツに来ます。

2 過去分詞，過去分詞句
2.1 作り方

> 1 a) **gelacht** （< lachen 笑う；規則変化動詞）
>   b) **gegangen** （< gehen 行く；不規則変化動詞）
>   c) **gebracht** （< bringen 運ぶ；混合変化動詞）
> 2 a) aus Berlin **angekommen**　ベルリンから到着した
>   b) sehr gut **befreundet**　　　とても親しくしている

- 上例1は過去分詞。過去分詞の作り方は→ 12頁。
- 上例2のaの aus Berlin は過去分詞を修飾する前置詞句，bの sehr gut は過去分詞を修飾する副詞句。過去分詞と他の語句が結びついたものを過去分詞句と呼びます。

> 注 以下の用法の説明に際し，特に区別する必要がない場合，過去分詞と過去分詞句を一括して，「**過去分詞句**」と呼ぶことにします。

2.2 用法
- 過去分詞句の主な用法は助動詞との結合とそれ以外に分けられます。後者には，付加語（名詞修飾）としてのものと副詞成分（動詞修飾）としてのものがあります。

> 注 命令表現としても使います（→ 62頁）。強調を表す jetzt aber, nun aber などを伴うことがあります。
>   Jetzt aber **eingestiegen**! Der Zug fährt sofort ab.
>   さあ乗車してください！列車はすぐに出発します。
>   Nun aber **aufgepasst**!　さあ気をつけて！

2.2.1 助動詞との結合

> 1 a) **gelacht** haben　　b) **gegangen** sein
> 2　 **gebracht** werden

- 上例1のaの **haben** とbの **sein** は完了の助動詞，上例2の **werden** は受動の助動詞。過去分詞は，完了の助動詞と結びつき完了不定詞（→ 17頁）を，受動の助動詞と結びつき受動の不定詞を作ります（→ 30頁）。状態受動（→ 39頁），状態再帰（→ 70頁 注3）にも使います。

〔完了形〕 Er **hat** laut **gelacht**. 彼は大きな声で笑いました。
　　　　　 Er **ist** nach Hause **gegangen**. 彼は帰宅しました。
〔受動形〕 Er **wurde** ins Krankenhaus **gebracht**.
　　　　　 彼は病院に搬送されました。
〔状態受動〕 Das Fenster **ist** seit gestern **geöffnet**.
　　　　　 窓は昨日より開いています。
〔状態再帰〕 Das Kind **ist** leicht **erkältet**.
　　　　　 子どもは軽い風邪を引いています。

<u>注</u> 移動動詞の過去分詞は，kommen と結びつき，**移動の様態**を表します。前つづりan- が付くこともあれば，付かないこともあります。
　　Er ist [**an**]**gelaufen** gekommen. 彼は走って来ました。
　　Ein Vogel kam [**an**]**geflogen**. 鳥が飛んで来ました。

2.2.2 付加語，副詞成分
- 助動詞と**結びつく以外**の主な用法として<u>付加語</u>（名詞修飾）としてのものと<u>副詞成分</u>（動詞修飾）としてのものがあります。

2.2.2.1 付加語（名詞修飾）

a) die <u>verwelkt</u>**en** Blumen	枯れた花
b) die <u>bestellt</u>**e** Ware	注文された品物
c) das seit gestern <u>geöffnet</u>**e** Fenster	昨日から開けられたままの窓
d) ein in ihn <u>verliebt</u>**es** Mädchen	彼に恋をした女の子

- 上例の a，b，c，d の下線部は<u>過去分詞</u>，黒太字（**-en** / **-e** / **-es**）は<u>格語尾</u>。過去分詞句は，格語尾を付け，<u>付加語</u>として使います。
- 過去分詞句を付加語的に使うことのできる動詞は，上例 a のように完了形を**助動詞 sein** と作る<u>自動詞</u>（→ 17 頁），b のように**人称受動形**を作る<u>他動詞</u>（→ 33 頁），c のように**状態受動**を作る<u>動詞</u>（→ 39 頁），d のように**状態再帰**を作る<u>動詞</u>（→ 70 頁 <u>注3</u>）です。
- 上例 a の完了形を sein と作る<u>自動詞</u>の過去分詞は「…した」という<u>完了的な意味</u>になります（← Die Blumen sind **verwelkt**. 花は枯れました）。

〔類 例〕　ein **erkrankt**es Kind　　病気になった子供
　　　　　das **gestürzt**e Kind　　転んだ子供
　　　　　der **aufgegangen**e Mond　昇った月

ein **aus Berlin angekommen**er Zug　ベルリンから到着した列車

注 完了形を haben と作る自動詞の過去分詞は付加語として使えません。
　［誤］der **gelachte** Lehrer（← Der Lehrer **hat** gelacht.　先生は笑いました。）

- 上例 b の他動詞の過去分詞は，「…された」という受動的な意味になります
（← Die Ware ist **bestellt** geworden.　商品は注文されました）。
　（類例）　die **benutzt**e Literatur　　　　　　使用された文献
　　　　　die **eingeladen**en **Gäste**　　　　　招待された客たち
　　　　　der **von allen geliebt**e Lehrer　　　みんなに愛された先生

- 上例 c の状態受動の過去分詞は，ある行為による結果状態の意味になります
（← Das Fenster ist seit gestern **geöffnet.**　窓は昨日から開けられたままです）。
　（類例）　**verwöhnt**e Kinder　　　　　　　　甘やかされた子供たち
　　　　　ein **weich gekocht**es Ei　　　　　　半熟の卵
　　　　　mit Schadstoffen belastete Erde　　有害物質に汚染された土壌
　　　　　ein **von einer hohen Mauer umgeben**er Garten
　　　　　高い壁に囲まれた庭

- 上例 d の状態再帰の過去分詞も，主語自身の行為から生じる結果状態の意味になります（← Das Kind ist leicht **erkältet.**　子供は軽い風邪を引いています）。
　（類例）　das **begeistert**e Publikum　感激した観衆（< sich begeistern）
　　　　　die politisch **interessiert**en Studenden
　　　　　政治に興味を持っている学生たち（< sich interessieren）
　　　　　die seit Langem sehr gut **befreundet**en Nachbarn
　　　　　ずっと以前からとても親しくしている隣人たち（< sich befreunden）

- 上例の場合，過去分詞と修飾される名詞との間に主語・述語という関係が成り立つため，修飾される名詞を先行詞とする受動の関係文と書き換え可能な関係になります。上例の a, b, c, d の例から1例ずつ挙げてみます。
　　a) → die **verwelkt**en Blumen　→ die Blumen, die verwelkt **sind**
　　b) → die **bestellt**e Ware　　　→ die Ware, die bestellt worden **ist**
　　c) → ein **von einer hohen Mauer umgeben**er Garten
　　　　　→ ein Garten, der von einer hohen Mauer umgeben **ist**
　　d) → die **seit Langem sehr gut befreundet**en Nachbarn
　　　　　→ die Nachbarn, die seit Langem sehr gut befreundet **sind**

注1 注目する点は，いずれの場合も（ただし受動形は完了形にした場合），関係文の

定動詞が動詞 sein になるということです。→ 98 頁 注2
注2 他の語句を伴う過去分詞句の付加語を**冠飾句**と呼びます（→ 233 頁）。
注3 過去分詞句が名詞の後ろに置かれることもあります。
Der Präsident, **von zwei Leibwächtern begleitet**, stieg in den Wagen ein.
二人のガードマンに護衛され，大統領は車に乗りました。
　　← Der Präsident, der **von zwei Leibwächtern begleitet** wurde, stieg in den Wagen ein.

2.2.2.2　副詞成分（動詞修飾）

1　Er warf sich **verzweifelt** in den Fluss.
　　彼は絶望して川に身を投げました。
2 a)　**Die Hände zum Gebet gefaltet**, kniete er vor dem Altar.
　　祈りのために手を組み，彼は祭壇の前にひざまずいていました。
　b)　**In der Stadt angekommen**, ging er sofort ins Hotel.
　　町に着くと，彼はすぐにホテルに行きました。
　c)　**In die Enge getrieben**, beißt die Ratte sogar die Katze.
　　窮地に追い込まれると，ネズミは猫にも噛みつきます。

- 上例 1 の **verzweifelt**（< verzweifeln 絶望する）は**副詞**に準じて動詞を**修飾**。
  類例　Endlich konnte er **erleichtert** einschlafen.
　　　　やっと彼は安心して眠りにつくことができました。
　　　　Gebrochen und empört verließ er Deutschland.
　　　　意気消沈し，そして腹を立て，彼はドイツの地を離れました。
- 上例 2 の a, b, c の下線部は**過去分詞句**。**副文**に準じて主文を**修飾**。なお，分詞句と主文との間は，通常，コンマで区切ります。
  類例　**Die Augen weit aufgerissen**, starrte er mich an.
　　　　目を大きく見開いて，彼は私を凝視しました。（様態）
　　　　Frisch geduscht, legte ich mich ins Bett.
　　　　シャワーを浴びてさっぱりし，私はベッドに入りました。（並列）
　　　　Von einem Schuss getroffen, sank er zu Boden.
　　　　銃弾を受けて，彼は地面に倒れました。（原因）
　　　　Davon abgesehen, habe ich nichts dagegen einzuwenden.
　　　　そのことを除けば，私はそれについて何の異存もありません。（条件）
　注 断り書きとして使う場合，主文は，語順上の影響を受けません。
　　Offen gestanden, ich habe es auch geglaubt.　　実は私もそれを信じました。

Kurz gesagt, es geht im Leben nicht immer so, wie man will.
要するに，人生は思うようにいかないこともあるのです．

(類例) offen gesagt 率直に言って　　unter uns gesagt ここだけの話だが
genau betrachtet 厳密に見れば　　streng genommen 厳密にとれば

コラム　過去分詞の形容詞化

- 動詞的意味が弱まり，形容詞的意味（結果状態の表示など）に移りつつある過去分詞も多くあります．以下の2例は述語（→ 251 頁）としての用法．

  Durch die neue Frisur sieht sie **verändert** aus.
  新しい髪型のため彼女は見た感じが変わりました．
  Er hält die Aufgabe für **erledigt**.　彼はこの課題を処理済みとみなします．

  注1 bleiben と結びついたり，否定接辞 un- と結びつく過去分詞もあります．
  Das Geschäft **bleibt** geschlossen.　店は閉ざされたままです．
  Das Problem ist **un**gelöst.　　　　問題は未解決です．
  注2 動詞と結びつき，複合的動詞句を作るものもあります．
  Mein Ausweis ist **verloren** gegangen.（< **verloren** gehen なくなる）
  私の証明書がなくなってしまいました．

- 形容詞化が進んだ過去分詞の場合，程度の副詞（sehr など）による修飾，比較変化形の形成が可能になります．
  ① 程度の副詞による修飾
  ein **sehr kompliziertes** Problem　　とても複雑な問題
  ein **wenig erfahrener** Pilot　　　　あまり経験のないパイロット
  eine **weltweit bekannte** Melodie　　世界的に知られたメロディー
  ② 比較変化
  Die Feier war **gelungener** als alle früheren.
  その祭典は以前のどれよりもうまくいきました．

  Hans ist der **beliebteste** Schüler unserer Klasse.
  ハンスは私たちのクラスで一番好かれています．

  注1 すでに形容詞化したと考えられるものも多くあります．
  eine **angesehene** Familie　名家　　ein **geschickter** Handwerker　腕のいい職人
  注2 形容詞と同じく，頭文字を大文字で書き，名詞化しているものもあります．
  der / die **Bekannte**　知人　　　　der / die **Verletzte**　負傷者
  der / die **Vermisste**　行方不明者
  注3 すでに副詞化したものもあります：**ausgerechnet** よりによって（Warum **ausgerechnet** heute?　よりによってなぜきょうなの？）．

第2章 名詞，代名詞

第1節 名詞

1 名詞の分類
1.1 形に基づく分類

> a) Welt 世界
> b) Tierwelt 動物界　（< Tier 動物 + Welt）
> c) Umwelt 環境　　　（< um-* + Welt）　　*um- は接辞（→ 276 頁）。

- 上掲の単語は3つとも名詞。それぞれの語頭は大文字になっています。名詞は文中でも語頭の文字を大書します。
- 上例 a は単一語からなる名詞。単一名詞と呼びます。
  類例　Hand 手　　　　Kind 子ども　　　Name 名前
  　　　Problem 問題　　Wort 単語　　　　Zeit 時間
- 上例 b は，他の語 Tier と結びついた名詞。複合名詞と呼びます（→ 276 頁）。前半の語が後半の名詞の意味を規定し（Tier 動物 → Welt 世界 ⇒ Tierwelt 動物界），アクセントは原則的に前半の語にあります。

  注　複合名詞の前半の語には名詞以外の語もなります：Fremdsprache 外国語（< fremd 外国の（形容詞） + Sprache 言語）。

- 上例 c は接辞 um- と結びついた名詞。接辞と結びついた名詞は派生名詞と呼びます（→ 276 頁）。接辞には，名詞の
  ①前に付くもの：**Aus**land 外国，**Un**sinn ばかげたこと，**Ur**wald 原始林
  ②後ろに付くもの：Schön**heit** 美，Lehr**er** 先生，Wander**ung** ハイキング
  の2種類があります。前者を接頭辞，後者を接尾辞と呼びます。

1.2 意味に基づく分類

> a) Arzt 医者　　Buch 本　　b) Glück 幸せ　　Unglück 不幸

- 上例 a の名詞の表す「医者」「本」は具体的に見ることができます。この種の名詞を具象名詞と呼びます。b の名詞の表す「幸せ」「不幸」は具体的に見ることができません。この種の名詞を抽象名詞と呼びます。前者はさらに，普

通名詞，物質名詞，集合名詞，固有名詞に下位区分されます。

① 普通名詞

人や物を最も一般的な形で表すもので，単数形と複数形を作ります。

 Haus 家（単数形）— Häuser 家々（複数形）

② 集合名詞（単数扱い）

人や物の集合体を表すもので，複数形のないものとあるものがあります。

 複数形のないもの：Gemüse 野菜　　Obst 果物　　　　Schmuck 装飾
 複数形のあるもの：Familie 家庭　　Gruppe グループ　　Volk 民族

注1 本来，複数形を作らない集合名詞でも，**種類**を表す場合に複数形を作るものもあります（たとえばUnkraut「雑草」→（種類）Unkräuter；→ 118 頁）。

注2 常に複数形として扱う名詞もあります：Eltern 両親，Leute 人々。

③ 固有名詞

人や物の名前を表すもので，通常，無冠詞の単数形で使います。

 Hans ハンス　　Deutschland ドイツ

注 固有名詞は基本的に中性名詞扱いですが（→ 2.3 **注2**），定冠詞の付く川名，地名，国名には男性名詞や女性名詞や複数形のものもあります：**der** Rhein ライン川，**die** Donau ドナウ川；**der** Balkan バルカン半島，**die** Schweiz スイス；（複数形）**die** Alpen アルプス山脈，**die** Vereinigten Staaten アメリカ合衆国。

④ 物質名詞

定まった形のない物質を表すもので，通常，無冠詞の単数形で使います。

 Gold 金　　　Milch ミルク　　Schnee 雪　　　Zucker 砂糖

⑤ 抽象名詞

抽象的なことを表すもので，通常，無冠詞の単数形で使います。

 Geld お金　　Liebe 愛　　　Musik 音楽　　　Wetter 天気

ただし，不定冠詞と結びつくもの，複数形を作るものもあります。

 Gefühl 感情　　Traum 夢　　Ursache 原因　　Zufall 偶然

2　文法上の性

2.1　男性名詞，女性名詞，中性名詞

> a) **Der** Vater trinkt Bier.　　父親はビールを飲みます。
> b) **Die** Mutter trinkt Wein.　　母親はワインを飲みます。
> c) **Das** Kind trinkt Milch.　　子供はミルクを飲みます。

- 上例の青太字はすべて**名詞**で，黒太字の **der**，**die**，**das** は**定冠詞**。
- Vater, Mutter, Kind は主語ですが，それらの前に付いた定冠詞は，上例 a の場合 **der**，b の場合 **die**，c の場合 **das** になっています。このように，定冠詞（→ 156 頁）の形（**語尾**）は名詞によって変わります。すなわち，名詞には**文法上の性**というものが ─ 直接見ることができませんが ─ **内在**していて，それに応じて冠詞の形が変わるのです。

  > 注 上述のことを少し理屈っぽく言うと，付ける冠詞が異なるのは，名詞の中にそのことを引き起こす**何かがある**と考え，それを**文法上の性**と名付けているのです。

- 主語になる場合，上例 a のように，定冠詞が **der** になる名詞の**文法上の性**を**男性**，そのような名詞を**男性名詞**と呼びます。b のように，定冠詞が **die** になる名詞の**文法上の性**を**女性**，そのような名詞を**女性名詞**と呼びます。c のように，定冠詞が **das** になる名詞の**文法上の性**を**中性**，そのような名詞を**中性名詞**と呼びます。

					類例		
Vater	父	→	***der***	→	男性名詞	類例	Sohn 息子
Mutter	母	→	***die***	→	女性名詞	類例	Tochter 娘
Kind	子供	→	***das***	→	中性名詞	類例	Baby 赤ん坊

2.2 文法上の性と生物学上の性

a)	**der** Mann 男性	**die** Frau 女性	**das** *Baby* 赤ん坊
b)	**der** Hengst 雄馬	**die** Stute 雌馬	**das** *Fohlen* 仔馬
c)	**der** Mensch 人間	**die** Person 人	**das** Pferd 馬
d)	**der** Lehrer 教師一般；男性教師	─ **die** Lehrerin 女性教師	

- 上例の a は**人を表す名詞**，b は**動物を表す名詞**。左側の 2 語は**文法上の性**の名称「**男性**」「**女性**」と**生物学上の性**とが合致します。3 語目の最後の語（イタリック体）は，性別を問題にしていないという意味で，**文法上の性**の名称「**中性**」と**生物学上の性**とが合致します。
- 上掲の 2.1 で，**der** の付く名詞の文法上の性を**男性**，**die** の付く名詞の文法上の性を**女性**，**das** の付く名詞の文法上の性を**中性**と呼ぶと述べましたが，それは，基本的に，**der** が付く名詞は生物学上の**男性**を，**die** が付く名詞は生物学上の**女性**を，**das** が付く名詞は性別に関して**中性**のものを表すことに基づいています。
- 上例 c の名詞は，性別の意識を越え，**対象物一般**を表します。これらの名詞

の場合，文法上の性，したがって，それを「具現化」する定冠詞（青太字）も，生物学上の性に関係なく決まっています。

注1 動物に関して，以下のような区別が見られます。

	総称	オス	メス	子ども
牛	**das** Rind	— **der** Stier, **der** Bulle	— **die** Kuh	— **das** Kalb
豚	**das** Schwein	— **der** Eber	— **die** Sau	— **das** Ferkel
鶏	**das** Huhn	— **der** Hahn	— **die** Henne	— **das** Küken

注2 男性名詞あるいは女性名詞が**対象物一般**を表すこともあります。
〈男性形〉Hund 犬, Tiger トラ　〈女性形〉Maus ネズミ, Gans アヒル

- 上例 d は，男女の差異を明示化する必要に基づき，接尾辞 -in によって女性形が作られた名詞ペア（→ 277 頁）。特に複数形の場合，男女を対比する必要があるならば，下例 a のように両者を対比的に使いますが，対比的でない場合でも，b のように両者を並列すべきであるとの主張があります。

    a) In den Grundschulen gibt es mehr **Lehrerinnen** als **Lehrer**.
      基礎学校では，男性教員の数よりも女性教員の数の方が多い。

    b) Liebe **Teilnehmerinnen** und **Teilnehmer**!
      参加者のみなさん！

    Studentinnen und **Studenten**!　学生のみなさん！

    注 女子学生も含め，「学生」と言う場合，**StudentInnen** と書くこともありますが，現在は **Studierende** という言い方（現在分詞の名詞的用法）が好まれています。

2.3　事物を表す名詞の文法上の性

a) Frühling 春	Sommer 夏	Winter 冬	→	男性名詞
b) Üb**ung** 練習	Send**ung** 放送	Zeit**ung** 新聞	→	女性名詞
c) Essen 食事	Leben 人生	Treffen 会合	→	中性名詞

- 上掲の名詞は生物学上の性と無関係な事物を表しますが，このような名詞にも文法上の性があります。性別のはっきりしている場合も含めて，文法上の性は最終的には辞書によって調べる以外に方法がありません。ただし，たとえば，上例 a の男性名詞は**四季**を表すもので，b の女性名詞は語尾が **-ung** のもので，c の中性名詞は不定詞からの**派生名詞**です。

- 略語の文法上の性は，基礎語の文法上の性を引き継ぐ形で決まります。

  der LKW（< **der** Lastkraftwagen トラック）
  die Kripo（< **die** Kriminalpolizei 刑事警察）

2.4 文法上の性の細則

① 男性名詞
a) 生物学上の性　　　　　Bruder 兄弟　　　　Kater 雄猫
b) 季節名　　　　　　　　Herbst 秋（上掲の囲みの例も参照）
c) 月名　　　　　　　　　April 4月　　　　　Mai 5月
d) 曜日名　　　　　　　　Sonn**abend** 土曜　　Sonn**tag** 日曜
e) 方位　　　　　　　　　Osten 東　　　　　　Westen 西
f) 気象現象　　　　　　　Regen 雨　　　　　　Schnee 雪
g) 接尾辞 **-er**, **-ler**, **-ling** の，主に人を表す名詞
　　　　　　　　　　　　Fah**rer** 運転手　　　Künst**ler** 芸術家
　　　　　　　　　　　　Flücht**ling** 難民　　Schmetter**ling** 蝶々
h) 接尾辞 **-ismus** の名詞　　　　　　　　　　Buddh**ismus** 仏教
i) 動詞の語幹による派生名詞　　　　　　　　　Tanz ダンス（< tanzen）

② 女性名詞
a) 生物学上の性　　　　　Großmutter 祖母　　Kuh 雌牛
b) 接尾辞 **-in** の，人を表す名詞　　　　　　　Enkel**in** 孫娘（< der Enkel）
　　　　　　　　　　　　Ärzt**in** 女医（< der Arzt）
c) 接尾辞 **-e** の名詞　　Rose バラ　　　　　Straß**e** 通り
d) 接尾辞 **-ung** / **-heit** / **-keit** / **-schaft** の名詞
　　　　　　　　　　　　Regier**ung** 政府　　Frei**heit** 自由
　　　　　　　　　　　　Fähig**keit** 能力　　Freund**schaft** 友情

③ 中性名詞
a) **-chen** / **-lein** で終わる縮小名詞
　　　　　　　　　　　　Mäd**chen** 女の子　　Bäch**lein** 小さな川（< Bach）
b) **Ge-** を持つ集合名詞　**Ge**schirr 食器類　　**Ge**treide 穀物
c) 不定詞の名詞化　　　　Schweigen 沈黙　　　Vertrauen 信頼

注1 **-nis** で終わる名詞は中性名詞か女性名詞のどちらかになります。
　das Geheimnis 秘密（中性名詞）　　**die** Erlaubnis 許可（女性名詞）
注2 国名，地名は，一部を除いて（→ 108頁 **注**），無冠詞で使いますが，形容詞を付ける場合，**中性名詞**に準じます。
　das neue Deutschland 新生ドイツ
　das heutige Berlin 今日のベルリン
　das sonnige Italien 陽光あふれるイタリア
また，**男性名**は男性名詞，**女性名**は女性名詞になります。
　der dumme Peter　　愚かなペーター
　die heilige Anna　　聖アンナ

> **注3** **文法上の性**を複数個持つ名詞。
> **der / das** Bereich 範囲　　**der / das** Meter メートル
> **der / das** Teil 取り分　　**der / das** Liter リットル
>
> **注4** 意味の区別に応じて，文法上の性が異なる多義の名詞。
> **der** Band（本の）巻　　**das** Band リボン
> **der** Gehalt 含有量　　**das** Gehalt 給料
> **der** Leiter 指導者　　**die** Leiter はしご
> **der** See 湖　　**die** See 海
> **die** Steuer 税　　**das** Steuer 舵
>
> **注5** 合成名詞の文法上の性は，基礎語に基づきます。
> **der** Deutschlehrer　ドイツ語教師　← das Deutsch ＋ **der** Lehrer
> **das** Wörterbuch　　辞書　　　　← die Wörter ＋ **das** Buch

3　数（すう）

- ドイツ語では，名詞を使う場合，①数えられるものなのか（可算），数えられないものなのか（不可算），さらに，可算の場合，②一つなのか，二つ以上なのかを常に意識しなければなりません。

3.1　単数形と複数形

> 1　　Wir müssen **Geduld** haben.　　私たちは我慢しなければなりません。
> 2　a) Er hat **ein Wörterbuch**.　　彼は辞書を 1 冊持っています。
> 　　b) Er hat **zwei Wörterbücher**.　　彼は辞書を 2 冊持っています。

- 上例 1 の **Geduld** は不可算。2 の **Wörterbuch**（**Wörterbücher**）は可算。**1 冊**の場合と **2 冊以上**の場合とで名詞の形が異なります。
- 名詞の表すものが可算で，かつ一つである場合に使う形を単数形，二つ以上の場合に使う形を複数形と呼びます。したがって，単数形と複数形の対立は，本来，可算の名詞の場合に問題になるのですが，複数形のない不可算の名詞，たとえば上例 a の抽象名詞（Geduld 忍耐）や物質名詞（Wasser 水）も，文法上，単数形と同一の振る舞いをするため，単数形と呼びます。

　　①数えられないもの
　　②数えられるものが一つ　　＞　　単数形
　　③数えられるものが二つ以上　―　　複数形

> **注1**　**数**（すう）は名詞が表す現実界の対象物の「加算性」に基づくものです。冠詞類，付加語としての形容詞でも数（すう）が問題になりますが（→第 3 章，第 5 章），

これは，結びつく名詞の数（すう）に呼応する形で問題になるものです。また，定動詞にも数（すう）が問題になりますが，これも結びつく主語の数（すう）に呼応する形で問題になるものです。
注2 集合名詞の数は→ 108 頁。

3.2 複数形の作り方（名称はそれぞれの文法書で異なります。）

		単数形		複数形
① 無語尾タイプ	a)	Lehrer	先生	**Lehrer**
	b)	Apfel	リンゴ	**Äpfel**
② -e タイプ	a)	Freund	友人	**Freunde**
	b)	Gast	客	**Gäste**
③ -er タイプ	a)	Kind	子ども	**Kinder**
	b)	Buch	本	**Bücher**
④ -[e]n タイプ	a)	Frau	女性	**Frauen**
	b)	Frage	質問	**Fragen**
		Insel	島	**Inseln**
⑤ -s タイプ		Auto	車	**Autos**

- 複数形の主なタイプとして，上表のような5つのタイプがあります。名詞は，通常，単数形で覚えますので，複数形は単数形からどのようにして作るかを学ぶことになります。

上掲の①の複数形は，単数形と**同形**（単複同形）。**無語尾タイプ**と呼びます。ただし，bのように複数形の母音がウムラウトするものもあります。
②の複数形は，単数形に**語尾 -e** が付いたもの。**-e タイプ**と呼びます。ただしbのように複数形の母音がウムラウトするものもあります。
③の複数形は，単数形に**語尾 -er** が付いたもの。**-er タイプ**と呼びます。ただしbのように複数形の母音がウムラウトするものもあります。
④の複数形は，aの場合，単数形に**語尾 -en** が，bの場合，単数形に**語尾 -n** が付いたもの。この両者をまとめて **-[e]n タイプ**と呼びます。
⑤の複数形は，単数形に**語尾 -s** が付いたもの。**-s タイプ**と呼びます。

注 複数形の作り方は多様ですが，これらには「複数個（二つ以上）のものを表す」という共通の意味を認めることができるため，「**複数**」という一つのカテゴリーにまとめます。名詞がどの複数形タイプに属するかは，原則上，辞書による以外，知る方法がありません。

3.3 各タイプの細則

- **無語尾タイプ**には，語幹末尾が以下のような男性名詞と中性名詞が属します。男性名詞の場合，ウムラウトするものとしないものがあります。

  ① **-el**, **-en**, **-er** で終わる男性名詞と中性名詞

  〔男性〕Spieg**el** 鏡　　　Rück**en** 背中　　Gärtn**er** 庭師　　Arbeit**er** 労働者
  〔中性〕Mitt**el** 手段　　　Zeich**en** 合図　　Fenst**er** 窓　　　Must**er** 模範

  ② **-chen**, **-lein** で終わる中性名詞（縮小名詞）

  Känn**chen** 小さなポット　（< die Kanne）
  Vög**lein** 小さな鳥　　　　（< der Vogel）

  > **注1** ウムラウトに関して，以下の3タイプがあります。
  > ①ウムラウトするもの：Vogel 鳥 → Vögel, Bruder 兄弟 → Brüder
  > ②可能だけど，しないもの：Wagen 車, Ausländer 外国人, Onkel おじ
  > ③ウムラウトの不可能なもの：Fehler 間違い, Zimmer 部屋, Schüler 生徒
  >
  > **注2** **Ge-** + **-e** の形を取る中性の集合名詞もこのタイプに属します。
  > Gebirge 山脈　　Getreide 穀物
  >
  > **注3** このタイプに属する**女性名詞**は幹母音がウムラウトする以下の二つだけです。
  > Mutter 母 → Mütter　　Tochter 娘 → Töchter

- **-e タイプ**には，ウムラウトするものとしないものがあります。

  ① ウムラウトしないもの

  〔男性〕Brief 手紙　　— Brief**e**　　　Hund 犬　　— Hund**e**
  　　　　Tag 日　　　 — Tag**e**
  〔中性〕Jahr 年　　　 — Jahr**e**　　　Haar 髪　　— Haar**e**

  ② ウムラウトするもの

  〔男性〕Baum 木　　　— B**äu**m**e**　　Sohn 息子　— S**ö**hn**e**
  　　　　Zug 列車　　 — Z**ü**g**e**
  〔女性〕Hand 手　　　— H**ä**nd**e**　　Maus ネズミ — M**äu**s**e**
  　　　　Nuss クルミ — N**ü**ss**e**

  > **注** -nis に終わる中性名詞と女性名詞の複数形は語末 -nis が -nisse になります。これは，語末の i が短母音であることを明示するためです（単に ...nise にすると，［…ニーゼ］と読まれる危険性が生じます）。また，長母音で読まれる危険性という同じ理由で，短母音 + s で終わる名詞の場合も，語末 -s にもう一つ s を付けて -sse にします。
  > das Geheimnis 秘密　→ Geheim**nisse**　　die Kenntnis 知識　→ Kennt**nisse**
  > der Bus バス　　　　→ Bu**sse**　　　　　 der Globus 地球儀　→ Globu**sse**

- **-er タイプ**には，ウムラウトするものとしないものがありますが，ウムラウトが可能な場合は必ずウムラウトします。

① ウムラウトしないもの
　　〔男性〕Geist 精神　　　— Geister
　　〔中性〕Ei 卵　　　　　— Eier　　　　Bild 絵　　　— Bilder
② ウムラウトするもの
　　〔男性〕Gott 神　　　　— Götter　　　Mann 男　　　— Männer
　　〔中性〕Blatt 葉　　　　— Blätter　　　Haus 家　　　— Häuser
　　　　　Wort 単語　　　— Wörter　　　Buch 本　　　— Bücher

- **-[e]n タイプ**には，**-en** を付けるものと **-n** だけを付けるものとがあります。ウムラウトするものはありません。

① **-en** を付ける名詞
　　〔男性〕Staat 国家, 州　— Staaten
　　〔女性〕Pflicht 義務　　— Pflichten　　Meinung 意見　— Meinungen
　　〔中性〕Bett ベッド　　— Betten　　　Insekt 昆虫　　— Insekten

注1 語末が -e（下の②）以外の男性弱変化名詞（→ 4.1.4）はこのタイプです。
　　Mensch 人間　　Polizist 警官　　Präsident 大統領　　Student 学生
注2 接尾辞 -heit, -keit, -schaft, -ung の女性名詞はこのタイプに属します。
　　Wahrheit 真実　　Fähigkeit 力　　Mannschaft チーム　　Erfindung 発明
注3 接尾辞 -in の女性名詞，たとえば Ärztin「女医」の複数形は語末 -in が -innen になります。これは，語末の i が短母音であることを明示するためです（単に ..inen にすると ［... イーネン］と読まれる危険性が生じます）。
　　Freundin 女友達 → Freundinnen　　Lehrerin 女性教師 → Lehrerinnen

② **-n** のみを付ける名詞
　　〔男性〕Muskel 筋肉　　— Muskeln
　　　　　〈語末が **-e** の男性弱変化名詞〉
　　　　　Affe サル　　　— Affen　　　　　Hase ウサギ　— Hasen
　　　　　Löwe ライオン　— Löwen

注 単数2格が **-ns** になるものもあります。
　　Gedanke 考え → *des* Gedankens　　Name 名前 → *des* Namens

　　〔中性〕Auge 目　　　　— Augen　　　Ende 終わり　— Enden
　　〔女性：語末が -e, -el, -er〕
　　　　　Frage 質問　　　— Fragen　　　Blume 花　　 — Blumen
　　　　　Insel 島　　　　— Inseln　　　Regel 規則　　— Regeln
　　　　　Feder 羽　　　　— Federn
　　　　　Schwester 姉妹　— Schwestern

> **注** 語尾 -n を付けるのは，語末が -e あるいは弱音節の e を含む -**el**, -**er** の名詞の場合です。これらの名詞も本来 -en を付けるのですが，語末が -**e** の場合は，語尾 -en を付けると，e が重複してしまうため（たとえば Frage → ［誤］Frage-**en**），-en の e を省くのです。また，語末が -**el**, -**er** の場合は，語尾 -en を付けると，弱音節の e が連続してしまうため（たとえば Insel → ［誤］Insel-en），-en の e を省くのです（→ 284 頁）。以上のように，語尾 -n を付ける名詞は，語尾 -en を付ける名詞のバリエーションであるため，通常，両者を一つにまとめて，-[e]n タイプと表記します。

- **-s タイプ**には，特に英語やフランス語からの外来語に多く見られます。

  〔男性〕Zoo 動物園 — Zoos　　　　Job アルバイト — Jobs
  〔女性〕Bar バー　　— Bars
  〔中性〕Auto 車　　 — Autos　　　Büro オフィス — Büros
  　　　　Foto 写真　 — Fotos　　　Hotel ホテル　— Hotels

  > **注1** 名詞を基礎語とする複合名詞の複数形は基礎語を複数形にします。
  > der Bahn**hof** 駅　→ Bahn**höfe**　　die Hals**tuch** スカーフ → Hals**tücher**
  > **注2** 主に外来語に不規則な複数形を作る名詞があります。
  > die Firma 会社　→ Firm**en**　　　　das Museum 博物館　→ Muse**en**
  > das Thema テーマ → Them**en**
  > **注3** 複数の**語義**を持ち，それに応じて，**複数形**が異なる名詞もあります。
  > die Bank　① ベンチ（複数形 **Bänke**）　② 銀行（複数形 **Banken**）
  > das Wort　① 単語（複数形 **Wörter**）　② 言葉（複数形 **Worte**）
  > **注4** 複数の語義に応じて**文法上の性**と**複数形**が異なる名詞もあります。
  > Band　　① (**男性**)（本の）巻　→ 複数形 **Bände**
  > 　　　　② (**中性**) リボン　　　→ 複数形 **Bänder**
  > Leiter　① (**男性**) 指導者　　　→ 複数形 **Leiter**
  > 　　　　② (**女性**) はしご　　　→ 複数形 **Leitern**
  > Steuer　① (**女性**) 税　　　　　→ 複数形 **Steuern**
  > 　　　　② (**中性**) 舵　　　　　→ 複数形 **Steuer**

3.4　単数形名詞と複数形名詞

---
1 a) Regen 雨　b) Obst 果物　c) Glück 幸福　d) Ben ベン（男子名）
2 a) Eltern 両親　b) Kosten 費用　c) Ferien 休暇　d) Pocken 天然痘
　e) *die* USA アメリカ合衆国

- 上例 1 の a は物質名詞，b は集合名詞，c は抽象名詞，d は固有名詞。これらには，基本的に単数形しかありません。単数形しかない名詞は**単数形名詞**と呼びます。これらの名詞が複数形を作る例外的な場合は → 3.5。

〔類例〕 物質名詞：Gold 金　　　　Schnee 雪　　　　Zucker 砂糖
　　　　集合名詞：Gepäck 荷物　　　Polizei 警察　　　Vieh 家畜
　　　　抽象名詞：Dank 感謝　　　　Liebe 愛　　　　　Vertrauen 信頼
　　　　固有名詞：Hans ハンス　　　Japan 日本

● 上例2のaは人の集団，bは個別的事物の集合体，cは祝祭，dは病名，eは地名。これらは，複数形でしか使わないため，**複数形名詞**と呼びます。

〔類例〕 人の集まり：Geschwister 兄弟姉妹　　　　Leute 人々
　　　　個別的事物の集合体：Einkünfte 所得　　　Unkosten 雑費
　　　　祭日：Flitterwochen ハネムーン
　　　　病名：Masern はしか　　　　　　　　　　Röteln 風疹
　　　　国名，地名：*die* Niederlande オランダ　　*die* Alpen アルプス

注1 次のものも，通常，複数形で使います。
　Lebensmittel 食料品　　　Möbel 家具　　　Spaghetti スパゲッティ
　Spirituosen 度の強い酒類　　Zinsen 利子

注2 本来，何日も続くため，複数形で使っていた祝祭名詞（Weihnachten「クリスマス」，Pfingsten「聖霊降臨祭」，Ostern「復活祭」など）は，今日では単数形・無冠詞での使用が規範になりつつあります。
　　Weihnachten ist das schönste Fest des Jahres.
　　クリスマスは一年で一番素敵な祝祭です。
ただし，特に南ドイツ，オーストリア，スイスでは，複数形名詞としての使用も多く見られます。また，挨拶言葉としては複数形名詞としての扱いが一般的です。
　　Frohe Weihnachten!　クリスマス，おめでとう！

注3 一部の名詞は，複数概念をそのまま一つのまとまりと捉え，「複数形の複数形」を作ることがあります：die beiden Eltern 両方の両親。

3.5　単数形の特殊な用法

> a) Der **Mensch** ist sterblich.　　　　　　人間は死ぬものです。
> b) Alle hoben die rechte **Hand**.　　　　　みんな右手を挙げました。
> c) Er hat ein gutes **Auge**.　　　　　　　彼は目がいい。
> d) Er hat drei **Glas** Bier getrunken.　　 彼はビールを3杯飲みました。
> e) Dieses Buch kostet 20 **Euro**.　　　　　この本の値段は20ユーロです。

● 上例の青太字の名詞は，文の意味などから，複数のものが想定されますが，**単数形**になっているものです。
　① 上例aは，対象物を個別的でなく，**一つのまとまりと捉える場合**。**人間全**

体を一つのまとまりと捉えています。

(類例) Das **Auto** ist ein Verkehrsmittel.
　　　　自動車は交通手段です。

② 上例 b は，主語の一人ひとりから見て，対象物が一つと捉える場合（人の挙げる手は一本）。特に**身体部位**の表現に見られます。

(類例) Alle drehten sofort ihren **Kopf**.
　　　　みんなすぐに振り向きました。

③ 上例 c は，名詞の表すものの機能を表す場合。この種の使い方も，特に**身体部位**の表現に見られます。

(類例) Sie haben den **Kopf** verloren.
　　　　彼らは度を失ってしまいました。

④ 上例 d は，**容器**そのものでなく，量の単位を表す場合（男性名詞と中性名詞の場合に限られます）。

(類例) zwei **Krug** Bier　　ジョッキ 2 杯のビール
　　　　drei **Fass** Bier　　ビール 3 樽

注1 複数形も，時折，使われます：vier **Gläser** Bier ビール 4 杯。
注2 末尾が -e の女性名詞は複数を使います。
　zwei **Tassen** Tee　　紅茶 2 杯　　　drei **Kannen** Kaffee コーヒー 3 ポット
　vier **Kisten** Wein　ワイン 4 箱

⑤ 上例 e は，貨幣の単位を表す場合。

(類例) Ein Euro hat 100 **Cent**.
　　　　1 ユーロは 100 セントです。

注 複数個のものが想定されても，言語習慣的に単数形を使うことがあります。たとえば名詞 Hinsicht は複数を表す viel と結びついても，通常，単数形で，また，冠詞類 mancher は，複数個のものが想定されますが，単数形でも使います（→ 169 頁）。
　In **vieler Hinsicht** hatte er recht.　多くの点で彼の言うことは正しかった。
　manches Mal　何度も（= manchmal）

3.6　複数形の特殊な用法

---
a) Hier gibt es verschiedene **Biere**.　ここには色々なビールがあります。
b) die beiden **Deutschland**　　　　　（統一前の）両ドイツ
c) Mach keine **Dummheiten**!　　　　馬鹿なことはやめろ！

● 本来，単数形名詞である**物質名詞**，**固有名詞**，**抽象名詞**も，個別的かつ具体

的なものを想定できる（想定する）場合，複数形を作ります。

① 上例 a の青太字は**物質名詞** Bier の複数形。種類を表す場合，**物質名詞**も複数形を作ります。

(類例)　in- und ausländische **Weine**
　　　　国産と外国産のワイン

② 上例 b の青太字は**固有名詞** Deutschland の複数形（複数語尾 -s が付く場合もあります）。同一名の複数の人，国，地名などを表す場合，固有名詞も複数形を作ります。

(類例)　Es gibt mehrere **Pauls** in der Klasse.
　　　　このクラスにはパウルという名前の人が何人もいます。

注　姓の複数形は家族の意味でも使います。
　　Wir gehen zu **Müllers**.　私たちはミュラーさんのところに行きます。

③ 上例 c の青太字は**抽象名詞** Dummheit の複数形。その種の具体的な行為や事物を表す場合，抽象名詞も複数形を作ります。

(類例)　Brutalität　残虐さ → Brutalitäten　残虐行為
　　　　Schönheit　美しさ → Schönheiten　景色の美しいところ

注　抽象名詞には，複数形の方をむしろ好んで使うものもあります。
　　Ich habe seit gestern **Zahnschmerzen**.　　私は昨日から歯が痛みます。
　　Die **Verhandlungen** wurden unterbrochen.　交渉は中断されました。
　　In dieser Hinsicht habe ich gar keine **Sorgen**.
　　この点に関して私は全然心配していません。

コラム　物事の捉え方と数（すう）

単数形と複数形の使用は，基本的に，対象物を人間が可算と捉えるかどうか，すなわち対象物を人間がどう捉えるかという言語的把握次第なのです。たとえば「彼は髪がブロンドです」と言う場合，

　Er hat blondes **Haar** <blonde **Haare**>.

のように，単数形でも複数形でも表現できます（後者の方が多いようですが）。人間の髪の毛は，全体を一かたまりのものと捉えることも（単数形），一本一本の髪の集まりと捉えることも（複数形）可能なのですね。なお，「多い」と考えるか，「少ない」と考えるかも人間の気持ちの持ちよう次第のようです。

　Ein Haar auf dem Kopf ist zu wenig, **ein Haar** in der Suppe ist zu viel.
　頭の上の一本の髪の毛は少な過ぎる，スープの中の一本の髪の毛は多過ぎる。

4 格

- 名詞と文中の他の語句との間に成り立つ結合的**意味関係**を格と言います。ドイツ語の場合，1格，2格，3格，4格と呼ぶ**4つの**格があります。
- **名詞句**（→ 注1）の**冠詞類**，**形容詞**，**名詞**は，2で述べた**文法上の性**，3で述べた**数**（すう），そしてここで述べる格に基づき，形を変えます。このことを格変化と呼びます。

注1 文中での名詞は，通常，単独では使わず，冠詞類や付加語を伴います。このような，名詞を核として，他の語句が結びついたものを**名詞句**と呼びます。

注2 **文法上の性**は基本的に意味内容を持たない単なる文法上の決まり，**数**（すう）は名詞が指し示す現実界の対象物の「加算性」に，**格**は文中における名詞の，他の語句との結合的意味関係に基づくものです。

- ここでは，まず，**定冠詞と不定冠詞**の付いた**名詞句についてのみ**，それらの格変化がどうなるかを示し，次に，**4つの**格の用法について述べることにします。定冠詞，不定冠詞以外の冠詞類は→第3章，形容詞は→第5章。

4.1 格変化
4.1.1 定冠詞 + 名詞，不定冠詞 + 名詞

		男性名詞「庭」	女性名詞「町」	中性名詞「家」	複数「家々」
a)	1格	d**er** Garten	d**ie** Stadt	d**as** Haus	d**ie** Häuser
	2格	d**es** Garten**s**	d**er** Stadt	d**es** Hause**s**	d**er** Häuser
	3格	d**em** Garten	d**er** Stadt	d**em** Haus	d**en** Häuser**n**
	4格	d**en** Garten	d**ie** Stadt	d**as** Haus	d**ie** Häuser
b)	1格	ein Garten	ein**e** Stadt	ein Haus	
	2格	ein**es** Garten**s**	ein**er** Stadt	ein**es** Hause**s**	
	3格	ein**em** Garten	ein**er** Stadt	ein**em** Haus	
	4格	ein**en** Garten	ein**e** Stadt	ein Haus	

- 上例aは定冠詞 + 名詞，bは不定冠詞 + 名詞の格変化した形（=格変化形）。
- **定冠詞**と**不定冠詞**の場合，名詞の文法上の性と数（すう）と格に基づき，形が大きく変わります。黒太字部分（**d-** と **ein-**）が定冠詞と不定冠詞の語幹。青太字の部分は，格に応じて変化する部分なので，格語尾と呼びます。
- 名詞の場合，格語尾は，男性名詞と中性名詞の単数2格で -s か -es が，複数3格で -n が付くだけです。

第 1 節　名詞

以上のことをまとめると，以下のようになります。

〈**A**〉**単数**の場合
① 定冠詞と不定冠詞は，名詞の**文法上の性**と**格**に応じて，形を変える。
② 名詞は，**男性名詞**と**中性名詞**の **2 格**で，語尾 **-s** か **-es** を付ける。両者の使い分けは→次の 4.1.2
③ **女性名詞**の場合，どの格でも語尾は付けない。

注 決まった言い回しでは，古い 3 格語尾 -e が保持されていることがあります。
　nach Haus**e** gehen 帰宅する　　zu Haus**e** sein 在宅している

〈**B**〉**複数**の場合
① 定冠詞の変化は **1 種類**のみ。不定冠詞の複数形はない。
② 名詞は **3 格**で語尾 **-n** を付けるのみ。ただし，複数形の末尾が **-n** / **-en** か **-s** の場合，この語尾 -n も付けない。

das Haus	→	die Häuser	→	3 格	den Häuser**n**　（n を付ける）
der Garten	→	die Gärte**n**	→	3 格	den Gärten　（語末が -n）
die Tür	→	die Türe**n**	→	3 格	den Türen　（語尾が -en）
das Auto	→	die Auto**s**	→	3 格	den Autos　（語尾が -s）

4.1.2　単数 2 格語尾 -s と -es の使い分け

a) 男性名詞：**des** Garten**s**　　　**des** Fluss**es**　　川
b) 中性名詞：**des** Haus**es**　　　**des** Märchen**s**　おとぎ話

● 上例は，男性名詞と中性名詞の 2 格形です。2 格語尾 **-s** と **-es** の**使い分け**は**口調上**の問題です（文法上の性とは無関係です）。その使い分けは，次のようにまとめられます。

〈**A**〉**-es**
① 末尾が **-s**, **-ss**, **-ß**, **-chs**, **-x**, **-z**, **-tz** の場合，**必ず** -es

Glas グラス	Kuss キス	Fuß 足	Fuchs 狐
Reflex 反射光	Paradox 逆説	Scherz 冗談	Witz ウイット

注1 末尾が **-zt** の der Arzt「医者」も 2 格語尾が必ず -es。
注2 名詞末尾の **-nis** の場合，語末の i が短母音であることを明示するため，s を重複させ，-nisses とします：das Zeugnis 証明書 — des Zeug**n**isses。→ 114 頁。

② 末尾が **-sch**, **-tsch**, **-st** の場合，**原則的に** -es

Fisch 魚　　　Wunsch 願い　　　Kitsch（芸術上の）まがいもの
Obst 果物　　Verlust 損失

③ (①を除き) 1音節および末尾に複数子音の場合，通常 -es

Brot パン　　　Weg 道　　　Sohn 息子　　　Tuch 布
Dank 感謝　　　Hund 犬　　　Wort 単語　　　Sumpf 沼地

〈B〉 -s

① 末尾が -er, -ler, -ner, -en, -chen, -end, -el, -em, -lein, -ling, -ig, -ich, -ing の複数音節の場合，必ず -s

Lehrer 教師　　　Künstler 芸術家　　　Rentner 年金生活者
Wagen 車　　　Mädchen 女の子　　　Abend 晩　　　Hügel 丘
Atem 息　　　Vöglein 小鳥　　　Frühling 春　　　König 王
Teppich じゅうたん　　　　　　　Hering ニシン

注 これらの名詞に語尾 -es を付けると弱音節の e が連続するため，必ず語尾が -s になるのです（→ 284頁）。末尾が -sal の場合も 2 格語尾は必ず -s (das Schicksal 運命 — des Schicksals)。

② 上掲の①以外でも末尾音節にアクセントがない複数音節の場合，通常 -s

Mitleid 同情　　　Urlaub 休暇　　　Vorteil 長所　　　Zufall 偶然

③ 末尾がアクセントのある母音（「母音 + h」も含む）の場合，原則的に -s

Schnee 雪　　　Zoo 動物園　　　Büro オフィス　　　Schuh 靴

ただし，二重母音の場合は，通常，-s になります。

Bau 建設　（des Baus > des Baues）
Tau 露　　（des Taus > des Taues）

④ 語末音節にアクセントが置かれる外来語の場合，-s

Abitur アビトゥーア（大学入学資格試験）　　　Klavier ピアノ

ただし末尾が弱音節で，かつ -s で終わる場合，通常，無語尾になります。

Rhythmus リズム

注1 定冠詞を伴う月名（**der** Januar「1月」など），曜日名（**der** Montag「月曜日」など），製品名（**das** Aspirin「アスピリン」など）の 2 格語尾は，定冠詞 des によって格が明示されるため，無語尾の形も使います。

注2 上記の規則に当てはまらない場合，名詞の 2 格語尾を -s にするか，-es にするかは，口調上や文体上の観点から独自に判断する必要があります。上記の規則からの，口調上や文体上の要因に基づく逸脱事例はめずらしくはありません。また，最近は，1 音節の名詞も含め，-s をとる傾向が強まっています。

注3 2 格語尾の記載方法は辞書によって異なります。確認が必要です。

4.1.3 固有名詞の2格語尾

> a) **Anna**s Liebe　　　　　アンナの恋
> b) die Einwohner **Berlin**s　ベルリンの住民

- 上例の **Anna** と **Berlin** は固有名詞。固有名詞の2格には女性名でも **-s** を付けます。通常，修飾する名詞の前に付けますが（特に短い固有名詞の場合），修飾される語に冠詞が付いている場合は後ろに置きます。

  〔類例〕　Pauls Onkel　ポールのおじさん　　　Bachs Musik　バッハの音楽
  　　　　Berlins Museen　ベルリンの博物館
  　　　　die Hauptstadt Deutschlands　ドイツの首都

  〔注1〕 語末が -s, -z などの場合，アポストロフィを付けるか，von 前置詞句を使います（口語では von 前置詞句）。
  　Günter Grass' Roman „Die Blechtrommel"
  　＝ der Roman **von** Günter Grass „Die Blechtrommel"
  　　　ギュンター・グラスの『ブリキの太鼓』
  　die Parks **von** Paris　パリの公園

  〔注2〕 無冠詞の地名に冠詞類と形容詞が付く場合，通常，2格語尾は省かれます。
  　der Anfang vom Ende **des alten Europa**　古いヨーロッパの終わりの始まり

  〔注3〕 定冠詞の付く固有名詞は，格変化の一般的規則に従い，2格形を作ります。
  　die Quelle **des Rheins**　ライン川の源

4.1.4 男性弱変化名詞

	a) -en		b) -n		c) 特殊例	
der	Student	学生	Kollege	同僚	Name	名前
des	**Studenten**		**Kollegen**		**Namens**	
dem	**Studenten**		**Kollegen**		**Namen**	
den	**Studenten**		**Kollegen**		**Namen**	

- 上例はすべて**男性名詞**。ただし 2格・3格・4格 で，a の Student は格語尾が一様に **-en**，b の Kollege は格語尾が一様に **-n**。このような格変化をする男性名詞を**男性弱変化名詞**と呼びます。なお，c の Name のように，2格語尾が **-ns** になる特殊なものもあります。

《**-en** の類例》
① 1音節語

Mensch 人間　　　　Prinz プリンス　　　Narr 馬鹿　　　Held 英雄
② 末尾が -**at**, -**ant**, -**ent**, -**ist** などの外来語
Kandid**at** 候補者　　　Elef**ant** 象　　　　Präsid**ent** 大統領
Pol**izist** 政治家　　　Pil**ot** パイロット　　Plan**et** 衛星

《**-n** の類例》
① 生物を表す名詞
Affe 猿　　　　　　　Hase ウサギ　　　　Löwe ライオン
Laie 素人　　　　　　Sklave 奴隷
② 国民の名称
Chinese 中国人　　　　Franzose フランス人　　Pole ポーランド人
③ 職業名
Biologe 生物学者　　　Pädagoge 教育学者　　Psychologe 心理学者

注1 これらの名詞の, 辞書での記載方法は様々ですので, 確認が必要です。
注2 以下の名詞も Name と同一の格変化をします。
　der Gedanke 考え ― des Gedanke**ns**　　der Wille 意志 ― des Wille**ns**
注3 以下の2つの名詞は, 単数形で, 特殊な格変化をします。
　der Herr 紳士 (des Herr**n**, dem Herr**n**, den Herr**n**)
　das Herz 心臓 (des Herz**ens**, dem Herz**en**, das Herz)

4.2　格の用法

● 初級文法では, 格の用法について, 通常, 1格は日本語の格助詞「**が**(**は**)」に, 2格は「**の**」に, 3格は「**に**」に, 4格は「**を**」に対応すると説明されます。これは初級用の便法なのですが, 以下, 個別的にそれぞれの用法を説明します。なお, 格の使用には, 名詞単独でのもの (前置詞を伴わないもの) と前置詞を伴うものがありますが, 後者は→第4章。

4.2.1　1格の用法

1　**Der Lehrer** ist glücklich, weil **die Studenten** fleißig **lernen**.
　　学生たちが熱心に学ぶので, 先生は幸せです。
2 a) Er ist **ein netter Mensch**.　　　　　　彼は親切な人です。
　 b) Das ist **das Auto unseres Lehrers**.　これは私たちの先生の車です。
　 c) Er wird **Lehrer**.　　　　　　　　　　彼は教師になります。
3　Hallo, **junger Mann**!　　　　　　　　　おい, 君!

- 上例1の **Lehrer** と **Studenten** は1格。主語（→ 248頁）として使います。
- 上例2のaの **Mensch** とbの **Auto** とcの **Lehrer** は1格。述語（→ 251頁）として使います。
  主語が**どのようであるか**を述べる場合，aのように不定冠詞の名詞句に，主語が特定されている**どれであるか**を述べる場合，bのように定冠詞（あるいはそれに類する冠詞類）の名詞句に，主語が**どのカテゴリーに属するものなのか**を述べる場合（どう呼ばれるものなのか，特に職業，国籍などを述べる場合），cのように無冠詞の名詞句になります。冠詞の詳細は→第3章。

  〔類例〕 Die Straßenbahn ist **ein Verkehrsmittel** aus alten Zeiten.
  　　　　路面電車は昔からの交通機関です。　　　　　　　　　（＝上例 a）
  　　　　Du bleibst **mein Freund**. 　君はずっと僕の友人だ。　（＝上例 b）
  　　　　Er ist **Österreicher**. 　　　彼はオーストリア人です。（＝上例 c）
  　　　　Sein Motto heißt **Geduld**. 　彼のモットーは忍耐です。（＝上例 c）

  注 「…を～と呼ぶ〈みなす〉」という意味の，目的語述語をとる他動詞の受動文では，目的語述語も1格になります。
  　　Man nennt ihn **einen Narren**. 　人は彼を愚か者と呼びます。
  　→ Er wird **ein Narr** genannt. 　彼は愚か者と呼ばれます。

- 上例3の **junger Mann** は呼びかけとしての1格。名詞の挙形（脈絡なく挙げる形）としても1格を使います。

  〔類例〕 ein schöner Tag　よき日

  注 単位表示としても使います。
  　Die Eier kosten 12 Euro **das Dutzend**. 　卵は1ダースで12ユーロです。

4.2.2　2格の用法

> a) Dort steht das Fahrrad **des Lehrers**. 　　そこに先生の自転車があります。
> b) Er ist nicht **guter Laune**. 　　　　　　　彼は機嫌がよくありません。
> c) **Eines Nachts** schneite es. 　　　　　　　ある夜，雪が降りました。
> d) Viele Menschen gedachten **der Opfer**. 　　多くの人が犠牲者を偲びました。

- 上例aの **Lehrers** は2格。名詞を修飾する付加語（→ 255頁）として使います。通常，修飾する名詞の後ろ。

  注1 固有名詞は，通常，前に置きます（→ 123頁）。
  　Wir sind alle **Gottes** Kreaturen. 　私たちは皆，神の創造物です。

なお，名詞に冠詞が付く場合は必ず後ろに置きます：der Wille **Gottes** 神の意志。

注2 2格を明示的に示す**冠詞類**や**形容詞**がない場合，固有名詞以外は，von 前置詞句を使います。

 der Export **von** Erdöl 石油の輸出 （［誤］der Export Erdöls）
 der Klang **von** Glocken 鐘の響き （［誤］der Klang Glocken）

注3 動詞からの派生名詞と結びつく場合，意味上の**主語**になることも**目的語**になることもあります。

 〈主語〉 die Kollision **des Schiffes** mit einem Eisberg 船と氷山との衝突
    ← **Das Schiff** kollidiert mit einem Eisberg. 船は氷山と衝突する。
 〈目的語〉die Befreiung **der Geiseln** durch die Polizei 警察による人質の解放
    ← Die Polizei befreit **die Geiseln**. 警察は人質を解放する。

- 上例 b の **guter Laune** は2格。述語（→ 251 頁）としても使います。dass 文を伴うこともあります。

 （類例）Früher war er **anderer Meinung**. 以前，彼は違った意見でした。
    Er ist **deutscher Nationalität**. 彼の国籍はドイツです。
    Dieser Käse ist **holländischer Herkunft**.
    このチーズはオランダ産です。
    Wir sind **der Überzeugung**, dass das richtig und wichtig ist.
    私たちは，それが正しくかつ重要だと確信しています。

- 上例 c の **eines Nachts** は2格。副詞成分（動詞修飾；→ 253 頁）としても使います。Nacht は女性名詞ですが，この場合のみ例外的に男性名詞の格変化。

 （類例）**eines Tages** ある日 **eines Abends** ある晩
    meines Wissens 私の知る限りでは
    Meines Erachtens ist die Entscheidung falsch.
    私の考えでは，その決定は間違いです。
    gemessenen Schrittes ゆったりした足取りで
    Er reist **erster Klasse**. 彼は一等で旅行します。
    Das Gebäude liegt **linker Hand**. その建物は左手にあります。

- 上例 d の **der Opfer** は 2格目的語（→ 250 頁）。2格目的語と結びつく動詞は数が少なく，**文語的表現**になります。

  der Hilfe bedürfen   手助けを必要とする
  sich^4 **der Stimme** enthalten   投票を棄権する
  den Mann **des Mordes** anklagen その男を殺人の罪で起訴する

 注 一部の形容詞は2格と結びつきます。
  Sie sind sich ihres Erfolgs **sicher**. 彼らは成功を確信しています。
  Er ist sich der Verantwortung **bewusst**. 彼は責任を自覚しています。

4.2.3　3格の用法
4.2.3.1　目的語

> Ich danke vor allem **meinen Eltern**.　　私はとりわけ両親に感謝します。
> Das schadet **seinem Ruf**.　　　　　　　それは彼の評判に傷をつけます。

- 上例の **Eltern** と **Ruf** は3格。動詞の3格目的語として使います。

  〔類例〕　Diese Stadt hat **meiner Frau** sehr gefallen.
  　　　　この町を妻はとても気に入りました。

  注1　4格と並列的に使う場合、3格は受け取る人あるいは奪われる人になります。
  　　Er schenkt **seiner Freundin** einen Blumenstrauß.
  　　彼はガールフレンドに花束を贈ります。（受け取る人）
  　　Der Junge klaute **dem Touristen** sein Portemonnaie.
  　　少年は旅行者から財布を盗みました。（奪われる人）

  注2　一部の形容詞は3格目的語と結びつきます。
  　　Der Sohn ist seinem Vater **ähnlich**.　息子は父親に似ています。
  　　Das war allen Studenten **bekannt**.　それは全員の学生が知っていました。

4.2.3.2　所有の3格、利害の3格、判断規準の3格、関心の3格

> a) Er wäscht **dem Kind** die Füße.　彼は子供の足を洗います。
> b) Er öffnet **der Frau** die Tür.　彼は女性のためにドアを開けてやります。
> c) Dieses Problem ist **meinem Freund** wichtig.
> 　　この問題は私の友人にとって重要なことです。
> d) Grüß **mir** die Eltern!　　　　ご両親によろしく伝えてね！

- 上例 a の **Kind** は3格。4格の表す身体部位（Füße）の所有者を表します。この用法の3格を所有の3格と呼びます。なお、以下のように、身体部位（下線部）が主語のこともあれば、前置詞句のこともあります。

  〔主語〕　　　**Meinem Vater** schmerzt **der Kopf**.
  　　　　　　私の父は頭を痛がります。
  〔前置詞句〕　Er klopft **dem Kollegen auf die Schulter**.
  　　　　　　彼は同僚の肩を叩きます。

  注1　上例 a は2格名詞の Er wäscht die Füße **des Kindes**. とほぼ同義。「所有の3格」という名称は、このような、所有を表す2格名詞との同義関係に基づきます。
  注2　次のような4格目的語も、前置詞句との間に所有関係が認められるため、「所有

の4格」と呼ばれます。

 Die Frau packte **ihr Kind** am Arm.　女性は子供の腕をつかみました。
 Er küsste **seine Freundin** auf den Mund.
 彼はガールフレンドの口にキスをしました。

なお，挨拶として手に口づけをする場合は Hand を4格目的語にします。

 Er küsst ihr **die Hand**.
 彼は彼女の手に口を当てます。（ihr は所有の3格）

注3　ドイツ南部の方言では，「所有者を表す3格 + 所有冠詞」という言い回しで所有者を表すことがあります：<u>dem Vater sein Haus</u> 父の家。

- 上例 b の Frau は3格。動詞の表す行為と**利害関係**にある人を表します。この用法の3格を利害の3格と呼びます。上掲の囲みの例は利害の「利」。

　(類例)　Er trägt **seiner Mutter** das Gepäck.
   彼は母親のために荷物を運んでやります。（「利」）

   Dem Kellner ist ein Glas Wein runtergefallen.
   ウエーターはワインの入ったグラスを落としてしまいました。（「害」）

 注　「利」の，たとえば上例 b の場合，für 前置詞句による置き換えが可能です。
 　→ Er öffnet die Tür **für die Frau**.

- 上例 c の Freund は3格。評価の**判断基準**になる人を表します。この用法の3格を判断規準の3格と呼びます。

　(類例)　Es ist **allen Leuten** egal.
   それはすべての人にとってどうでもよいことです。

副詞 zu「…には〜過ぎる」（まれに genug「…には十分に〜」）を形容詞に付けることがあります。

 Dem Ingenieur war nichts **zu** schwer.
 その技術者にとって難しすぎるものは何もありませんでした。

- 上例 d の mir は3格。出来事に**深く関わる**人を表します。この用法の3格を関心の3格と呼びます。要求などの表現の場合，「…してくれると助かるのだが」，「頼むから…」というようなニュアンスが，驚きや感嘆などの表現の場合は「本当に…だなあ」というようなニュアンスが付け加わります。主に**1人称の人称代名詞**に見られる用法です。

　(類例)　Falle **mir** nicht aus dem Fenster!　窓から転げ落ちないで！（要求）
   Das war **mir** vielleicht unangenehm!
   それは実に不愉快だった！（意外な驚き）
   Dass du **mir** ja nicht zu spät kommst!
   君が遅れないで来るとはね！（感嘆）

4.2.4　4格の用法

> a) Er gibt die Hoffnung noch nicht auf.　彼はまだ希望を捨てていません。
> b) Sie nennt ihn einen Lügner.　彼女は彼を嘘つきだと言います。
> c) Es hat den ganzen Tag geregnet.　一日中雨が降っていました。
> d) Von Weitem sah er ein Auto näher kommen.
> 　彼は遠くから車が近づいて来るのを見ました。

- 上例 a の Hoffnung は 4 格。4格目的語（→ 249 頁）として使います。

　〔類例〕　Er lernt Deutsch.　　　　彼はドイツ語を学びます。
　　　　　Sie besucht ihre Tante.　彼女はおばさんを訪ねます。

　注1　4格目的語を二つ持つ動詞もあります。
　　Er lehrt die Schüler Mathematik.　彼は生徒たちに数学を教えます。
　　Das Haus kostet mich 400 000 Euro.　家の値段は 40 万ユーロです。
　注2　4格目的語と結びつく形容詞があります。
　　Es ist die Mühe wert.　　　　　それは努力するだけの価値があります。
　　Ich bin endlich den Schnupfen los.　私はやっと鼻かぜが治りました。
　　Er ist schwere Arbeit gewohnt.　彼は重労働に慣れています。
　注3　自立性が弱く，分離前つづり化している 4 格目的語があります（→ 96 頁）。
　　Auto fahren　　　車を運転する　　　　Rad fahren　　　自転車に乗る
　　Klavier spielen　ピアノを弾く　　　　　Fußball spielen　サッカーをする
　　Schlange stehen　長蛇の列を作る　　　Kritik üben　　　批判をする
　注4　自動詞と結びつく 4 格目的語があります。ただし，この 4 格目的語には動詞と同義の名詞のみがなります（同族目的語：→ 250 頁）。修飾的語句が伴います。
　　einen Heldentod sterben　　　　英雄的な死を遂げる
　　einen schönen Traum träumen　　素敵な夢を見る
　　einen aussichtslosen Kampf kämpfen　勝算のない戦いをする

- 上例 b の Lügner は 4 格。目的語述語（→ 252 頁）として使います。なお，その前の ihn は nennen の本来的な 4 格目的語（目的語述語の意味上の主語）。

　〔類例〕　Sie nennen den Hund Bella.　彼らは犬をベラと名づけます。
　　　　　Die meisten Kinder nennen ihre Mutter Mama.
　　　　　大抵の子どもは母親のことをママと呼びます。

　注　目的語述語としての 4 格は，受動文では 1 格になります。
　　Er wurde von seinem Lehrer ein Faulpelz gescholten.（文語）
　　彼は先生に怠け者としかられました。
　　(← Sein Lehrer schalt ihn einen Faulpelz.)

第 2 章　名詞，代名詞

- 上例 c の **Tag** は 4 格。副詞成分（動詞修飾：→ 253 頁）として使います。主な用法は時間に関するものです。

  〈期間〉 **die ganze Nacht** wach bleiben　一晩中起きている
  　　　　Sie hat **ihr Leben lang** hart gearbeitet.
  　　　　　彼女は一生の間ずっと懸命に働きました。
  　　　（数詞と）　**eine Woche** arbeiten　　1 週間働く
  　　　　　　　　drei Stunden warten　　3 時間待つ
  　　　（alle と）　**alle zwei Wochen** die Zahnbürste wechseln
  　　　　　　　　2 週間ごとに歯ブラシを替える
  〈時間〉 **dieses Jahr**　　今年　　　**nächstes Jahr**　　来年
  　　　　letzte Nacht　　昨夜　　　**jedes Jahr**　　　毎年
  　　　　Die Haustür wird **jeden Abend** um 8 Uhr abgeschlossen.
  　　　　　玄関のドアは毎晩 8 時に鍵がかけられます。

  注1　形容詞や比較級の前に置き，数量や差を表します（→ 242 頁）。
  　Der Graben ist **einen Meter** tief.　溝は深さが 1 メートルです。
  　Die Maschine fliegt **10 000 Meter** hoch.
  　　飛行機は 1 万メートルの高度を飛びます。
  　Heute sind wir dem Ziel **einen Schritt** näher gekommen.
  　　きょう私たちは目標に一歩近づきました。
  注2　移動を表す自動詞と結びつき，移動の場所を表します。
  　Er geht **den Berg** hinauf.　彼は山を登ります。
  　Sie kommt **die Treppe** herunter.　彼女は階段を降りて来ます。

- 上例 d の Auto は 4 格。定動詞 sah（< sehen 見る）の 4 格目的語であるとともに，不定詞 kommen の意味上の主語（知覚動詞と不定詞の結合は→ 79 頁）。

  〔類 例〕　Er hörte **einen Wolf** heulen.
  　　　　　　彼はオオカミの遠吠えを聞きました。

  不定詞が他動詞の場合，他動詞の意味上の主語（下線部）と本来の 4 格目的語（太字体）が以下のように並列することになります（意味上の主語が前）。

  　Der Lehrer sieht <u>die Kinder</u> **Fußball** spielen.
  　　先生は子供たちがサッカーをするのを見ています。
  　Ich habe <u>Ihren Sohn</u> **Klavier** spielen gehört.
  　　私はあなたの息子さんがピアノを弾くのを聴いたことがあります。

  注　使役の助動詞 lassen の構文でも不定詞の意味上の主語は 4 格（→ 78 頁）。
  　Lass **mich** gehen!　私を行かせてくれ！

第2節　代名詞

- 「代名詞」は「名詞の代わりになる語」のことです（「代・名詞」）。
- 代名詞には，人称代名詞，再帰代名詞，指示代名詞，不定代名詞，疑問代名詞，関係代名詞の6つがあります。ただし，関係代名詞は→222頁。

1　人称代名詞

- 話し手のことを1人称（たとえば日本語の「私」），聞き手のことを2人称（たとえば日本語の「君」），それ以外のもの（たとえば日本語の「彼，彼女，それ」）を3人称と呼びます。
- 人称代名詞は，話し手と聞き手とそれ以外のものを区別する代名詞です。

注　1人称・2人称は，話し手と聞き手を直接指し表すもので，名詞の代わりをしているわけではありません。したがって，「代・名詞」という名称にふさわしいものは，1.3で説明する3人称の用法のみということになります。

1.1　格変化表

	1人称	2人称親称	2人称敬称	3人称男性	3人称女性	3人称中性
単数	私	君	あなた	彼	彼女	それ
1格	ich	du	Sie	er	sie	es
2格	meiner	deiner	Ihrer	seiner	ihrer	seiner
3格	mir	dir	Ihnen	ihm	ihr	ihm
4格	mich	dich	Sie	ihn	sie	es
複数	私たち	君たち	あなたたち	彼ら，彼女ら，それら		
1格	wir	ihr	Sie	sie		
2格	unser	euer	Ihrer	ihrer		
3格	uns	euch	Ihnen	ihnen		
4格	uns	euch	Sie	sie		

- 1人称（話し手）は上表のichの列，2人称（聞き手）は上表のduとSieの列，3人称（その他）は上表のer / sie / esの列です。
- 2人称には親称（duの列）と敬称（Sieの列）があります。2人称敬称の人称代名詞は単数複数が同形で，語頭を大文字で書きます。

- 各人称には単数と複数があります。また3人称単数には文法上の性に応じて男性と女性と中性の3種類の形があります。
- 格の使用は名詞の場合と同じです (→ 124 頁)。

  注 2格形は，名詞に付けるものではなく，前置詞や動詞に結びつけて使っていましたが，現在は，以下のように前置詞句によって取って代わられ，使われなくなっています。

  sich **seiner** erinnern → sich **an ihn** erinnern   彼のことを覚えている
  statt **seiner** kommen → **für ihn** kommen   彼の代わりに来る

1.2　用法（1）— 2人称の親称と敬称

> a) Was machst **du** heute Abend, Stefan?　今晩何をするの，シュテファン？
> b) Was machen **Sie** heute Abend, Herr Müller?
>   今晩何をするのですか，ミュラーさん？

- 上例 a の **du** は2人称の親称単数形。親称は親しい関係の相手（家族，友人，同僚など）あるいは子供などに対して使います。複数形は **ihr**。

  注 du / ihr で話す相手の場合，名前（Vorname）を使って呼び合います。手紙の場合，Du / Ihr と大書することがあります。
  Lieber Ben, liebe Renate, wann besucht **Ihr** mich einmal?
  親愛なるベンさん，レナーテさん，いつ私のところに一度遊びに来るのですか？

- 上例 b の **Sie** は2人称の敬称。敬称は親しい関係でない相手（初めて会う人など）に対して使うものです。単数複数同形。語頭を常に大文字で書きます。

  注1 Sie で話す相手の場合，姓（Nachname）を使って呼び合います。
  注2 2人称代名詞の使い方は原則的に相互的。すなわち du / ihr で呼びかけられる相手には du / ihr で，Sie で呼びかけられる相手には Sie で呼び返します。ただし，子供と大人の会話では，子供が Sie で，大人が du で呼びかけることがあります。
  注3 初級文法では，du / ihr と Sie を区別するため，通常，前者に「君，君たち」という訳語を，後者に「あなた，あなたたち」という訳語を与えます。しかし，たとえば子は親に du / ihr を使いますが，当然，それを「君」とか「君たち」とは訳せませんね。したがって，親称と敬称は文脈に応じて適切に訳すことが必要になります。
  注4 ドイツ語では，以前，身分の高い人を呼び表すのに，お伴の人々を含める意味で頭文字を大書した Ihr を使っていました。しかし，その後 der Herr「主人」という名詞を使い始めましたが，いちいち der Herr と名詞を繰り返すのは面倒なため，語頭を大文字で書いた人称代名詞 Er を使うようになります。ただし，本来的用法の er「彼」から区別するため，動詞は3人称複数の形にしたのです（たとえば Er **lernen** ...）。そ

して，この Er の代わりに使うようになったのが，3 人称複数の（ただし，3 人称複数の sie と区別するために語頭を大文字で書いた）<u>Sie なのです。現在，2 人称敬称の Sie の人称変化が 3 人称複数と同一なのは</u>，以上のような歴史的経緯に基づくのです。

1.3　用法（2）— 3 人称の人称代名詞

> 1　**Ich** liebe **Sofie**, aber sie liebt **Hans**.
>   私はゾフィーを愛していますが，彼女はハンスを愛しています。
>   Er liebt sie auch. Wer liebt mich denn?
>   彼も彼女を愛しています。一体誰が私を愛してくれるのですか？
>
> 2 a) Da steht ein **Supermarkt**. Er gehört meinem Vater.
>   そこにスーパーマーケットがあります。あれは私の父のものです。
> 　b) Wie schmeckt die **Torte**? — Die Torte? Ich finde sie gut!
>   そのタルトの味はどうですか？ — そのタルト？ おいしいと思います。
> 　c) Hier ist ein **Wörterbuch**. Ich gebe es dir.
>   ここに一冊の辞書があります。私はそれを君にあげます。

- 上例 1 の sie は Sofie（女性）を，er は Hans（男性）を示します。3 人称の人称代名詞が**人を表す**場合，一人ならば，<u>生物学上の性</u>に基づいて **er** と **sie** を，二人以上ならば，**sie** を使います。
- 上例 2 の a の er は Supermarkt の，b の sie は Torte の，c の es は Wörterbuch の<u>代わり</u>に使っています。**3 人称の人称代名詞**は，人の場合だけでなく，<u>前出の名詞の代わり</u>としても使うのです（＝<u>代用語</u>）。そして，前出の名詞が**男性名詞**ならば er の，<u>女性名詞</u>ならば sie（単数）の，<u>中性名詞</u>ならば es の，<u>複数形</u>ならば sie（複数）の変化形を使います。

〔類例〕　Ich suche **meinen Hut**. — Da ist **er**.
　　　　私は帽子を探しています。— あそこにありますよ。
　　　　Der Käse ist wundervoll. Warum isst du **ihn** nicht?
　　　　このチーズは素晴らしい。なぜ食べないのですか？
　　　　Hier sind **Kulis**. Ich gebe **sie** dir.
　　　　ここにボールペンがあります。私はそれらを君にあげます。
　　　　Findest du **die deutsche Sprache** leicht? — Ja, ich finde **sie** leicht.
　　　　ドイツ語はやさしいと思いますか？ — はい，やさしいと思います。

注1　名詞 Mädchen「女の子」は，文法上の性が中性，生物学上の性が女性。この場

合，es も sie も使うことができます。なお，名詞からの距離が大きくなればなるほど，生物学上の性（sie の使用）が優勢になります。

　　Das **Mädchen** geht jetzt zur Schule. **Es / Sie** ist ein sehr gutes Kind.
　　その女の子は今学校に行っています。とてもよい子です。

注2 事物を表す人称代名詞と前置詞が結びつく場合，**da[r]- ＋ 前置詞**という形にします（代名副詞；→ 200 頁）。

- 上例 2 の c のように，3 格と 4 格の人称代名詞が並ぶ場合，通常，<u>4 格 → 3 格</u>の順序になります（→ 261 頁）。

　注 人称代名詞は文中で可能な限り**前方**に置きます。たとえば名詞と並列する場合，名詞が主語であっても，原則的に人称代名詞はその**前**に置きます（→ 261 頁）。
　　Am Montag hat **ihm der Arzt** ein neues Medikament verschrieben.
　　月曜日に彼に医者は新しい薬を処方しました。

1.4　es の多様な用法

- <u>代用語</u>，<u>予告語</u>，「<u>穴埋め</u>」，<u>形式語</u>としての 4 つの用法があります。

1.4.1　代用語（→ 1.3）

1　a) Wo ist mein **Portemonnaie**? — **Es** liegt auf dem Tisch.
　　　私の財布はどこにあるのかな？ — 机の上にあります。

　b) Das **Fenster** ist offen. Darf ich **es** schließen?
　　　窓が開いています。閉めてもいいですか？

2　**Er liebt Petra**. Ich weiß **es**.
　　彼の愛しているのはペートラです。それは分かっています。

3　Die anderen waren **müde**, er war **es** nicht.
　　他の人たちは疲れていましたが，彼は疲れていませんでした。

4　Kennst du den **Herrn**? — **Es** ist ihr Vater.
　　その男性を知っていますか？ — 彼女の父親です。

- 上例 1 の a の **es** は前出の<u>中性名詞</u>（Portemonnaie）を受ける<u>代用語</u>（1 格），b の **es** も前出の<u>中性名詞</u>（Fenster）を受ける<u>代用語</u>（4 格）。

　注1 以下で説明する**文意**（上例 2）と**述語**（上例 3）を受ける場合も含め，**4 格の es** は**文頭**に置くことはできません。文頭に置く場合は das を使います（→ 3.2.1.3）。
　注2 es は 's の形に短縮されることがあります。
　　Er gibt mir's.　彼はそれを私にくれます。

- 上例2の es は先行文の意味内容，すなわち文意を受ける代用語。受ける対象が dass 文のこともあります（下の2番目の文）。
  (類例) Er siegt oft im Wettkampf, aber **es** macht ihn nicht überheblich.
  彼はよく試合で勝ちますが，それで傲慢になることはありません。
  Schade, dass er nicht gekommen ist, er wird **es** bereuen.
  彼が来なかったのは残念だ，彼はそれを後悔するでしょう。
- 上例3の es は前文の述語 **müde**（形容詞）を受ける代用語。**名詞の述語**も，文法上の性に関係なく，es で受けられます。
  (類例) Mein Vater ist **Arzt**, ich bin **es** auch.
  私の父は医者です，私も医者です。
  Meine Mutter ist **Ärztin**, ich werde **es** auch.
  私の母は女医です，私も女医になります。
- 上例4の es は文法上の性に関係なく，前出の名詞を受け，「…は～です」という述語表現 **es ist** ... を作る代用語（この場合は男性単数；類似用法の das は → 147 頁）。述語が複数形の場合は **es sind** ... になります。
  (類例) Da kommt **eine Studentin**. **Es** (= Sie) **ist** eine Ausländerin.
  そこに女子学生が来ます。彼女は外国人です。
  Wer sind **die Jungen**? — **Es** (= Sie) **sind** meine Söhne.
  その少年たちは誰ですか？— 私の息子たちです。
  Die Straßen bestehen dort nur aus Kurven, **es** ist ein Eldorado für Sportwagen.　そこは道路がカーブのみです，スポーツカーにとって黄金郷とも言えるところです。

  注　目の前にあるものを指し示すのに使う場合もあります。→ 3.2.1.3。
  Es ist ein Hund.　　　それは犬です。
  Sind **es** echte Perlen?　それは本物の真珠ですか？

1.4.2　予告語（主語と4格目的語；述語の予告語は→89頁）
1.4.2.1　主語

a) **Es** freut mich sehr, dass ich ihn getroffen habe.
　彼に会えて，私はとても嬉しいです。
b) **Es** regte ihn auf, lange warten zu müssen.
　長いこと待たねばならず，彼はいらいらしました。
c) Mir fällt **es** schwer, ihn zu überzeugen.　彼を納得させるのは私には難しい。

- 上例 a の es は後置した dass 文（主語）を，b の es は後置した zu 不定詞句（主語）を予告する語（＝予告語；「予告の es」）。予告の es は，c のように，文中に置くこともあります。

(類例) **Es** tut mir leid, dass er nicht gekommen ist.
　　　　彼が来れなかったのは残念です。
　　　　Es ist ihr Wunsch, Deutschlehrerin zu werden.
　　　　ドイツ語教師になるのが彼女の望みです。

注1 文中に置く「予告の es」は，**定動詞の直後**に置くか，**省略**します。
Sonderbar ist [es], dass er sich so lange nicht meldet.
彼からこんな長い間連絡がないのは変です。

注2 **間接疑問文**，**wenn 文**も「予告の es」の対象になります。
Es ist noch nicht entschieden, ob er das Auto kauft.
彼がその自動車を買うかどうかまだ決まっていません。
Es ist noch nicht sicher, wann er kommt.　いつ彼が来るかは確定していません。
Wie wäre **es**, wenn wir zusammen zu Abend essen?
ご一緒に夕食はいかがですか？

1.4.2.2　4 格目的語

a) Ich finde es sehr schön, dass ihr kommt.
　　君たちが来てくれるのはとても嬉しいことです。
b) Sie lehnte es ab, von ihm unterstützt zu werden.
　　彼女は，彼からの支援を断りました。

- 上例 a の es は後置した dass 文（4 格目的語）の，b の es は後置した zu 不定詞句（4 格目的語）の予告語。4 格の「予告の es」は**文頭**に置くことはできません。定動詞の直後に置くか，省略します。

注1 「予告の es」を置くか，省略するかは動詞によって異なります。以下の①は，通常，置く動詞，②はどちらとも言えない動詞，③は，通常，置かない動詞です。

① Wir halten **es** für wichtig, dass mehr Frauen in Führungspositionen kommen.
　私たちは，もっと多くの女性が指導的ポストに就くことが重要だと考えています。
　Viele Leute hassen **es**, früh aufzustehen.
　多くの人が朝早く起きるのを嫌がります。
② Ich bedauere [es] sehr, dass ich Sie gekränkt habe.
　私は，あなたの感情を害してしまったことをとても残念に思います。
　Sie haben [es] ihm erlaubt, am Wettkampf teilzunehmen.
　彼らは彼に，試合に参加することを許可しました。

③ Ich hoffe, dass ich meine Dissertation bald abschließen kann.
私は博士論文を間もなく書き上げることができると思います。
Ich habe vergeblich versucht, sie zu trösten.
私は，彼女を慰めようと試みましたが，無駄でした。

注2 4格目的語と結びつく**形容詞**の場合も，後置した dass 文あるいは zu 不定詞句を予告する es を置くこともあれば，省略することもあります。

Das Buch ist [**es**] wert, dass man es liest.
この本は読む価値があります。
Auch ein guter Roman ist [**es**] durchaus wert, ihn nach ein paar Jahren noch einmal zu lesen.
よい小説の場合も，数年後に再度読むことは疑いもなく価値あることです。

注3 「予告の代名副詞」は→ 202 頁。

1.4.3 「穴埋めの es」

a) **Es** kamen **viele Gäste**.
たくさんのお客さんが来ました。
b) **Es** wurde **eine alte Frau** vor mir überfahren.
一人の年寄りの女性が私の目の前でひかれました。
c) **Es** wurde gesungen und getanzt.
歌があり，ダンスがありました。

- 上例 a の主語は **viele Gäste**，es は文頭を「穴埋め」するためのものです。すなわち主語でも，新情報（すなわち文の中心的な情報）を担う場合，「新情報は後方に置く」という一般原則（→ 261 頁）に基づき，通常，文頭ではなく，文中に置きます。その場合，ドイツ語では文頭を空位にできないため，文頭にどの語句を置くかということが問題になります。

文頭に置くことのできる（あるいは文頭にふさわしい）語句があれば，その語句を文頭に置けばよいのですが，そのような語句がない場合，文頭を「穴埋め」するために置いたのが上例 a の **es** なのです（=「穴埋めの **es**」）。特に自動詞文でよく使います（→ 269 頁）。なお，定動詞の形は文中の主語によって決まります。

（類例） Es **war** einmal **ein König**. 昔一人の王様がいました。
Es **waren** einmal **sieben Zwerge**. 昔七人の小人がいました。
Es **ist eine schnelle Entscheidung** notwendig.
すばやい決断が必要です。

Ich habe vorhin zu Hause angerufen, aber **es meldete** sich **niemand**.
私は今しがた家に電話をしたのですが,誰も電話口に出ませんでした。

- 上例 b は人称受動文(→ 33 頁)。主語は文中の **eine alte Frau**。es は上例 a と同じ「穴埋めの es」。

人称受動文の主語は,本来,テーマ化されたものなので,文頭に置かれるのがふつうですが,新情報を担うこともあります。新情報を担う場合,主語でも,通常,**文中**に置きます。そうすると,当然,上例 a と同じように,文頭に置く語句が問題になります。したがって,結論的に言えば,b の es も,文頭を「穴埋め」するために置いた「穴埋めの es」なのです。

なお,定動詞の形は文中の主語によって決まります。

(類 例) Es **ist** mir gar **nichts** gesagt worden.
 私は何も言われませんでした。

 Es **werden** in dieser Straße **mehrere neue Häuser** gebaut.
 この通りに新しい建物がいくつも建てられます。

注 文頭に置く語句として何がふさわしいかは文脈次第で,文法的にはどちらも可能な場合もあります。上の 2 番目の例の場合,前置詞句を文頭に持ってくることもできます。

 In dieser Straße werden mehrere neue Häuser gebaut.

- 上例 c は非人称受動文(→ 34 頁)。es は上例 a, b と同じ「穴埋めの es」。非人称受動の場合,元々主語のない文であるため,人称受動文の場合よりも頻繁に,文頭に置く語が問題になり,「**穴埋めの es**」を使います。

なお,定動詞は常に 3 人称単数形になります。

(類 例) Es **wurde** bis in den Morgen gefeiert.
 朝までお祝いは続きました。

 Es **wurde** viel gegessen und getrunken.
 人々は盛大に飲み食いしました。

注 非人称受動文は,4 格目的語を持たない自動詞の受動文なので,主語になる語がそもそも存在しません。そのため,初級文法では,英文法の,文には主語が必ず存在するという仮説に合わせ,上例 c の es を主語として説明します。しかし,この es も,上例 a, b の場合と同じように,文頭に置くべき語句がないための,いわば文頭の空位を「臨時的に」埋める措置なのです。したがって,この es を主語と捉えない方がドイツ語の真実の姿により近いと言えると思います。

- 上例 a, b, c の es はすべて,文頭に置く適切な語句がない場合の,いわば「臨時措置」ですので,文中に置くことはありません。

1.4.4 形式語
1.4.4.1 形式主語と形式目的語

> a) **Es** hat die ganze Nacht geregnet. 一晩中雨が降りました。
> b) Er hat **es** mit der Arbeit eilig. 彼はその仕事を急いでいます。

- 上例 a の **es** も b の **es** も，熟語を作るための形式的な主語および目的語。前者を形式主語，後者を形式目的語と呼びます。

  類例 (形式主語：非人称主語とも言います；→ 80 頁)
  ① 自然現象（特に天候）
  Es schneit ununterbrochen. 絶え間なく雪が降ります。
  Es blitzt und donnert. 稲光がし，雷が鳴ります。
  Es wurde kalt. 寒くなりました。
  ② 時間表現（動詞 sein, werden などと）
  Es ist halb drei. 2 時半です。
  Es ist schon spät. もう遅いです。
  Es wird Nacht. 夜になります。
  ③ 生理現象（生理現象の感じ手は 4 格あるいは 3 格。なお，4 格あるいは 3 格を文頭に置き，es を省略した形の方をより頻繁に使います）
  Es ist **mir** kalt. (**Mir** ist kalt.) 私は寒い。
  Es schwindelt **mir**. (**Mir** schwindelt.) 私はめまいがします。
  Es friert **mich**. (**Mich** friert.) 私は寒い。
  ④ 非人称用法（動作主が不明な場合などの形式主語として：→ 81 頁）
  Es klopft an der Tür. ドアをノックする音がします。
  Plötzlich klingelte **es**. 突然ベルが鳴りました。
  ⑤ 熟語
  Gibt es noch Kaffee? まだコーヒーがありますか？
  Es geht ihm gut. 彼は元気です。
  Es gefällt mir nicht. 私は気に入りません。
  Es handelt sich um einen schwierigen Fall. 難しい事例です。

  類例 (形式目的語：この es は文頭に置くことができません)
  es mit + 3格 eilig haben …³ を急いでいる（上掲の囲みの例を参照）
  es gut mit + 3格 meinen …³ に好意を持っている
  　Er meint **es** gut mit dir. 彼は君に好意的です。

es weit bringen　出世する
  Er wird **es** noch weit bringen.　彼はまだ出世するでしょう。

注　再帰代名詞と，時には lassen も伴い，場所，道具などの属性表現を作ります（→ 71 頁）。
 Hier lebt **es sich** gut.　　　　　　　　　　　ここは暮らしやすい。
 Aus diesem Glas trinkt **es sich** gut.　　　　このグラスは飲みやすい。
 Es lässt sich in diesem Zimmer ruhig schlafen.　この部屋は静かに眠れます。

1.4.4.2　強調構文の es

> a) Nein, **es** war **Hans**, **der** Anke geküsst hat.
> いいえ，アンケにキスをしたのはハンスでした。
> b) Nein, **es** war **Hans**, **den** Anke geküsst hat.
> いいえ，アンケがキスをしたのはハンスでした。

- 上例の a, b は **es ist** … 先行詞 ＋ 関係文という**強調構文**。特定の名詞を対比的に強調する表現で，強調の対象の名詞が先行詞になります。
a の場合，先行詞は **Hans**（男性単数）。関係文では主語なので，関係代名詞は **der**。b の場合，先行詞は同じく **Hans**（男性単数），ただし関係文では目的語なので，関係代名詞は **den** になります。

（類例）　**Es** ist Hans, **der** kommt.　来るのはハンスです。
   Es ist Hans, **dem** wir all das zu verdanken haben.
   私たちがこのことのすべてにおいて感謝すべき人はハンスです。

- 先行詞が複数の場合は **es sind** … 先行詞 ＋ 関係文になります。
 Es **sind** meistens **Kleinigkeiten**, die einen glücklich machen.
 人を幸せにするのはたいてい小さな出来事です。

また，以下の例文のように，強調する語句を文頭に置くこともあります。
 Die Eltern sind **es**, an die wir immer denken.
 私たちがいつも考えるのは両親のことです。

注1　過去の場合は過去形：**es war / waren** … ＋ 先行詞 ＋ 関係文（→ 上掲の囲みの例文）。
注2　強調されるのが人称代名詞の場合，人称代名詞は文頭に置きます。問題の人物が**男性**の場合，関係代名詞は **der**，**女性**の場合は **die** になります。
 Ich war **es**, der <die> die Uhr gefunden hat.　その時計を見つけたのは私です。

2 再帰代名詞，相互代名詞

- 再帰代名詞は，動作の対象が他者ではなく，主語自身であることを示す代名詞です。

2.1 再帰代名詞（3格，4格）一覧

	1人称		2人称親称		3人称		2人称敬称	
	ich	wir	du	ihr	er/sie/es	sie	Sie	Sie
3格	**mir**	**uns**	**dir**	**euch**	sich	sich	sich	sich
4格	**mich**	**uns**	**dich**	**euch**	sich	sich	sich	sich

- 1人称と2人称の親称は人称代名詞と同じで，異なるのは（単数も複数も）3人称と2人称・敬称のみです。

2.2 再帰代名詞の用法

1. a) Der Lehrer lobt **das Kind**.　　　先生はその子供をほめます。
   b) Der Lehrer lobt sich.　　　　　　先生は自分をほめます。
2. a) Ich wasche **dem Kind** die Hände.　私は子供の手を洗います。
   b) Ich wasche mir die Hände.　　　　私は（自分の）手を洗います。

- 上例1のaの場合，主語（Lehrer）の行為（loben）の対象は **Kind**，それに対して，bの場合は主語自身。上例2のaの場合，主語（ich）の行為（die Hände waschen）の対象は **Kind**，それに対して，b文の場合は主語自身。このように，再帰代名詞は，主語の行為の対象が主語自身（自分自身）であることを示すために使うのです（上例1の sich, 2の mir が再帰代名詞）。すなわち，再帰代名詞は「自分自身」という意味を持つ代名詞なのです。
- 主語と再帰代名詞の対応関係を具体的に示すと，以下のようになります。

4格の場合（「自分をほめる」という意味の場合）

ich	lobe	mich	wir	loben	uns
du	lobst	dich	ihr	lobt	euch
er	lobt	sich	sie	loben	sich
Sie	loben	sich	Sie	loben	sich

3格の場合（「自分の手を洗う」という意味の場合）

ich	wasche	**mir**	die Hände	wir	waschen	**uns**	die Hände
du	wäschst	**dir**	die Hände	ihr	wascht	**euch**	die Hände
er	wäscht	**sich**	die Hände	sie	waschen	**sich**	die Hände
Sie	waschen	**sich**	die Hände	Sie	waschen	**sich**	die Hände

〔類 例〕 **Sie** betrachtet **sich** im Spiegel.
彼女は鏡で自分の姿を眺めます。

Ich kann es **mir** nicht verzeihen, dass ich das getan habe.
私はそんなことをしでかしてしまった自分が許せません。

注 身体部位に関する表現では，再帰代名詞が3格になることも4格になることもあります（3格の場合は所有の3格としての用法；身体部位が明示的になります）。

waschen	〔3格〕 Ich wasche **mir** die Hände.	私は手を洗います。
	〔4格〕 Ich wasche **mich**.	私は体を洗います。
kämmen	〔3格〕 Er kämmt **sich** die Haare.	彼は髪をとかします。
	〔4格〕 Er kämmt **sich**.	彼は髪をとかします。
verbrennen	〔3格〕 Hast du **dir** die Finger verbrannt?	
	君は指をやけどしたの？	
	〔4格〕 Wo hast du **dich** verbrannt?	君はどこをやけどしたの？

- 再帰代名詞は前置詞とも結びつけて使います。

〈4格〉 Du musst nicht alles **auf dich** beziehen.
君はすべて自分に関係があると思う必要はありません。

Er bezieht immer alles **auf sich.**
彼はいつもすべてのことを自分に関連づけてしまうのです。

〈3格〉 Ich habe kein Geld **bei mir**. 私は手持ちのお金がありません。

Er hat kein Geld **bei sich**. 彼はお金を持ち合わせていません。

- 自分自身であることを強調したい場合，selbst を付けます。

Er liebt nur **sich selbst**. 彼は自分のことしか愛していません。

Er kennt **sich selbst** nicht. 彼は自分のことが分かっていません。

Damit wirst du **dir selbst** schaden.
そんなことをしたら君が損するんだよ。

Er denkt nur an **sich selbst**. 彼は自分のことしか考えません。

Er begann, von **sich selbst** zu sprechen.
彼は自分のことについて話し始めました。

- 前置詞を伴わない再帰代名詞は，通常，文中の，定動詞に最も近い位置に置きます。前置詞を伴う再帰代名詞は前置詞句一般の規則に従います（→ 265頁）。

    Meine Tochter **wäscht sich** die Haare jeden Tag.
    私の娘は毎日髪を洗います。
    Er **bezieht** immer alles, was er hört, **auf sich**.
    彼は，聞いたことはなんでも自分に引きつけて考えてしまいます。

- 再帰代名詞と動詞が熟語的に結びつく再帰動詞は→ 69頁。
- 再帰代名詞の使用を一般的な形で（たとえば句例で）示す場合，sich^4, sich^3 という形を使います。

    sich^4 waschen　　　　　（自分の）体を洗う
    sich^3 die Zähne putzen　（自分の）歯をみがく

2.3　相互代名詞

> a) **Die Gäste** begrüßen sich.　　　　客たちは挨拶を交わします。
> b) **Die beiden** verstehen sich sehr gut.　二人は大変よく分かり合っています。

- 再帰代名詞は，複数形の主語とともに，相互的意味（「お互いに／お互いを」）でも使います。この用法の再帰代名詞を相互代名詞と呼びます。

    〔類 例〕　Sie lieben **sich** und sie hassen **sich**.
    　　　　彼らは愛し合い，そして憎み合っています。

    注1 主語が複数の再帰表現と相互表現は，形式上，同一になることがあります。
    Wir waschen uns.
    私たちは身体を洗います（再帰的）；身体を洗い合います（相互的）。
    注2 相互的な意味で einander を使うこともあります（雅語）。
    Wir müssen **einander** verstehen.
    私たちは理解し合わなければなりません。
    注3 相互的であることを明示するため，gegenseitig を付けることがあります。
    Wir loben uns **gegenseitig**.　私たちは互いをほめ合います。（4格）
    Sie helfen sich **gegenseitig**.　彼らは互いに助け合います。　（3格）

- 前置詞と用いる場合，相互的な意味の sich は使わず，前置詞 + einander の形を使います（すなわち mit sich などのようには言いません）。

    Sie kommen gut **miteinander** aus.
    彼らはお互いにうまくやっています。

Es ist schön, dass sie **aneinander** denken.
彼らがお互いのことを想い合っていることは素敵なことです。

- 相互的用法を持つ動詞（主語が複数形）

sich³ begegnen	Sie sind **sich** gestern beim Konzert begegnet.	
偶然に出会う	彼らは昨日コンサートで偶然会いました。	
sich⁴ treffen	Hans und Anke treffen **sich** häufig.	
会う	ハンスとアンケはしばしば会います。	
sich⁴ einigen	Wir haben **uns** über den Preis geeinigt.	
合意する	私たちは価格で合意しました。	
sich⁴ verabreden	Sie haben **sich** auf ein Glas Wein verabredet.	
約束をする	彼らはワインを一杯飲む約束をしました。	
sich⁴ versöhnen	Habt ihr **euch** versöhnt?	
仲直りをする	君たちは仲直りしましたか？	
sich⁴ vertragen	Diese Farben vertragen **sich** nicht.	
調和する	これらの色は調和していません。	

注1 単数形の主語と再帰代名詞と mit 前置詞句でも，相互表現を作ります。
Er trifft **sich** häufig **mit** ihr.　彼は彼女としばしば会います。
Er verabredet **sich mit** ihr für morgen.
彼は彼女と明日会う約束をします。
Ich vertrage **mich** gut **mit** meinen Nachbarn.
私は隣人たちと仲良くやっています。

注2 4格目的語の複数の人の間の，あるいは4格目的語と mit 前置詞句の間の相互関係を表す動詞もあります。

versöhnen	Er versöhnt **die Streitenden**.	
仲直りさせる	彼は争っている人達を仲直りさせます。	
	Hans versöhnt **ihn** mit **ihr**.	
	ハンスは彼を彼女と仲直りさせます。	
trennen	Nichts, nur der Tod kann **uns** trennen.	
分ける	死以外の何ものも私たちの仲を割くことができません。	
	Nur der Tod soll **mich** von **dir** trennen.	
	死ぬのでなければ私があなたから離れることはありません。	

注3 約束事を4格目的語にする相互表現もあります。

Wir haben ein **Treffen** verabredet.
= **Ich** habe ein **Treffen mit ihm** verabredet.
　私たちは〈私は彼と〉会う約束をしました。
Wir haben für heute **eine Zusammenkunft** vereinbart.
= **Ich** habe für heute **eine Zusammenkunft mit ihm** vereinbart.
　私たちは〈私は彼と〉今日会うことで合意しました。

3　指示代名詞 der

- 指示代名詞は，人や事物を指し示す代名詞です。

  注　名詞を伴わない dieser, solcher, derjenige なども指示代名詞とする立場もありますが，本書ではこれらを，指示冠詞（定冠詞類）の名詞的用法として扱います（→ 163 頁）。

3.1　格変化一覧

	男性	女性	中性	複数
1格	**der**	**die**	**das**	**die**
2格	**dessen**	**deren**	**dessen**	**deren, derer**
3格	**dem**	**der**	**dem**	**denen**
4格	**den**	**die**	**das**	**die**

- 定冠詞の格変化と形が異なるのは，2格のすべてと複数3格のところ。

  注　名詞的用法の dieser などと同じように，指示代名詞 der を定冠詞の，名詞を伴わない独立用法と考えることもできますが，**単数2格**のすべてと**複数3格**で独自の形を持つため，一つの独立した品詞として扱います。

3.2　用法（代用語と関係文の先行詞）

a) Kaufen wir die **Lampe**? — Ja, **die** kaufen wir.
そのランプを買いましょうか？ーうん，それを買おう。

b) Die Zukunft gehört **denen**, die an die Schönheit ihrer Träume glauben.
（E. Roosevelt）
未来は自分の夢の素晴らしさを信じる人たちのものです。

- 上例 a の **die**（女性単数4格）は前出の名詞 Lampe を受ける代用語，b の **denen**（複数3格）は，後続の関係文（下線部）の先行詞。指示代名詞の主な用法はこれらの二つです。
- 複数2格には，上掲の 3.1 の表で見るように，**deren** と **derer** の二つがあります。**deren** は前出の名詞を受ける代用語として（→ 3.2.1.2），**derer** は後続の関係文によって限定される先行詞として使います（→ 3.2.2）。

　　die Fehler und **deren** Folgen　　　　　過ちとその結果
　　statt **derer**, die eigentlich zahlen müssen　本来支払うべき人々の代わりに

3.2.1 前出の名詞の代用語
3.2.1.1 1格・3格・4格 (2格は→3.2.1.2)

> 1 a) Kaufen wir den **Tisch**? — Ja, **der** gefällt mir sehr gut.
>   そのテーブルを買いましょうか？ — うん，それはとても気に入っています。
> b) Welche **Hose** möchten Sie? **Die** da? — Nein, **die** da.
>   どのズボンをお望みですか？ そこのですか？ — いいえ，そこのです。
> c) Da ist ein blaues **Kleid**. **Das** nehme ich.
>   あそこに青のワンピースがあります。それを私は買います。
> 2 **Mutter** ist krank, **die** hat zu viel gearbeitet.
>   母さんは病気です，母さんは働き過ぎたのです。

- この用法の指示代名詞は，指示性が人称代名詞より強く，したがって，基本的に文頭に置きます。指示代名詞の形は，受ける前出の名詞の文法上の性・数および文中の格によって決まります。
- 上例1のaの **der** (男性単数1格) は前出の名詞 Tisch を，bの **die** (2つ共女性単数4格) は前出の名詞 Hose を，cの **das** (中性単数4格) は前出の名詞 Kleid を受けています。

  (類例) Was hältst du von meinem **Konzept**? — **Das** finde ich gut.
    私の構想についてどう思いますか？ — よいと思います。
    Welches ist Ihr Mantel? — **Der** auf dem Stuhl gehört mir.
    どのコートがあなたのですか？ — その椅子の上のが私のです。

- 上例2の **die** (女性単数1格) は前出の名詞 Mutter を受けています。特に口語では，人を表す場合でも使います。

  (類例) Was macht **Hans**? — **Der** schläft noch.
    ハンスは何をしているの？ — まだ寝ているよ。
    Arbeiten Sie mit **Herrn Schmidt** zusammen?
    — Nein, mit **dem** arbeite ich nicht mehr zusammen.
    あなたはシュミットさんと一緒に働いているのですか？
    — いいえ，あの人とはもう一緒に働いていません。

注1 同一名詞の繰り返しを避けるために，2格名詞の前で使うことがあります。
Der Vorschlag des Gruppenleiters und **der** unseres Kollegen wurden diskutiert.
班長の提案と私たちの同僚の提案が議論されました。

注2 先行文などによらず，特定のものや人を直接指し示す場合もあります。
Den da, **den** da möchte ich haben! そこのそれ，そこのそれが欲しいよ！

Das hier gefällt mir besser als **das** dort.
私にはこちらの方があちらの方より気に入っています。
Den da kenne ich nicht. そこの男性は知らないね。
なお，人を指し示す場合，見下した意味合いが伴うことがしばしばあります。
Wer ist denn **die** da? あそこのあの人は誰？
Wer ist **die** mit den blonden Haaren? あの金髪の女は誰？

注3 不定関係代名詞文を受ける指示代名詞は→ 227 頁。

3.2.1.2　2 格 dessen / deren　（1 格・3 格・4 格は→ 3.2.1.1）

a) Max begrüßte seinen **Lehrer** und **dessen** Tochter.
マックスは彼の先生と娘さんに挨拶をしました。
b) Wir konnten die **Fehler** und **deren** Folgen absehen.
私たちはこれらの過ちとその結果は予測することができました。

- 上例 a の **dessen** は直前の名詞 Lehrer（男性単数）を，b の **deren** は直前の名詞 Fehler（複数）を受けています。指示代名詞の 2 格は主語を受けることはありません。したがって，所有冠詞 ihr や sein よりも所有（所属）関係を明確に表すことができます。ただし，話し言葉（口語）では使いません。

（類例）Anke ging mit **ihrer** Lehrerin und **deren** Freundin spazieren.
アンケは彼女の先生と先生の女友達と散歩に行きました。

注 2 格の指示代名詞の後ろの形容詞は無冠詞の場合と同じ強語尾を付けます。
Ich sprach mit **Anna** und **deren nettem** Mann.
私はアンナと彼女の感じのよいご主人と話をしました。
Ben traf sich im Café mit **Hans** und **dessen neuer** Freundin.
ベンは喫茶店でハンスと彼（＝ハンス）の新しいガールフレンドに会いました。

3.2.1.3　das の特殊用法

1 a) Was kostet **das**?　それはおいくらですか？
 b) Darf ich vorstellen: **Das** ist meine Frau.
　　紹介してもよろしいですか，私の妻です。
2 　Kommt er morgen? — **Das** weiß ich nicht.
　　彼は明日来ますか？ — それは分かりません。

- 上例 1 の a の **das** は発話場面や文脈から明らかなものを直接指し示すため

に，bの **das** は Das ist ...（「こちらは…です」）という表現形式で，紹介文を作るために使うものです（類似の用法の es は→ 135 頁）。

(類例) Siehst du den Mann am Fenster? **Das ist** mein Freund.
　　　窓際の男性が見えますか？　あれが私のボーイフレンドです。

なお，述語が複数形の場合は Das **sind** ... になります。

　Das sind meine Eltern.
　私の両親です。

- 上例2の **das** は，前文の文意を受けています。人称代名詞 es よりも指示性が強く，通常，文頭に置きます。

(類例) Er hat gelogen, **das** ist sicher.
　　　彼は嘘をつきました，それは確実です。

　　　Er hat mich angelogen. **Das** werde ich ihm nie verzeihen!
　　　彼は私に臆面もなく嘘をつきました。そのことを私は決して許しません。

注1　es は，4格の場合，文頭に置くことができません（→ 135 頁）。
注2　先行文がない場合でも特定のことを**直接指し示す**のに使うことがあります。なお，状況への関連付けを表す genau などがしばしば伴います。
　Genau das habe ich auch gesagt.　まさにそのことを私も言ったのです。

3.2.2　関係文の先行詞（2格形 derer を含む）

a) Gott verzeiht **denen**, die ihre Sünden bereuen.
　神は罪を悔いる人を許します。
b) Die Namen **derer**, die hier begraben sind, werden wir nicht vergessen.
　ここに埋葬されている人々の名前を私たちは忘れないでしょう。

- 上例の a の **denen** は後続の関係文の先行詞（複数3格），b の **derer** も後続する関係文の先行詞（複数2格）。

(類例) Die Schönheit der Dinge lebt in der Seele **dessen**, der sie betrachtet.
　　　物事の美しさはそれらを見る人の心の中に存在します。

注　derer は，関係文の先行詞としてのみ使いますが，この形よりも，具体的な名詞（たとえば Menschen）を使うべきだと言う人もいます。
　Wir gedenken **derer**, **die** ihr Leben für die Befreiung vom Faschismus gaben.
　→ Wir gedenken **der Menschen, die** ihr Leben ... gaben.
　私たちはファシズムからの開放のために生命を捧げた人々を偲びます。

4　不定代名詞

- **不定代名詞**は，**不特定**の人や事物を表す代名詞です。不定代名詞には，以下のように，**人**を表すものと**事物**を表すものとがあります。

  《人》　　man　　jemand　　niemand
  　　　　　einer　　keiner
  《事物》　etwas　　nichts

- 不定代名詞には複数形がありません。したがって，不定代名詞が主語の場合，定動詞は **3 人称単数**になります。

  > **注1**　冠詞類 jeder, aller, mancher などの名詞的用法は→ 167 頁。
  > **注2**　定代名詞は jedermann「どの人も」のみ。
  > 　2格 jedermanns，3格 jedermann，4格 jedermann；〈複数なし〉
  > Das ist nicht **jedermanns** Geschmack.
  > それは誰もが好むというものではありません。

4.1　人を表す不定代名詞 man, jemand, niemand（einer, keiner は→ 4.2）
4.1.1　格変化一覧（複数形なし）

1格	**man**	**jemand**	**niemand**
2格	—	**jemand[e]s**	**niemand[e]s**
3格	**einem**	**jemand[em]**	**niemand[em]**
4格	**einen**	**jemand[en]**	**niemand[en]**

> **注1**　man は単数1格のみ。3格と4格は einer の変化形を借用（→ 151 頁）。
> **注2**　jemand と niemand は，2格で -s のみのことも，3格・4格で無語尾のこともあります。

4.1.2　用法

a) Wo spricht **man** Deutsch?	ドイツ語はどこで話されていますか？
b) Haben Sie **jemanden** gesehen?	誰かを見かけましたか？
c) Ich habe **niemanden** gesehen.	私は誰も見ませんでした。

- 上例 a の **man** は，**不特定の人**あるいは**人々**を指し，「人は，人々は」の意味。通常，訳さない方が自然な日本語になります（受動文との共通性は→ 37 頁）。

(類例)　Das darf **man** nicht tun.　そういうことはしてはなりません。
　　　　Darf **man** eintreten?　　入ってもいいですか？（婉曲的に）

注1　主語が表現上背景に退くことで動詞の意味が前面に出て来ます。以下の例では「見えるかどうか」という点が問題になっています。
　Von hier kann **man** das Schloss schon **sehen**.　ここからもう城が見えます。

注2　man は，er で受けることは出来ないため，繰り返して使います。
　Wenn **man** das Abitur hat, kann **man** die Universität besuchen.
　アビトゥーアを取得していると，大学に入学することができます。

注3　**所有冠詞**は sein，**再帰代名詞**は sich になります。
　Man kann **sein** Leben ändern.　人生は変えることができます。
　Wie kann **man sich** zum Kurs anmelden?
　講習会に申し込むにはどうすればいいですか？

- 上例 b の jemand「誰か，ある人」は，通常，複数の人よりも不特定の個人を指します。未知の人のことをあれば，既知の人のこともあります。

(類例)　Ist schon **jemand** gekommen?　もう誰か来ましたか？
　　　　Ich warte auf **jemanden**.　　　私は人を待っているところです。

注1　**形容詞**などを伴う場合，通常，jemand は無語尾で，また，形容詞は語頭を大書し，中性単数の変化語尾を付けるか，一律に語尾 -es を付けます。
　von **jemand Fremdem** <**jemand Fremdes**> angesprochen werden
　見知らぬ人から話しかけられる
ただし，**anderes**，**anders**（副詞）は，通常，小文字で使います。
　jemand anders darum bitten　他の人にそのことを頼む

注2　jemand が先行詞の場合，関係代名詞は der を使います（→ 229 頁）。
　Ich suche **jemanden**, **der** mir helfen kann.
　私の手助けができる人を探しています。
なお，男性の場合でも女性の場合でも，男性形 der を使うことができますが，女性の場合は女性形 die を使うこともできます。
　Sie ist **jemand**, auf **den** <auf **die**> man sich verlassen kann.
　彼女は信頼できる人です。

注3　irgend の付いた **irgendjemand** は，jemand より不特定性が強くなります。
　Irgendjemand hat gesagt, dass Hans verhaftet wurde.
　ハンスが逮捕されたと，誰かが言っていました。

- 上例 c の niemand「誰も…ない」は不定代名詞 jemand の否定形。

(類例)　Das weiß **niemand** besser als du.
　　　　そのことは一番よく知っているのは君です。

注　形容詞などを伴う場合や関係文の先行詞の場合については→ jemand の **注**。

4.2 不定代名詞 einer, keiner（名詞の省略用法も含む）
4.2.1 格変化一覧

	男性形		女性形		中性形	
1格	**einer**	**keiner**	**eine**	**keine**	**ein[e]s**	**kein[e]s**
3格	**einem**	**keinem**	**einer**	**keiner**	**einem**	**keinem**
4格	**einen**	**keinen**	**eine**	**keine**	**ein[e]s**	**kein[e]s**

注 これらは，不定冠詞 ein と否定冠詞 kein の，名詞を省略した名詞的用法と考えることもできますが，**男性1格**と**中性の1格・4格**で独自の形を持ち（強語尾；→163頁），また独自の用法もあるため，一つの独立した品詞として説明します。なお，2格の使用はまれなので省略します。複数形は kein の名詞の省略的用法の場合にのみ使われ，格変化は否定冠詞と同一なので，上表では省略します（→174頁）。

4.2.2 用法

a) Hast du noch Postkarten? — Ja, aber nur **eine**.
　まだ葉書を持っていますか？ — はい，でも1枚だけです。
b) Das soll **einer** wissen!　　そういうことは知っておくべきです。
c) **Eines** muss ich dir sagen.　一つ君に言わなければならないことがあります。
d) **Keiner** glaubt ihr.　　　　誰も彼女のことを信じていません。

- 上例 a は，後ろに補うべき名詞の省略に基づく用法。どの形になるかは，補うべき名詞の文法上の性・数および文中の格によって決まります（ただし，男性1格と中性の1格・4格は強語尾）。この例で補うべき名詞は Postkarte（女性単数4格）。

〔類例〕　Ich brauche einen **Kuli**. Hast du **einen**?
　　　　　ボールペンが必要なのだけど。君は持っていますか？
　　　　Ich wollte Blumen mitbringen, aber es gab **keine**.
　　　　　私は花を持って来ようと思ったのですが，1本もありませんでした。
　　　　Keines dieser Argumente überzeugt mich.
　　　　　これらの論拠はどれも私を納得させるものではありません。
　　　　Habt ihr mehrere **Wörterbücher** oder nur **eines**?
　　　　　君たちは辞書を何冊も持っていますか，それともたった1冊？

注 複数2格の名詞とともに使うことがあります。どの形になるかは後続する名詞の文

法の性と文中の格に基づきます。名詞が明示されていない場合は男性形を使用。
 Er ist **einer der** berühmten **Pianisten** Deutschlands.
 彼はドイツの有名なピアニストの一人です。
 Sie ist **eine der** berühmten **Sängerinnen** Japans.
 彼女は日本の有名な女性歌手の一人です。
 Das ist **eines der** besten **Hotels**, die ich kenne.
 これは私が知っている最もよいホテルの一つです。
 Einer der beiden muss gelogen haben.
 二人のうちの一人が嘘をついたに違いありません。

- 上例 b の einer は man と同じく，不特定の人あるいは人々を指します。男性形のみの用法（1格は強語尾）。口語調。
  〔類例〕 Das kann **einer** doch nicht wissen.
      それを知ることができるはずはありません。
     Das macht **einen** ja ganz nervös.
      そのことは人を本当にイライラさせますね。

  注1 3格形と4格形は man の代用形としても使います。
   Was **man** nicht weiß, macht **einen** nicht heiß.
   知らぬが仏。(＝知らないことは人を熱くしません；4格)
   Je älter **man** wird, umso rätselhafter wird **einem** das Leben.
   年をとるほど人にとって人生は不可解なものになります。(3格)
  注2 man と異なり，人称代名詞 er で受けることができます。
   Wenn **einer** erkältet ist, soll **er** im Bett liegen.
   風邪を引いているときはベッドで安静にしているべきです。
  注3 「誰か，ある人」（＝ jemand）の意味でも使うことがあります。
   Da hat **einer** geklopft.　その時誰かがドアをノックしました。
  注4 so einer は「そういう人」という意味。irgend の付いた **irgendeiner** は einer より不特定性が強くなります。
   So einen kann ich nicht leiden.　そういう人を私はどうしても好きになれません。
   Irgendeiner wird es wissen.　　誰かはそれを知ることになるでしょう。

- 上例 c の eines は「ある一つのこと」という意味で，物事を指します。中性形のみの用法（1格・4格は強語尾）。
  〔類例〕 Nur **eines** ist wichtig: ...
      重要なのは以下の1点のみです：…

- 上例 d の keiner「誰も…ない」は einer の否定形（＝ niemand；→ 175頁）。
  〔類例〕 Ich kenne **keinen**, der das tut.
      私はそういうことをする人を誰も知りません。

4.3 事物を表す不定代名詞
4.3.1 格変化一覧

1格	**etwas**	**nichts**
3格	etwas	nichts
4格	**etwas**	**nichts**

注 2格と複数はありません。3格は前置詞とのみ使います。3格も4格も，1格と形が同じです。

4.3.2 用法

a) Hast du **etwas** von ihm gehört?　君は彼について何か聞きましたか？
b) Ich habe **nichts** von ihm gehört.　私は彼について何も聞いていません。

- 上例 a の **etwas**（「何かあるもの」；口語形は was）は具体的に**特定されていない一つあるいは複数の事物**を表します。

  類例　Möchten Sie **etwas** trinken?　何かお飲みになりますか？
  　　　Max hat noch **was** zu erledigen.
  　　　マックスはまだ処理しなければならないことがあります。

  注1　**形容詞**を伴う場合，語頭を大書し，中性単数の変化語尾を付けます。ただし，anderes, anders（副詞）は，通常，小文字で使います。
  　mit **etwas Neuem** beginnen　　　　新しいことを何か始める
  　Gibt es **etwas Neues**?　　　　　　何か新しいことがありますか？
  　Jeden Abend koche ich **etwas Warmes**.　毎晩私は温かいものを料理します。
  　Das ist **etwas** ganz **anderes**.　　それはまったく別のことです。
  注2　etwas が先行詞の場合，関係代名詞は was を使います。→ 229 頁。
  　Ich habe **etwas** von ihm gehört, **was** ich nicht glauben kann.
  　私は彼について信じることができないようなことを聞きました。
  注3　irgend の付いた **irgendetwas** は etwas より不特定性が強くなります。
  　Er muss **irgendetwas** gehört haben.　彼は何か聞いたに違いありません。

- 上例 b の **nichts**「何も…ない」は不定代名詞 etwas の否定形。

  類例　Er ist mit **nichts** zufrieden.　彼は何事にも満足しません。
  　　　Das macht **nichts**.　　　　　　どういたしまして。

  注　形容詞などを伴う場合や関係文の先行詞の場合については→ etwas の注。
  　Ich mag **nichts Süßes**.　　　　　私は甘いものが好きではありません。
  　Ich habe **nichts Neues** gehört.　私は何も新しいことは聞いていません。

5 疑問代名詞 wer, was

- 疑問代名詞は，人や物事について尋ねる代名詞です。人の場合は **wer**「誰？」，物事の場合は **was**「何？」。なお，疑問冠詞 welcher は→ 171 頁，was für ein は→ 175 頁，疑問副詞と疑問代名副詞は→ 202 頁，203 頁。

5.1 格変化一覧

1格	**wer**	**was**	
2格	**wessen**	**wessen**	
3格	**wem**	**was***	*口語で例外的に前置詞と一緒に使う以外は使いません（→頁下の 注2）。
4格	**wen**	**was**	

- 文法上の性の区別も複数形もありません。定動詞は 3 人称単数になります。

5.2 用法

a) **Wer** ist das?　あれは誰ですか？
b) **Was** ist das?　これは何ですか？

〔類例〕　**Wen** liebt sie?　　　　　　　彼女は誰を愛しているのですか？
　　　　Wem gehört das Fahrrad?　　その自転車は誰のものですか？
　　　　Wessen Wörterbuch ist das?　それは誰の辞書ですか？
　　　　Ich weiß nicht, mit **wem** er zusammen lebt.
　　　　私は彼が誰と一緒に暮らしているのか知りません。
　　　　Was fehlt noch?　　　　　　まだ何が足りないのですか？
　　　　Was willst du werden?　　　君は何になりたいのですか？
　　　　Was willst du von mir?　　　君は私にどうしろと言うのですか？
　　　　Wessen bedarfst du?　　　　君は何を必要としていますか？

注1 述語として使う場合，主語が複数形ならば，動詞も複数形になります。
　Wer sind die jungen Leute?　その若者たちは誰ですか？
注2 疑問代名詞 was が前置詞と結びつく場合は疑問代名副詞（wo- / wor- + 前置詞）を使います（→ 203 頁）。口語の場合，両者を離して使うこともあります。
　Vor was hat er Angst?　彼は何を恐れているのですか？
注3 間接疑問文は→ 221 頁。
注4 疑問詞による感嘆文は→ 246 頁，疑問詞による認容文は→ 220 頁。

第3章　冠詞類

> 注　名詞を使う場合，無冠詞を含めると，冠詞類は**必ず**付けなければなりません。それは，冠詞類の意味が重要というよりも，**格表示**という役目のためなのです。たとえば，diesen Mann は「この男性を」，welchem Mann は「どの男性に」という意味になりますが，ドイツ語と日本語を対比すると，以下のようになります。

<pre>
dies -en Mann   welch -em Mann
 ↓   ↓   ↓   ↓   ↓   ↓
 この ヲ 男性   どの   ニ 男性
</pre>

すなわち，日本語で「この男性を（愛する）」と言う場合，ドイツ語では「この・ヲ・男性（愛する）」と言い，日本語で「どの男性に（あげるの？）」と言う場合，ドイツ語では「どの・ニ・男性（あげるの？）」と言っているのです。したがって，ドイツ語で冠詞類を省くということは，日本語の「ヲ」とか「ニ」などの格助詞を省くということになるのです。もちろん，このような格表示には，名詞（男性と中性の2格）や形容詞も関与していますが，この点での冠詞類の関与は，比べようもないほど重要なのです。

1　主な冠詞類一覧

---
a) 定冠詞類　　**d**er（語幹 d-，語尾 -er；以下，青字は語尾）
　　　　　　　dieser　**jen**er　**solch**er
　　　　　　　jeder　**all**er　**manch**er　**welch**er
b) 不定冠詞類　**ein**（語幹 ein-，語尾なし）
　　　　　　　kein
　　　　　　　mein　**unser**　**dein**　**euer**　**sein**　**ihr**　**Ihr**

- 冠詞類は，名詞句の一番前に置く語で，修飾する名詞の文法上の性・数・格に基づいて，異なる語尾を付けます。
- 「4　無冠詞」（→ 161頁）で述べる場合を除き，名詞には何らかの冠詞類を必ず付けなければなりません。したがって，名詞を使う場合，まず，① そもそも冠詞類を付けるべきなのかどうかを，次に，付ける場合，② どの冠詞類を付けるのかを考えなければならないのです。
- 冠詞類は，格変化の語尾タイプに基づいて，上例 a のような，「定冠詞と定冠詞類（→ 163頁）」のグループと上例 b のような，「不定冠詞と不定冠詞類（→ 172頁）」のグループに分かれます。

> 注　冠詞類は並列的に使うことはできません（［誤］**das mein** Buch）。例外は dieser と所有冠詞の結合のみです（→ 163頁）。
> 　　**diese seine** Erklärung　　この彼の説明

2 定冠詞

> 注 格変化形の一覧は→ 120 頁。名詞を伴わず,「これは／それは…」と,独立して使う用法は,格変化形が一部異なるため,指示代名詞として扱います（→ 145 頁）。

2.1 用法（1）— 文脈的・場面的特定化

> a) Da bellt **ein Hund**. **Der Hund** heißt Inu.
>   あそこで犬が一匹吠えています。その犬はイーヌという名前です。
> b) **Die Erde** dreht sich um **die Sonne**.　地球は太陽の周りを回ります。
> c) Wo ist **der Bahnhof**?　　　　　　　　駅はどこですか？
> d) Was ist eigentlich **das Leben**?　　　　人生とはそもそも何なのですか？

- 定冠詞は,話し手が当該の名詞によって指そうとするものが何であるか,どれであるかを聞き手も分かっているないし分かる場合,すなわち聞き手も特定できる場合に使います。
- 聞き手による特定化が文脈的・場面的に可能な場合として,以下のようなものがあります。

　① 先行する文ですでに言及されている（上掲の囲みの例 a）。

　類例　Wir haben **eine Katze**. **Die Katze** heißt Neko.
　　　　私たちは猫を一匹飼っています。その猫はネーコという名前です。

以下の例のように,文脈あるいは場面から,聞き手による特定化が可能になることもあります。

　Das Hotel hat mir sehr gefallen. **Das Personal** war sehr nett.
　私はそのホテルがとても気に入りました。従業員がとても親切でした。（文脈）
　Ich bin Deutschlehrer. Die Arbeit macht mir Spaß.
　私はドイツ語の教師です。その仕事は楽しいです。（文脈）
　„Na, wie schmeckt **der Kaffee**?", fragte Hans.
　「で,このコーヒーの味はどうだい？」とハンスが尋ねました。（場面）

> 注 上例のように抽象名詞（Arbeit）や物質名詞（Kaffee）も,特定できる場合,定冠詞を付けます。

なお,アクセントを伴わせ,対比的意味合いで,強調的に使う場合もあります。この用法を指示冠詞と呼ぶ場合があります。

　´**Den** Mann kenne ich, den anderen aber nicht.
　この男性は知っていますが,別の男性は知りません。

Ausgerechnet an ʹ**dem** Tag war die Überwachungskamera defekt.
よりによってその日に監視カメラが故障していました。
Dorthin fährst du, in ʹ**die** Gegend? そこへ行くの，その地方へ？

② 世界に一つしか存在しない（上掲の囲みの例 b）。

(類例) **Der Papst** besucht Mexiko. 教皇はメキシコを訪問します。
Das ist **die einzig richtige Antwort**. これが唯一の正解です。

注1 最上級の形容詞が付く名詞は，「唯一のもの」に準じて，定冠詞を付けます。
Goethe ist **der** bedeutendste Dichter. ゲーテは最も重要な詩人です。
注2 序数の場合，通常，定冠詞を付けます。ただし，序数を付ける場合でも，特定されていないならば，不定冠詞を付けます（下の2番目の例）。
Heute ist Freitag, **der** Dreizehnte. きょうは13日の金曜日です。
Er bestellt **ein zweites** Glas Bier. 彼は2杯目のビールを注文します。

③ 日常生活における共通の認識対象である（上掲の囲みの例 c）。

(類例) Wann kommt **der Briefträger**? 郵便配達人はいつ来るのですか？
Mama, schnell, ruf **die Polizei**! ママ，早く，警察を呼んで！

④「そもそも…は～」と，指示物全体を総称的に表す（上掲の囲みの例 d；総称的な不定冠詞は→160頁，無冠詞は→162頁）。

(類例) **Der Hund** ist eigentlich ein Raubtier. 犬は本来肉食獣です。
Wozu dient **das Blut**? 血液の役目は何ですか？
Den Sommer mag ich gar nicht. 夏は全然好きではありません。

なお，普通名詞は単数形でも複数形でも総称的な意味で使えます。
Der Mensch ist ein Tier. / **Die Menschen** sind Tiere. 人間は動物です。

2.2 用法（2）― 付加語による特定化

a) Das ist **das Auto** unseres Lehrers. それは私たちの先生の車です。
b) **Die Kirche am Marktplatz** heißt St. Marienkirche.
市の立つ広場の側の教会は聖マリア教会と言います。
c) Das ist **das Buch**, **das er mir zum Geburtstag geschenkt hat**.
それは，彼が私に誕生日プレゼントとしてくれた本です。
d) Ich habe **den Eindruck**, **dass sie gelogen hat**.
私の印象では，彼女は嘘をついています。

• 定冠詞は，付加語（名詞修飾：→255頁）の限定的特徴づけによって，当該の

名詞の表すものが十分に特定できる場合，すなわち聞き手にとって**特定化に十分な情報**が与えられる場合にも使います。

- 上例 a は **2格名詞**による，b は**前置詞句**による，c は**関係文**による，d は **dass 文**による**限定的特徴づけ**です。

  【類例】　Morgen besuche ich **die Familie meines Freundes**.
  　　　　　明日私はボーイフレンドの家族を訪問します。
  　　　　　Wir ziehen um. **Der Weg zur Schule** ist zu weit.
  　　　　　私たちは引っ越します。学校への道が遠すぎるのです。
  　　　　　Ich hatte nicht **die Absicht, dich zu beleidigen**.
  　　　　　私は君を侮辱するつもりはありませんでした。(zu 不定詞句による)

  注1 所有の3格に関連する**身体部位**の名詞には定冠詞を付けます (→ 127頁)。
  　Ich wasche **dem Kind die Hände**.　私は子供の手を洗ってやります。
  注2 2格名詞や前置詞句によって限定されていても，限定が名詞の属性である場合あるいは未だ限定できない場合には不定冠詞を使います。
  　Als ich 16 Jahre alt war, habe ich **einen** Onkel **in Peru** besucht.
  　私は16歳のとき，ペルーにいるおじを訪問しました。
  　Ich warte gespannt auf **ein** neues Werk **des Autors**.
  　私はワクワクしてその作家の新しい作品を待っています。
  また，部分・全体の関係で，数詞的な意味で不定冠詞を使うこともあります。
  　ein winziger Teil **des Ganzen**　全体のごく小さな一部
  注3 関係文の先行詞が不定冠詞を伴うこともあります (→ 159頁)。

- 上述の場合以外でも，言語習慣的に定冠詞を付ける場合があります。

  ① **格**を明示する必要がある場合
  　Er zieht Kaffee **dem** Tee vor.　彼は紅茶よりもコーヒーが好きです。
  　Das ist das Ei **des** Kolumbus!　それはコロンブスの卵だよ！
  　(「簡単なことも最初に行うのは難しい」との意；固有名詞の2格は→ 123頁)

  ② 人名あるいは地名が**形容詞**を伴う場合
  　der junge Schiller　若きシラー　　**die** blonde Inge　ブロンドのインゲ
  なお，2格の場合，名詞自体は格語尾を付けないのが原則です。
  　die Bevölkerung **des** heutigen Berlin　今日のベルリンの住民

  ③ **中性以外**の地名，国名，通り名など
  　der Rhein　　ライン川　　　　**die** Nordsee　　北海
  　die Alpen　　アルプス山脈　　**die** Zugspitze　ツークシュピッツェ山
  　die Schweiz　スイス　　　　　**die** Türkei　　トルコ
  　die Bundesrepublik Deutschland　ドイツ連邦共和国

die Vereinigten Staaten von Amerika　アメリカ合衆国

die Goethestraße　ゲーテ通り　　　　der Friedrichplatz　フリードリッヒ広場

④ **会社名，組織名**など

die UNO　国際連合　　　　die EU　欧州連合

注 前置詞との融合形は→ 185 頁。

3　不定冠詞

注 格変化の一覧は→ 120 頁。名詞を伴わず，「人は」などの意味で独立して使う用法は，格変化形が一部異なるため，別途，**不定代名詞**として扱います（→ 151 頁）。

> a) Da steht **eine Kirche**.　　あそこに教会が立っています。
> b) Der Wal ist **ein Säugetier**.　鯨は哺(ほ)乳動物です。
> c) Er ist **ein Lügner**.　　彼は嘘つきです。
> d) **Eine Katze** ist selbständiger als **ein Hund**.　猫は犬よりも自立的です。
> e) Es war **eine große Überraschung**.　　それは大きな驚きでした。

- **不定冠詞**は，**可算なもの**（一つ，二つと数えられるもの）を表す名詞が**一つ**，かつ**不特定**なものを表す場合に使います。不定冠詞は，一つのものを表すという特性上，必然的に**単数形**の名詞と結びつきます。
- **不定冠詞**は，以下のような名詞に付けて使います。

① 場面や文脈の中で初めて使う名詞（上掲の囲みの例 a）

〔類例〕　Ich habe **eine Bitte** an Sie.　　私はあなたにお願いがあります。
　　　　Ich schenke ihr **ein Buch**.　　私は彼女に本を贈ります。
　　　　Sie will **einen Arzt** heiraten.　彼女は医者と結婚するつもりです。

注1 不特性を強調する場合，irgend の付いた形（irgendein）を使います。
　Hast du **irgendeine** gute Idee?　何か良いアイデアがありますか？

注2 人名に付けると，「…という人」という不特定の意味を表します。
　Ein Herr Schmidt möchte Sie sprechen.
　シュミットさんという人がお話ししたいとのことです。

注3 関係文が「…するところの～」というように，先行詞を特定化する場合，先行詞に定冠詞を付けますが（**das** Café, das Max oft besucht　マックスがよく行く喫茶店；→ 226 頁），関係文が「…のような～」というように，先行詞の属性を述べるだけの場合は不定冠詞を使います。

　Es gibt **ein** Café, das 24 Stunden durchgehend geöffnet ist.
　24 時間営業の喫茶店があります。

② 主語が単数形の**定義文**「…は～だ」の述語の名詞（上掲の囲みの例 b；定義文における無冠詞の述語は→ 161 頁）

〔類例〕 Das Auto ist **ein Verkehrsmittel**.
　　　　自動車は交通手段です。

③ 主語が単数形の，名詞の表すものの一つの**特性**に焦点を置いた文（「…の特性を持った～」）の述語の名詞（上掲の囲みの例 c）

〔類例〕 Er ist **ein guter Arzt**.　彼は名医です。
　　　　Sie ist noch **ein Kind**.　彼女はまだ子供です。

注 職業名などが述語になる場合，単に職業などを述べるだけならば，無冠詞になりますが，上例の Er ist ein guter Arzt. のように，どのような職業についているかよりも，どのような人であるかを述べる場合，不定冠詞を付けます。このような特性を述べる述語が werden と結合する場合，通常，前置詞 zu と結びつきます。
　Er wurde **zum Idol** der Jugend.　彼は若者たちのアイドルになりました。

④ 指示物全体を代表的一例として**総称的**に表す名詞（上掲の囲みの例 d）

〔類例〕 Mit **einem Messer** spielt man nicht.
　　　　ナイフは遊びに使うものではありません。

注 仮定的な意味を含む場合もあります。
　Eine Dame tut das nicht.　婦人たるものはそのようなことをすべきでない。

⑤ 付加語によって**個別化**される抽象名詞（上掲の囲みの例 f）

〔類例〕 Es war **eine bittere** Enttäuschung für mich.
　　　　それは私にとってつらい失望でした。

　　　　Er empfand **eine** Freude, **die er zuvor noch nicht erlebt hatte**.
　　　　彼はそれまでに経験したことのない喜びを感じました。

注1 不定冠詞が付加された**固有名詞**はそれに関連する対象物を表します。
　Das kann nur **ein Goethe**.　それはゲーテのような人物しかできません。
　Er besitzt **einen** Gogh.　　彼はゴッホの絵を一枚持っています。

注2 不定冠詞は基数「一つの」としても使います。また，物質名詞の場合，容器に入ったものとして個別化し，直接，不定冠詞を付けることがあります。
　Ich habe nur **eine** Frage.　　　　質問が一つだけあります。
　Entschuldigung, **einen** Kaffee bitte!　すみません，コーヒーを１杯！

注3 「**同じの**」という意味で使うこともあります。
　Wir sind **einer** Meinung.
　私たちは同じ意見です。（述語的２格；→ 126 頁）

注4 Deutsch「ドイツ語」も，形容詞を伴う場合，通常，無冠詞です。
　Er spricht **perfektes** Deutsch.　彼は完ぺきなドイツ語を話します。

4　無冠詞

注 冠詞類は，文脈的に明らかであっても，勝手に**省略**することができません。冠詞を置かないならば，置かないだけの理由があるのです。冠詞が使われてなくても，勝手に省略したわけではないのです。したがって，本書では，「**形のない冠詞**」という冠詞（＝**無冠詞**）があると仮定し，説明をすることにします。

> a) Überall blühen **Blumen**.　　　至るところに花が咲いています。
> b) Ich trinke **Milch**.　　　私はミルクを飲みます。
> c) Sie ist **Ärztin**.　　　彼女は女医です。
> d) Fledermäuse sind **Säugetiere**.　　　コウモリは哺（ほ）乳動物です。

- **無冠詞**は，以下の場合に使います。

① **不特定の二つ以上**のものを表す（上掲の囲みの例 a）。

（類例）　Die Kinder pflücken **Kirschen**.
　　　　子どもたちはサクランボを摘みます。
　　　　Er hat große **Pläne** für das nächste Jahr.
　　　　彼は来年に向けて大きな計画があります。

② **不特定の物質，抽象概念**を表す（上掲の囲みの例 b）。

（類例）　Der Ring ist aus **Gold**.　　その指輪は金でできています。
　　　　Im Zimmer brennt **Licht**.　　部屋に明かりがついています。
　　　　Er hat **Fieber**.　　彼は熱があります。
　　　　Er ist ohne **Arbeit**.　　彼は仕事がありません。
　　　　Er zitterte vor **Angst**.　　彼は心配のあまり震えていました。

注1 多くの**祝祭日**の名詞も無冠詞になります。
　　　Ich freue mich auf **Weihnachten**.　　私はクリスマスを楽しみにしています。
注2 不定冠詞と結びつく抽象名詞は→ 160 頁⑤。

③ 「(…は)〜だ」というように，**職業，国籍**を述べる（上掲の囲みの例 c）。

（類例）　Er ist **Korrespondent** einer deutschen Zeitung.
　　　　彼はドイツの新聞社の特派員です。
　　　　Sie ist nach ihrer Herkunft **Französin**.
　　　　彼女は生まれがフランスです。

注 主語が複数の場合，それに応じて複数になりますが（下例の1番目），職業の種類により強く焦点を合わせる場合は単数形を使います（下例の2番目）。
　　Meine beiden Söhne sind **Ärzte**.　　私の二人の息子は医者です。

Viele junge Menschen wollen **Arzt** werden.
多くの若者が医者になりたがります。

職業，国籍だけでなく，「…と呼ばれるもの」というような意味合いで，名詞を使う場合も無冠詞を使います。この用法は，いわば，引用符（"…"）を付けた使い方とも言えます。

Sein Motto heißt **Geduld**. 彼のモットーは忍耐です。
Seine Hobbys sind **Lesen** und **Reiten**. 彼の趣味は読書と乗馬です。
Das Motiv des Mordes war **Eifersucht**. 殺人の動機は嫉妬でした。

④ 個々の集まりとして，指示物全体を総称的に表す（上掲の囲みの例 d）。複数形になります。ただし，定冠詞，不定冠詞の場合よりも，**例外の存在**を認める意味合いが強くなります。

〔類例〕 Wie schwimmen **Fische**? 魚はどうやって泳ぐのですか？
Katzen mag ich nicht. 猫は私は好きではありません。

注1 抽象名詞を**総称的**に使う場合，無冠詞になります。
Liebe ist eine Krankheit. 恋とは一つの病気です。
Sport ist oft die beste Medizin. スポーツはしばしば最善の薬です。

注2 親族名詞は，口語で，固有名詞的に無冠詞でも使います。
Großmutter sieht fern. おばあちゃんはテレビを見ています。

注3 als「…として」の後ろに置く場合，無冠詞になります。
Wir müssen es **als Tatsache** hinnehmen.
私たちはそれを事実として受け入れなければなりません。
Seine Verdienste **als Arzt** sind bekannt.
彼の医者としての功績はよく知られています。
Welche Krankheiten haben Sie **als Kind** gehabt?
あなたは子供の時どの病気にかかりましたか？

注4 決まり文句，慣用句などにしばしば無冠詞を使います。
Hunger haben 空腹である　　nach **Hause** gehen 帰宅する
ohne **Gewähr** 保証なし　　pro **Stunde** 1時間ごとに
letztes **Jahr** 昨年　　eine Tüte **Bonbons** 1袋のキャンディー

名詞を併記する場合も無冠詞を使うことができます。
Schalten Sie **Computer und Monitor** ein.
コンピュータとモニターのスイッチを入れてください。

注5 **対語**や**呼びかけ**にも無冠詞を使います
Tag für Tag 一日一日
Hand in Hand 手に手をとって
Mama! ママ！
Hallo, junger Mann! ねえ，君！（驚き，怒りなどを含めた呼びかけ）

5 定冠詞類（定冠詞を除く）

- 定冠詞に準じる格変化をする冠詞類を**定冠詞類**と呼びます。
- 定冠詞類には，**指示冠詞**（dieser, jener, solcher, derjenige, derselbe），**不定数冠詞**（jeder, mancher, aller），**疑問冠詞**（welcher）の3種類があります。
- 定冠詞類の**格語尾**は，以下のようになります。これらの格語尾は，格をはっきり示している（すなわち格を示す力が「強い」）ため，**強語尾**，強語尾の付く格変化を**強変化**と呼びます。

	男性	女性	中性	複数
1格	**-er**	**-e**	**-es**	**-e**
2格	**-es**	**-er**	**-es**	**-er**
3格	**-em**	**-er**	**-em**	**-en**
4格	**-en**	**-e**	**-es**	**-e**

注 男性単数を除き，1格と4格は同形です。

注1 女性と複数の1格・4格および中性の1格・4格の語尾だけが**定冠詞**の語尾と微妙に異なります（定冠詞：d-ie, d-as）。

注2 格変化一覧での文法上の性と複数の表記は dieser の場合のみとします。

5.1 指示冠詞

5.1.1 dieser（dies- が語幹，-er が語尾）

- 格変化一覧

	男性	女性	中性	複数
1格	**dieser**	**diese**	**dieses**	**diese**
2格	**dieses**	**dieser**	**dieses**	**dieser**
3格	**diesem**	**dieser**	**diesem**	**diesen**
4格	**diesen**	**diese**	**dieses**	**diese**

注1 dieser が定冠詞類の格変化を最も明示的に示すため，定冠詞類を **dieser 型**と呼ぶことがあります。

注2 dieser のみが所有冠詞と**並列的に**使うことができます。

Diese Ihre Erklärung befriedigt uns nicht.
このあなたの説明に私たちは満足しません。

- 主な用法
  ① **空間的**に近くにある事物や人を指し示す。
  Wie heißt **diese** Blume? この花は何という名前ですか？

> **注** 副詞を名詞の後ろに置くこともあります。
> Ist **dieser** Platz **hier** frei?　ここの席は空いていますか？

②　文脈で取り上げられた物事などを指し示す。
　　Ich höre von **dieser** Sache zum ersten Mal.
　　この件は初めて耳にします。
③　時間的に近い現在あるいは過去の時点を指し示す。
　　Wir heiraten **diesen** Sonntag.　　　　私たちはこの日曜日に結婚します。
　　Diesen Sonntag haben wir geöffnet!　この日曜日に開店しました！

> **注1** 名詞を省略して使うことがあります。
> Welcher **Computer** ist preiswert? — **Dieser** hier.
> どのコンピュータがお買い得ですか？—ここのこれです。（男性単数1格）
>
> **注2** 「前者」「後者」という形で jener と対比的に使う場合，「後者」を指します。
> Max und Ben gehen essen. Aber weder **dieser** noch **jener** hat Geld.
> マックスとベンは食事に行きます。しかし後者（Ben）も前者（Max）もお金を持っていません。
> なお，このような場合，ersterer と letzterer の使用の方が推奨されています。
>
> **注3** 中性単数形 dieses は，主に名詞的用法で **dies** になることがあります（「これ」；「このこと，そのこと」；es は→ 134頁，das は→ 147頁）。
> Was kostet **dies**?　　　これはおいくらですか？
> **Dies** sind meine Kinder.　これは私の子どもたちです。
> Ich habe **dies** gerade im Fernsehen gehört.
> このことを私はちょうどテレビで聞きました。

5.1.2　**jen**er（jen- が語幹，-er が語尾）

• 格変化一覧

1格	**jen**er	**jen**e	**jen**es	**jen**e
2格	**jen**es	**jen**er	**jen**es	**jen**er
3格	**jen**em	**jen**er	**jen**em	**jen**en
4格	**jen**en	**jen**e	**jen**es	**jen**e

• 主な用法
①　時間的に遠い時点を指し示す。
　　Ich erinnere mich oft an **jenen** Tag.　私はあの日のことをよく思い出します。

> **注1** dieser と対比的に遠くにある物を指す用法はまれになっています。
> **diese** Welt und **jene** Welt　この世とあの世

Dieser Mantel gefällt mir besser als **jener**.
このコートの方があちらのより気に入っています。

現在では，遠くの人やものを指す場合，**die** Frau **dort**「あそこの女性」のように，**定冠詞**と**副詞**を結びつけた表現を使います。

注2 中性単数で事物を指すことがあります。

　Man kann nicht pauschal sagen, dieses oder **jenes** ist besser oder schlechter.
　一概にこちらの方がいいとか，あちらの方が悪いとか言うことはできません。

② 既に言及されたあるいはよく知られている事物を指し示す。

　Sie besitzt jene Zurückhaltung der Norddeutschen.
　彼女は北ドイツ人のあの控え目さを持っています。

注1 制限的な関係文の先行詞に付けて使います（= derjenige）。
　jener Roman, der 2016 erschien
　2016 年に出版されたあの小説

注2「前者」「後者」という意味で，dieser と対比的に使う場合，「前者」を指します（→ dieser の **注2**）。

5.1.3　solch**er**（solch- が語幹，-er が語尾）

● 格変化一覧

1格	solch**er**	solch**e**	solch**es**	solch**e**
2格	solch**es***	solch**er**	solch**es***	solch**er**
3格	solch**em**	solch**er**	solch**em**	solch**en**
4格	solch**en**	solch**e**	solch**es**	solch**e**

*→ **注1**

注1 男性・中性の 2 格の場合，**名詞に 2 格語尾** -[e]s があるため，通常，solches より solchen を使います。
　angesichts **solchen** Leidens　このような苦しみを目にして

注2 **後続の形容詞**は，通常，**弱変化**（→ 190 頁）。強変化（→ 163 頁）になることもあります。
　solche **prachtvollen** Bauten　このような壮麗な建造物
　solche **neue** Wege　　　　　　このような新しいやり方

● 主な用法
① 類似性を表す。
　　solches Kraut　このような雑草
　　solches Wetter　このような天気
　　Solche Leute mag ich nicht.　このような人は好きではありません。

注 **普通名詞の単数形**の場合，通常，solcher ではなく，**ein solcher** を使います。ein solcher の格変化は下のようになります。複数形の場合は前頁の変化形を参照。

1格	ein	solch**er**	eine	solch**e**	ein	solch**es**
2格	eines	solch**en**	einer	solch**en**	eines	solch**en**
3格	einem	solch**en**	einer	solch**en**	einem	solch**en**
4格	einen	solch**en**	eine	solch**e**	ein	solch**es**

ein solcher Mensch　　　　　このような人（[誤] solcher Mensch）
ein solches Leiden　　　　　このような苦しみ
Eine solche Vermutung liegt nahe.　そのような推測はすぐつきます。

② 抽象名詞と結びつき，<u>程度の高い</u>ことを表す。
　Ich habe **solchen** Hunger.　　私はひどく空腹です。
　Ich habe **solche** Kopfschmerzen.　私はひどい頭痛がします。

注1 名詞を省略して使うことがあります。
　Es gibt immer **solche**.　このような人はいつもいるものです。(= **solche** Leute)
注2 <u>無語尾の solch</u> ＋<u>不定冠詞</u>および<u>無語尾の solch</u> ＋<u>強変化の形容詞</u>の形で使うことがあります。なお，口語では solch ein が **so ein** の形になります。
　solch ein Haus　このような家　　　**ein solch altes** Auto　このように古い車
　solch trübes Wetter　このように曇った天候
　so eine Nacht　このような夜

5.1.4　**der**jenig**e**, **der**selb**e**

• 格変化一覧（der- は定冠詞の変化，-jenige と -selbe は形容詞変化）

1格	**der**jenig**e**	**die**jenig**e**	**das**jenig**e**	**die**jenig**en**
2格	**des**jenig**en**	**der**jenig**en**	**des**jenig**en**	**der**jenig**en**
3格	**dem**jenig**en**	**der**jenig**en**	**dem**jenig**en**	**den**jenig**en**
4格	**den**jenig**en**	**die**jenig**e**	**das**jenig**e**	**die**jenig**en**
1格	**der**selb**e**	**die**selb**e**	**das**selb**e**	**die**selb**en**
2格	**des**selb**en**	**der**selb**en**	**des**selb**en**	**der**selb**en**
3格	**dem**selb**en**	**der**selb**en**	**dem**selb**en**	**den**selb**en**
4格	**den**selb**en**	**die**selb**e**	**das**selb**e**	**die**selb**en**

• **derjenige** は，関係文の先行詞に付け，<u>制限的用法</u>であることを示すのに使います（= jener）。

derjenige Gast, den ich gestern getroffen habe 　私が昨日会ったお客

> 注 名詞を省略して使うことがあります。
> **diejenigen**, die gewählt wurden 　選ばれた人たち

- **derselbe** は同一性を表すのに使います（「同じ，同一の」）。
  Ich hatte **dieselbe** Idee. 　私は同じ考えを持っていました。
  Sie trägt **dasselbe** Kleid wie gestern.
  彼女は昨日と同じワンピースを着ています。

> 注1 定冠詞が前置詞と融合する場合，-**selbe** の部分が分離します。
> Wir sitzen alle im **selben** Boot.
> 私たちはみんな同じ運命です（←同じボートに乗っている）。
> 注2 名詞を省略して使うことがあります（「同一の人；同一のもの〈こと〉」）。
> **Dasselbe** hat er auch festgestellt. 　同じことを彼も確かめました。
> 注3 **ein und derselbe** の形になることもあります（「同一の」）。
> Sie wohnt in **ein und derselben** Stadt. 　彼女は同じ町に住んでいます。

5.2　不定数冠詞

5.2.1　**jed**er（jed- が語幹，-er が語尾）

- 格変化一覧

1格	**jed**er	**jed**e	**jed**es	なし
2格	**jed**es*	**jed**er	**jed**es*	なし　　*→ 注1
3格	**jed**em	**jed**er	**jed**em	なし
4格	**jed**en	**jed**e	**jed**es	なし

> 注1 男性・中性の2格の場合，**名詞に2格語尾 -[e]s** があるため，jeden になることもあります。
> trotz **jeden** Widerstandes 　あらゆる抵抗にもかかわらず
> 注2 jeder に後続する形容詞の語尾は，通常，**弱変化**（→ 190 頁）になります。
> **jeder** nötige rechtliche Schritt 　あらゆる必要な法的措置

- 可算名詞の事物を個別的に取り出して，どれもが該当することを表します（すべてを一括して表す aller は→ 5.2.2）。

　　類例　**Jede** Hilfe kam zu spät. 　どんな助けも遅すぎました。
　　　　　die Kreativität **jedes** Schülers 　あらゆる生徒の創造性
　　　　　Er kümmert sich um **jede** Kleinigkeit.
　　　　　彼はどんな小さなことでも気にします。

jeden Tag　　　毎日
auf **jeden** Fall　　どんなことがあっても

注1 名詞を省略して使うことがあります。
　Jedes der Kinder hat sein eigenes Zimmer.
　子供たちはめいめい自分の部屋を持っています。
注2 男性形 **jeder** は「どの人も，誰もが」の意味で使うことがあります。
　Jeder wusste es.　誰もがそのことを知っていました。
注3 序数詞と結びつくと，反復の意味になります。
　jeder dritte Mann　　男性の3人に一人
　jede fünfte Frau　　女性の5人に一人

5.2.2　**all**er（all- が語幹，-er が語尾）
● 格変化一覧

1格	**all**er	**all**e	**all**es	**all**e
2格	**all**es*	**all**er	**all**es*	**all**er
3格	**all**em	**all**er	**all**em	**all**en
4格	**all**en	**all**e	**all**es	**all**e

＊→ **注1**

注1 男性・中性の2格の場合，**名詞に2格語尾** -[e]s があるため，通常，alles より allen を使います。
　trotz **allen** Fleißes　　　　　　あらゆる努力にもかかわらず
　Geiz ist die Wurzel **allen** Übels.　けちはすべての災いの元。
注2 aller に後続する形容詞の語尾は，通常，**弱変化**（→ 190頁）になります。
　alle nötigen Unterlagen　あらゆる必要な書類
注3 他の**冠詞類の前に**置くこともあります。使い方は，以下のようになります。
《名詞が単数形》
① **男性名詞**と**中性名詞**の場合，語尾なしの形が一般的です。
　all der Fleiß　あらゆる努力
　Ich habe **all** mein Geld verloren.　私はお金をすべて失ってしまいました。
② **女性名詞**の場合，1格と4格では語尾のある形とない形が同じように使われます。
　all / **alle** meine Angst　私のあらゆる不安
2格と3格の場合，語尾のない形がより多く使われます。
　mit **all** meiner Liebe　私の愛をすべて込めて
《名詞が複数形》
① **1格**と**4格**の場合，文法上の性に関係なく，両者が同じように使われます。
　alle / **all** diese Bücher　これらの本すべて
② **2格**と**3格**の場合，語尾のない形がより多く使われます。
　mit **all** meinen Kräften　私の全力をつくして

- 名詞の表す事物の<u>すべてが該当</u>することを表します。
  ① 可算的な<u>普通名詞</u>と結びつく場合，名詞は複数形（= sämtlich）。
    Alle Deutschen sind fleißig.　　ドイツ人は皆，勤勉です。
    Das übertrifft **alle** Erwartungen.　それはあらゆる予想を上回るものです。

  注1 名詞を省略して使うことがあります。
    Ich habe keine Äpfel mehr. Ich habe **alle** gegessen.
    私はもうリンゴを持っていません。みんな食べてしまいました。
  関連する名詞（特に主語，目的語）から離して**同格的**に使うこともあります。
    Diese Städte habe ich **alle** gesehen.
    これらの町を私はすべて見ました。
  なお，先行する名詞を受けることなく，**独立的**に使う場合，人を指します。
    Alle sind dagegen.
    みんなそれに反対です。
  注2 **数詞＋名詞**（通常，4格）と結びつくと，反復を表します。
    Er besucht uns **alle zwei Wochen**.　彼は 2 週間おきに私たちを訪れます。

  ② 非可算的な<u>抽象名詞</u>と結びつく場合，名詞は単数形（= ganz）。
    alles Geld in Aktien anlegen　お金をすべて株に投資する
    Das Hotel bietet allen Komfort.
    このホテルはあらゆる快適さを備えています。

  注 **alles** は①単独でも，②同格的にも，また③名詞的用法の形容詞とも使います。
    ① **Alles** ist in Ordnung.　　　　すべて順調です。
       Alles hat seine zwei Seiten.　すべてのことに二つの面があります。
       Das ist **alles**.　　　　　　　これがすべてです。
    ② Das ist **alles** nicht wahr.　　それはすべて真実ではありません。
    ③ Ich wünsche dir **alles Gute**.　君の幸せを祈ります。
  また，alles の形で人の集団を表すことがあります（口語）。
    Bitte **alles** aussteigen!　みなさん，お降りください！

5.2.3　manch**er**（manch- が語幹，-er が語尾）
- 格変化一覧

1格	manch**er**	manch**e**	manch**es**	manch**e**	
2格	manch**es***	manch**er**	manch**es***	manch**er**	* → **注1**
3格	manch**em**	manch**er**	manch**em**	manch**en**	
4格	manch**en**	manch**e**	manch**es**	manch**e**	

注1 男性・中性の2格では，**名詞に2格語尾 -[e]s** があるため，通常，**manchen** の方を使います。
   trotz **manchen** Widerstandes　いくつもの抵抗にもかかわらず
ただし，形容詞などの名詞的用法で格が明示されない場合，**manches** を使います。
   die Hausarbeiten **manches** Studierenden　何人もの学生の宿題（単数）
注2 後続の形容詞は，通常，弱変化（→ 190 頁）。**複数の場合**，強変化になることもあります（→ 163 頁）。
   manches **wichtige** Werk　　　　　いくつもの重要な作品
   manche **netten**<**nette**> Menschen　幾人もの親切な人

- 人や事物に関して，サンプル的に取り出した一定数のものを表します（「幾人もの」，「いくつもの」，「いろんな」；einige より多く，viele よりも少ない）。

① **単数形**の場合

   Mancher Mensch verlernt das Träumen.
   夢見ることを忘れる人もいます。

   In **mancher** Beziehung hast du recht.
   いろんな点で君の言うことは正しい。

注 名詞を**省略**して使うことがあります。
   Mancher hat es vielleicht schon vergessen — wir aber nicht!
   そのことをひょっとしたらもう忘れてしまった人もいるでしょう — しかし私たちは違います！
中性形の **manches** は物事を表します。
   Er hat **manches** erlebt.　彼はいくつものことを経験しました。

② **複数形**の場合

   Manche Leute glauben es.　それを信じている人もいます。
   Die Straße ist an **manchen** Stellen beschädigt.
   道路は何箇所も損傷しています。

注 名詞を省略して使うことがあります。
   Manche sind anderer Meinung.　意見を異にする人が何人もいます。

③ その他の細則

a) **so mancher**（mancher の強調形）

   Von einem Auslandsstudium träumt **so mancher** Student.
   外国での勉学をかなりの学生が夢見ています。

b) **manch ein**（mancher の場合よりも数の多さが強調されます）

   manch eine Nacht　いく晩も
   die Ansicht **manch eines** Gelehrten　かなりの数の学者の意見

5.3 疑問冠詞 welcher (welch- が語幹, -er が語尾)

• 格変化一覧

1格	welch**er**	welch**e**	welch**es**	welch**e**	
2格	welch**es***	welch**er**	welch**es***	welch**er**	* → 注1
3格	welch**em**	welch**er**	welch**em**	welch**en**	
4格	welch**en**	welch**e**	welch**es**	welch**e**	

注1 男性・中性の2格では，名詞に2格語尾 -[e]s があるため，**welchen** の形になることがあります。
　egal **welchen** Alters　どの年齢かに関係なく
注2 後続の形容詞は弱変化 (→ 190頁) になります。
　Welche **europäischen** Länder nehmen besonders viele Flüchtlinge auf?
　ヨーロッパのどの国が特に多くの難民を受け入れますか？

• 既知のものの中から特定のものを選び出させるのに使います (「どの？」)。

　Welchen Wein empfehlen Sie?　あなたのお勧めのワインはどれですか？
　Mit **welchem** Zug fahren Sie?　どの列車で行くのですか？
　Er wusste nicht, **welcher** Bus zur Universität fährt.
　彼はどのバスが大学に行くのか知りませんでした。

注1 名詞を省略して使うことがあります。
　Kennst du die Frau dort drüben? — **Welche?**
　あそこの女性を知っていますか？—どの女性？
　Welches der Bücher gehört dir?
　それらの本のどれが君のですか？(変化形は省略した名詞に基づく)
注2 中性形 **welches** は「どれ？」という一般的な意味でも使います。
　Welches ist dein Lieblingswein?　君の好きなワインはどれ？
　Welches von diesen hier gefällt dir am besten?
　これらのどれが一番気に入っていますか？
　Welches sind die beliebtesten Namen?
　一番人気のある名前は何ですか？(述語が複数形の場合，定動詞も複数形)
注3 認容文を作ることもあります。
　Welches auch immer deine Gründe waren, du hättest es nicht tun dürfen.
　理由がなんであれ，君はそれをしてはならなかったのです。
注4 語尾のない **welch** は不定冠詞，あるいは強変化の形容詞と感嘆文を作ります (→ 246頁)。
　Welch ein Glück!　なんという幸運！
　Welch ein Zufall!　なんという偶然！
　Welch **schönes** Bild!　なんと美しい絵！(強語尾；→ 163頁)

6 不定冠詞類（不定冠詞を除く）

- 不定冠詞に準じる格変化をする冠詞類を**不定冠詞類**と呼びます。不定冠詞類には**所有冠詞**，**否定冠詞**，**疑問冠詞**の3種類があります。
- 不定冠詞類の**格語尾**は，以下のようになります。

	男性	女性	中性	複数
1格	-	-e	-	-e
2格	-es	-er	-es	-er
3格	-em	-er	-em	-en
4格	-en	-e	-	-e

注 定冠詞類の語尾との相違は男性1格と中性の1格・4格で，語尾が付かないという点のみです。

6.1 所有冠詞
6.1.1 所有冠詞一覧

- **所有冠詞**（英語の *my* など）は，**人称・数**など応じて，次のようなものがあります（2人称敬称は語頭の文字を大書；カッコ内は人称代名詞の1格形）。

	1人称	2人称 親称	2人称 敬称	3人称 男性	3人称 女性	3人称 中性
単数	**mein**(ich)	**dein**(du)	**Ihr**(Sie)	**sein**(er)	**ihr**(sie)	**sein**(es)
複数	**unser**(wir)	**euer**(ihr)	**Ihr**(Sie)	**ihr**(sie)		

6.1.2 各所有冠詞の格変化一覧

- 所有冠詞は名詞の**文法上の性・数・格**に応じて**語尾**を変えます（以下の表では，黒太字が語幹で，青太字が語尾）。

6.1.2.1 mein「私の」

	男性	女性	中性	複数
1格	**mein**	**mein**e	**mein**	**mein**e
2格	**mein**es	**mein**er	**mein**es	**mein**er
3格	**mein**em	**mein**er	**mein**em	**mein**en
4格	**mein**en	**mein**e	**mein**	**mein**e

注1 不定冠詞が複数形を持たないため，不定冠詞類を所有冠詞 mein で代表させ，**mein 型**と呼ぶことがあります。

注2 所有冠詞 dein「君の」と sein「彼の；それの」の格変化は，語頭の文字のみが mein と異なるので，これらの一覧表は省略します。なお，以下の表では文法上の性と数の表記も省略します。

6.1.2.2　unser「私たちの」（末尾の -er は語幹の一部；e の削除は→ 284 頁）

1格	unser	unsere	unser	unsere
2格	unseres	unserer	unseres	unserer
3格	unserem	unserer	unserem	unseren
4格	unseren	unsere	unser	unsere

注 上表の形が一般的なものですが，語尾が -e, -es, -er の場合，語幹の e を省いた形も使います：unsre, unsres, unsrer。
語尾が -em, -en の場合，語幹の e が省かれることも，語尾の e が省かれることもあります：unsrem か unserm, unsren か unsern。

6.1.2.3　euer「君たちの」（e の削除は→ 284 頁）

1格	euer	eure	euer	eure
2格	eures	eurer	eures	eurer
3格	eurem	eurer	eurem	euren
4格	euren	eure	euer	eure

注 語尾が -e, -es, -er の場合，語幹の e を省いた形が一般的です：euere → eure, eueres → eures, euerer → eurer。
格語尾が -em, -en の場合，語幹の e が省かれることも，語尾の e が省かれることもあります：euerem → eurem か euerm, eueren → euren か euern。

6.1.2.4　ihr「彼女の；彼［女］らの，それらの」，Ihr「あなた［方］の」

1格	ihr / Ihr	ihre / Ihre	ihr / Ihr	ihre / Ihre
2格	ihres / Ihres	ihrer / Ihrer	ihres / Ihres	ihrer / Ihrer
3格	ihrem / Ihrem	ihrer / Ihrer	ihrem / Ihrem	ihren / Ihren
4格	ihren / Ihren	ihre / Ihre	ihr / Ihr	ihre / Ihre

6.1.3　主な用法

- 名詞の表すものと関係のある人や事物を表します（特に所有や所属の関係）。

    Ich finde **meine** Brille nicht.　私のメガネが見つかりません。
    Wir lieben **unsere** Katze.　私たちは私たちの猫を愛しています。
    Wie heißt **eure** Universität?　君たちの大学は何という名前ですか？

    注　動作名詞との結合で所有冠詞が意味上の主語（1番目の例）や目的語（2番目の例）を表すことがあります。

    Seine Hilfe ist sehr wichtig für mich.　彼の助けは私にとってとても重要です。
    Sie kämpft für **seine Freilassung**.　彼女は彼の釈放のために闘います。

- 名詞を省略して使うことがあります（「…のもの」）。ただし、男性の1格、中性の1格・4格では、強語尾を付けます（→ 163頁：無語尾は雅語的）。なお、中性の場合、口語では語尾のeを省きます（カッコ内；なお、euerの場合、語幹のeは省かずに残します）。

    〈例〉男性の1格　　　　　**meiner**　　**ihrer**　　**unserer**　　**eurer**
    　　中性の1格・4格　　 **meines**　　**ihres**　　**unseres**　　**eures**
    　　　　　　　　　　　　 (**meins**)　(**ihrs**)　(**unsers**)　(**euers**)

    Dieser Hund ist **meiner**.　この犬は私のです。
    Ist das dein Wörterbuch oder **seins**?
    これは君の辞書ですか、あるいは彼のですか？
    Fahren wir mit unserem Auto oder mit **eurem**?
    私たちの車で行きましょうか、それとも君たちの車で？

    注1　指示代名詞 dieser に結びつけて並列的に使うことができます（→ 163頁）。
    注2　定冠詞とともに形容詞的に使うことがあります（文語的）。

    Er näherte seine Lippen **den ihren**, doch sie verschloss sich seinem Kuss.
    彼は唇を彼女の唇に近づけました、しかし彼女は彼の口づけを拒みました。

6.2　否定冠詞 kein

- 格変化一覧

	男性	女性	中性	複数
1格	**kein**	**keine**	**kein**	**keine**
2格	**keines**	**keiner**	**keines**	**keiner**
3格	**keinem**	**keiner**	**keinem**	**keinen**
4格	**keinen**	**keine**	**kein**	**keine**

- 名詞の表すものが未だ特定されていない場合に使います（nicht との相違は → 176 頁）。

  Ich habe **keine** Zeit.   私は時間がありません。
  Er trinkt **keinen** Alkohol.   彼はアルコールを飲みません。
  Ich habe **kein** Wort verstanden. 私は一言も理解できませんでした。

注1 付加語としての形容詞を否定することがあります。
  Das ist **keine** schlechte Idee. それは悪い考えではありません。

注2 全文否定に相当する場合があります。
  Ich habe **keine** Geheimnisse vor dir. 私は君に秘密などありません。

注3 強語尾を付け，名詞を省略して使うことがあります（本書では不定代名詞としても記述しています；→ 151 頁）。
  Haben wir noch Marmelade? ― Nein, wir haben **keine** mehr.
  まだジャムがありますか？ ― いや，もうないよ。
  Mir kann **keiner** helfen.   私を助けてくれる人は誰もいません。
  Kein[e]s der Kinder wurde verletzt. 子供は誰も怪我をしませんでした。
名詞省略の kein を関係文で修飾する場合，関係代名詞 der を使います（→ 152 頁）。
  Ich kenne **keinen, der** das tut.
  そういうことをする人を私は誰も知りません。

注4 口語では，否定を**強調**する場合，関連する名詞を**文頭**に，強語尾を付けた kein を**文中**あるいは**文末**に置くことがあります。
  Wein habe ich **keinen** getrunken. ワインを私は全く飲みませんでした。
  Lust hat er **keine**.   やる気を彼は全く持っていません。
  Geld habe ich **keins**.   お金を私は全然持っていません。
  Schuhe hatte sie **keine** an. 靴を彼女は履いていませんでした。

注5 kein の強調形 **keinerlei** は語尾を付けずに使います（なお，形容詞が後続する場合，形容詞は強語尾（→ 163 頁）を付けます）。
  Dafür gibt es **keinerlei** wissenschaftliche Belege.
  そのことを科学的に証明するものは何もありません。

6.3　疑問冠詞 **was für ein**

- 格変化一覧（ein は不定冠詞と同一の格変化）

	男性	女性	中性	複数
1格	**was für ein**	**was für eine**	**was für ein**	**was für**
2格	**was für eines**	**was für einer**	**was für eines**	**was für**
3格	**was für einem**	**was für einer**	**was für einem**	**was für**
4格	**was für einen**	**was für eine**	**was für ein**	**was für**

- 対象物の<u>種類・属性</u>を尋ねる場合に使います(「どのような…」)。
なお,für は格を支配しません。したがって ein の格語尾は名詞の文中での格によって決まります。また,非可算的な抽象名詞や複数形の名詞の場合,ein を省き,<u>was für</u> + 名詞という形になります。

 Was für ein Sportwagen ist das? それはどんなスポーツカーですか?
 In was für einem Haus wohnt er? 彼はどんな家に住んでいますか?
 (Haus は文中で in と結びつく3格)
 Was für Wein trinkst du gern? 君はどんなワインが好きですか?
 Was für Geschenke haben Sie bekommen?
 あなたはどんなプレゼントをもらいましたか?

注1 für ein ... は was から分離し,文末に置くことがあります。
 Was ist er **für ein Mensch**? 彼はどんな人ですか?
 Was hast du **für Schuhe**? どんな靴を持っていますか?

注2 前出の名詞を省略することがあります。その場合,ein は強語尾(→ 163 頁)。また,非可算的な抽象名詞や複数形の名詞を受ける場合は welcher を使います。
 Ich kaufe ein Auto. — Was für **eins**? 私は自動車を買います。— どんなの?
 Es gibt noch Kuchen. — Was für **welchen**? まだケーキがあるよ。— どんなの?
 Haben Sie Sehstörungen? Wenn ja, was für **welche**?
 視覚障害がありますか? そうならば,どのようなものですか?

注3 感嘆文としても使うことがあります(→ 246 頁)。
 Was für eine Überraschung! 何という驚き!
 Was für ein herrliches Wetter! 何と素晴らしい天気だ!

注4 疑問冠詞 welcher は→ 171 頁。

コラム kein と nicht

kein は名詞の表すものが<u>特定されていない</u>場合に,**nicht** は名詞の表すものが<u>特定されている</u>場合に使います。語順にも注意。

 Er hat **kein** Visum. 彼はビザを持っていません。(特定化されていない目的語)
 Er trinkt **kein** Bier. 彼はビールを飲みません。(特定化されていない目的語)
 Er hat den Fernseher **nicht** gekauft.
 彼はそのテレビを買いませんでした。(定冠詞の付いた名詞;その後ろ)
 Er hat das Bier **nicht** getrunken.
 彼はそのビールを飲みませんでした。(定冠詞の付いた名詞;その後ろ)

注1 **sondern** と組み合わせて対比的に否定する場合,通常,kein を使うべき場合でも nicht を使うことがあります。

Max hat **kein** Bier getrunken, **sondern** Wein.
= Max hat **nicht** Bier getrunken, **sondern** Wein.
マックスは，ビールでなく，ワインを飲みました。
Ich habe **kein** Fahrrad gekauft, **sondern** ein Auto.
= Ich habe **nicht ein** Fahrrad gekauft, **sondern** ein Auto.
私は自転車ではなく，車を買いました。

注2 ein にアクセントを置く **nicht ein** は，「一つさえない」という否定の強調形になります。この場合の ein はむしろ**数詞**と言うべきものです。

Er kann **nicht eine** Ausnahme machen.　彼は例外を一つも認めません。
Sie hat bis heute **nicht ein** Wort mit mir geredet.
彼女はきょうまで一言も私と言葉を交わしたことがありません。

注3 述語としての職業，季節などを対比的に否定する場合，kein も使います。

Er ist **kein** Lehrer. < Er ist **nicht** Lehrer.　彼は先生ではありません。
Es ist noch **kein** Sommer. < Es ist noch **nicht** Sommer.　まだ夏ではありません。

ただし，特性を表す（すなわち肯定の場合，不定冠詞を使うような）場合は kein のみを使います（→ 160 頁）。

Er ist ein mittelmäßiger Lehrer, aber **kein schlechter** Lehrer.
彼は平凡な先生ですが，悪い先生ではありません。

注4 動詞と**熟語的**な結びつき，決まった言い回しを作る4格目的語の場合，動詞全体を含めたものを否定する意味で **nicht** を使います。

Er fährt **nicht** Ski.　　　彼はスキーをしません。
Er kann **nicht** Auto fahren.　彼は車の運転ができません。
Der Makler hält **nicht** Wort.　そのブローカーは約束を守りません。
Er läuft **nicht** Gefahr, seinen besten Freund zu verlieren.
彼は最も親しい友人を失うような危険は犯しません。
Ich kann mit der technischen Entwicklung **nicht** Schritt halten.
私は技術的進歩についていけません。

注5 機能動詞句の文（→ 81 頁）の4格目的語には kein も nicht も使います。

Er nahm **keine** Rache. = Er nahm **nicht** Rache.
彼は復讐をしませんでした。
Er hat **keine** Rücksicht genommen. = Er hat **nicht** Rücksicht genommen.
彼はいかなるしん酌もしませんでした。

（類例）　**keine** Angst haben / **nicht** Angst haben　心配していない
　　　　keinen Hunger haben / **nicht** Hunger haben
　　　　お腹がすいていない

注6 als「…として」と結びついた無冠詞の名詞句の場合，nicht を使います。

Sie arbeitet **nicht als** Verkäuferin.
彼女は店員として働いているわけではありません。
Ich sage das **nicht als** Arzt.
私はそのことを医者として言うのではありません。

第4章　前置詞

1　格支配

> a) Die Mutter geht mit **der Tochter** einkaufen.
> 　母親は娘と買い物に出かけます。
> b) Der Vater bleibt mit **dem Hund** zu Hause.
> 　父親は犬と留守番です。
> c) Ich gehe mit **ihr** aus.　私は彼女とデートです。

- 上例の a, b, c の mit は前置詞。a の **der Tochter** は女性単数 3 格，b の **dem Hund** は男性単数 3 格，c の **ihr** は人称代名詞 sie の単数 3 格。
- 前置詞が名詞や代名詞と結びつく場合，mit は 3 格の名詞や代名詞と結びつくというように，結びつく格が前置詞ごとに決められています。このことを前置詞が特定の格を支配すると考え，前置詞の格支配と呼びます。
- 前置詞の格支配には，2 格支配，3 格支配，4 格支配，3 格・4 格支配の 4 種類があります。なお，格支配の例外は以下の個々の前置詞の説明を参照。
- 前置詞は基本的に前置されますが，例外的に後置されるものもあります。
- 動詞や形容詞との関係は→ 187 頁。

> **注1** während「…の間に」，bis「…まで」のように，接続詞と同形のものもあります。
> **注2** 事物を表す人称代名詞との結合は→ 200 頁，疑問代名詞 (was) との結合は→ 203 頁，関係代名詞との結合は→ 226 頁，229 頁。

2　2 格支配の前置詞 (左上から右下へ頻度順)

> | | | | |
> |---|---|---|---|
> | **während** | …の間 | **trotz** | …にもかかわらず |
> | **wegen** | …のために | **statt** | …の代わりに |
> | **innerhalb** | …の内側に，…以内に | **außerhalb** | …の外側に，…以外に |
> | **aufgrund** | …に基づいて | | |

〈主な具体例 (アルファベット順)〉

außerhalb	**außerhalb** der Stadt	町の外に
	außerhalb der Sprechstunde	面会時間外に

注 von + 3 格とも結びつきます：außerhalb **von** Berlin　ベルリンの市外で。

aufgrund	**aufgrund** der Tatsache	事実に基づいて

注 von + 3格とも結びつきます：aufgrund **von** neuen Berichten 新しい報告に基づいて。なお，auf Grund と2語で書くこともあります。

innerhalb	**innerhalb** der Stadt	町の中に
	innerhalb eines Jahres	1年以内に
	innerhalb zweier* Jahre	2年以内に　*zwei の2格形

注1 名詞が複数形で，格が不明な場合は3格：innerhalb zwei **Jahren** 2年以内に。
注2 von + 3格とも結びつきます：innerhalb **von** Berlin ベルリン市内で，innerhalb **von** zwei Jahren 2年以内に。

statt （まれに anstatt）	**statt** eines Autos	車の代わりに

注1 口語では3格も：statt **dem** Bus バスの代わりに。
注2 名詞が複数形で，格が不明な場合は3格：statt **Worten** 言葉の代わりに。
注3 「…する代わりに」という意味で **zu 不定詞句**とも結びつきます（→ 94頁）。

trotz	**trotz** des schlechten Wetters	悪天候にもかかわらず

注1 冠詞がない場合，通常，3格：trotz **heftigem** Regen 激しい雨にもかかわらず。
注2 特に南ドイツ・オーストリア・スイスでは3格も使います：trotz **dem** Gewitter 雷雨にもかかわらず。
注3 名詞が複数形で，格が不明な場合は3格：trotz **Beweisen** 証拠にもかかわらず。
注4 名詞のみの場合，無語尾になることもあります：trotz **Schnee** 雪にもかかわらず。

während	**während** der Sommerferien	夏休みの間
	während der Vorlesung	講義の間

注 名詞が複数形で，格が不明な場合は3格：während drei **Jahren** 3年の間に。

wegen	**wegen** eines Unfalls	事故のために
	wegen einer Unterschlagung	横領をしたために

注1 後置されることもあります：des besseren Verständnisses **wegen** よりよい理解のために，der großen Kälte **wegen** 厳しい寒さのために。
注2 口語では3格も：wegen **dem** Schnee 雪のために。
注3 名詞が複数形で，格が不明な場合は3格：wegen **Geschäften** ビジネスのために。
注4 名詞のみの場合，無語尾になることもあります：wegen **Umbau** 改装のため。
注5 所有冠詞 + -et- + wegen の形で，「誰それのために」という副詞を作ります。
　meinetwegen 私のために　　**deinetwegen** 君のために

《2格支配のその他の前置詞（左上から右下へ頻度順）》

angesichts …を考慮して	**bezüglich** …に関して
mithilfe (道具など) を使って；…の協力で	**einschließlich** …を含めて
anhand (資料などに) 基づいて	**jenseits** …の向こう側に
zugunsten …の利益になるように	**mittels** …を使って
hinsichtlich …に関して	**infolge** …が原因で

3　3格支配の前置詞 (左上から右下へ頻度順)

zu	…へ；…のところに	**aus**	…の中から
von	①…から，②…の	**seit**	…[前] から＊
mit	①…と一緒に，②…を使って	＊過去の時点が基準。	
bei	①…の側で，②…のところで	**gegenüber**	…の向かいに
nach	①…の方へ，②…の後で	**ab**	…から

〈主な具体例 (アルファベット順；例文の前の①②は上表の①②に対応)〉

ab　　　　　Ab dem 18. Lebensjahr ist man volljährig.
　　　　　　　18歳から成人です。

注1 名詞は多く**無冠詞**。
　Der Zug fährt **ab** Mainz.　列車はマインツ発です。
　Das Restaurant ist **ab** neun Uhr geöffnet.　レストランは9時から開いています。
注2 しばしば**4格支配**も：ab **ersten** Januar 1月1日から。
注3 副詞と：Ab **jetzt**! 今からでしょ！

aus　　　　Er kommt **aus** der Mensa.　彼は学食から出て来ます。
　　　　　　　Er kommt **aus** Berlin.　彼はベルリンの出身です。
außer　　　**Außer** dir habe ich keinen Freund.
　　　　　　　君以外に私には友達がいません。
bei　　　　① Sein Haus steht **bei** der Kirche.
　　　　　　　　彼の家は教会の側にあります。
　　　　　　　② Er wohnt **bei** den Eltern.
　　　　　　　　彼は親元で暮らしています。
gegenüber　**Gegenüber** dem Kaufhaus ist eine Buchhandlung.
　　　　　　　デパートの向かいに本屋があります。

注 減少傾向にありますが，**後置**されることもあります。

Die Bank liegt dem Park **gegenüber**.　銀行は公園の向かいにあります。

mit	① **mit** den Kindern spielen	子どもたちと遊ぶ
	Kaffee **mit** Milch trinken	コーヒーにミルクを入れて飲む
	② Brot **mit** dem Messer schneiden	パンをナイフで切る
	mit dem Bus kommen	バスに乗って来る
nach	① **nach** Bonn fahren	ボンへ行く
	② **nach** dem Essen	食後に

注 「…によると」「…に従って」という意味の場合，ふつう**後置**されます。
　seiner Meinung **nach** 彼の意見によると　　der Reihe **nach** 順番に従って

seit	**seit** zwei Uhr warten　2時から待っている	
	seit zwei Jahren in Berlin wohnen	
	2年前からベルリンで暮らしている（期間を表す複数形と）	
von	① ein Bild **von** der Wand nehmen	絵を壁から取り外す
	② ein Gedicht **von** Goethe	ゲーテの詩
zu	**zum** Bahnhof gehen	駅へ行く（zum は→ 185 頁）
	zu meinem Onkel gehen	私のおじのところに行く

《その他の3格支配の前置詞》

entsprechend …に応じて（後置も可）	**entsprechend** ihren Fähigkeiten 彼らの能力に応じて
gemäß …に従って（通常，後置）	dem Befehl **gemäß** 命令に従って
laut …によると	**laut** Fahrplan 時刻表によると
samt …も含めて	**samt** den Unterlagen 書類とともに
zufolge …によれば（通常，後置）	neuesten Meldungen **zufolge** 最新情報によれば

4　4格支配の前置詞 (左上から右下へ頻度順)

für	①…のために，②…に賛成の	bis	…まで
um	①…[時]に，②…の回りに	gegen	①…に対して，②…に反対の
durch	①…を通って，		③…[時]頃
	②…によって	ohne	…なしで
entlang	…に沿って	per	…によって

〈主な具体例（アルファベット順；例文の前の①②は上表の①②に対応）〉

bis	**bis** nächsten Monat	来月まで
	bis Köln fahren	ケルンまで行く

注 他の前置詞の前に置くこともあります。なお，その際，名詞の格は後ろの前置詞によって決まります。
　bis zum Bahnhof　　駅まで
　bis vor Kurzem　　少し前まで
　Ich werde dich **bis in** den Tod lieben.　　私は君を死ぬまで愛します。

durch	① **durch** den Wald gehen	森の中を通って行く
	② Das Dorf wurde **durch** ein Erdbeben zerstört.	
	村は地震で破壊されました。	
entlang	（ふつう後置）　den Weg **entlang**	道に沿って

注 **an** + 3格 **entlang** の形もあります：**an** der Küste **entlang** 海岸に沿って。

für	① **für** die Prüfung lernen	試験のために勉強する
	Für dich tue ich alles.	君のためなら私は何でもします。
	② Ich bin **für** das Gesetz.	私はその法律に賛成です。
gegen	① ein Mittel **gegen** Husten	咳に効く薬
	gegen den Baum fahren	（車で）木に激突する
	② **gegen** das Gesetz sein	その法律に反対である
	③ **gegen** acht Uhr kommen	8時頃に来る
ohne	das Leben **ohne** dich	君のいない人生
	Ich kann **ohne** meinen Mann nicht leben.	
	私は夫がいなければ生きていけません。	
	den Kaffee **ohne** Zucker trinken	
	砂糖なしでコーヒーを飲む	

注 「…することなく」という意味で **zu** 不定詞句とも結びつきます（→ 93頁）。

per	**per** Anhalter	ヒッチハイクで
	per Einschreiben	書留で
um	① **um** sieben Uhr	7時に
	② eine Kette **um** den Hals tragen	ネックレスを首にかけている

注1 「…の周りに」の場合，強調的に **herum** を付けることがあります。
　um den Tisch **herum** sitzen　　テーブルの周りに座っている
注2 「…するために」という意味で **zu** 不定詞句とも結びつきます（→ 93頁）。

5　3格・4格支配の前置詞 (左上から右下へ頻度順)

in	…の中	**über**	…の上方	**zwischen**	…の間
auf	…の上	**vor**	…の前	**neben**	…の横
an	…のきわ	**unter**	…の下	**hinter**	…の後ろ

a) Wir gehen **in die** Mensa.　私たちは学食に行きます。(wohin に対応)
b) Wir essen **in der** Mensa.　私たちは学食で食事をします。(wo に対応)

- 上掲の前置詞は，意味用法に応じて，格支配が異なります。上例 a のように，行為によって人や物が移動して行く方向「どこそこへ」を表す場合は 4 格，b のように，動作の行われる（あるいはある状態が続いている）場所「どこそこで」を表す場合は 3 格と結びつきます。
- このような前置詞は 3 格・4 格支配の前置詞と呼びます。これらの前置詞は，上掲の空間的意味だけではなく，**時間的**あるいは**抽象的**な意味でも使いますので，その場合の格支配に注意する必要があります。

> 注　以下のような「出現・消滅」の動詞は，日本語の感覚では「方向」の前置詞句，したがって 4 格と結びつくと考えられますが，通常，**3 格の前置詞句**と結びつきます。
> Sie sind gut **in der Stadt** angekommen.
> 彼らは無事町に着きました。
> Die Teilnehmer versammeln sich **auf dem Platz**.
> 参加者は広場に集ります。
> Die Sonne geht **hinter dem Horizont** unter.　太陽が地平線の後ろに沈みます。
> Sie hat sich **hinter einem Baum** versteckt.　彼女は木の後ろに隠れました。

〈主な具体例 (アルファベット順；用例の格表示は支配格)〉

an	4 格	einen Schrank **an die** Wand stellen	戸棚を壁際に置く
	3 格	**An der** Wand steht ein Schrank.	
		壁際に戸棚があります。	
	3 格	**an diesem** Sonntag	この日曜日に
auf	4 格	eine Vase **auf den** Tisch stellen	花瓶をテーブルの上に置く
	3 格	**Auf dem** Tisch steht eine Vase.	
		テーブルの上に花瓶が置かれています。	
	4 格	**auf den** Markt gehen	市場に行く
hinter	4 格	**hinter das** Gebäude gehen	建物の後ろに行く
	3 格	Auch **hinter dem** Gebäude war niemand.	
		建物の後ろにも誰もいませんでした。	

in	4格	**in die** Disco gehen	ディスコに行く
	3格	Sie tanzen **in der** Disco.	彼らはディスコで踊ります。
	4格	**in den** Urlaub fahren	休暇に出かける
	3格	**In diesem** Punkt hat er recht.	
		この点では彼の言うことは正しい。	
	3格	**in diesem** Jahr　今年	
	3格	**in** drei Wochen beginnen	
		3格週間後に始まります（複数形と）	
neben	4格	das Messer **neben den** Teller legen	
		ナイフをお皿の横に置く	
	3格	Rechts **neben dem** Teller liegt der Löffel.	
		お皿の右横にスプーンが置かれています。	
über	4格	ein Bild **über den Kamin** hängen	
		暖炉の上に絵を掛ける	
	3格	**Über dem Kamin** hängt ein Bild.	
		暖炉の上に絵が掛けられています。	
	4格	**über die** Grenze gehen　国境を越えて行く	
	4格	**über** Frankfurt fahren　フランクフルト経由で行く（地名と）	
	3格	**über dem** Durchschnitt sein　平均より上である	
	4格	Kinder **über** 6 Jahre　6歳を越えた子供たち（数詞と）	
	4格	**über die** Liebe schreiben　愛について書く	
unter	4格	sich **unter den** Baum setzen	
		木の下に座る	
	3格	Er sitzt **unter dem** Baum.	
		彼は木の下に座っています。	
	3格	**Unter den Papieren** war auch ein Testament.	
		書類の中に遺言書もありました。	
	3格	Für Jugendliche **unter** 18 Jahren ist der Eintritt verboten.	
		18歳未満の未成年者は入場禁止。（数詞と）	
vor	4格	sich **vor** den Spiegel setzen	
		鏡の前に座る	
	3格	Sie sitzt **vor** dem Spiegel.	
		彼女は鏡の前に座っています。	
	3格	**vor** dem Essen　食事の前に	
		vor einer Woche　一週間前に（期間）	

	3 格	**vor** Schmerzen stöhnen　痛みのあまりうめき声をあげる
zwischen	4 格	sich **zwischen** ihn und mich setzen　彼と私の間に座る
	3 格	Sie sitzt **zwischen** ihm und mir.
		彼女は彼と私の間に座っています。
	4 格	**zwischen** dem 1. und dem 3. Januar （日付は→ 283 頁）
		1月1日から3日までの間
	3 格	der Unterschied **zwischen** dir und mir　君と私の違い

注1 前置詞句の強めとして副詞を添えることがあります。

an der Kirche **vorbei**　教会の側を通って
auf seinen Rat **hin**　彼の助言に従って
um den Park **herum**　公園の周りに
von Anfang **an**　最初から
vom Turm **aus**　塔の上から

注2 前置詞が副詞，形容詞，前置詞句と結びつくこともあります。

bis heute　きょうまで
nach vorn gehen　前に出る
die Zeitung **von gestern**　昨日の新聞
Ich halte ihn **für begabt**.　私は彼を有能だと思います。
Er kommt am Montag **statt am Sonntag**.　彼は日曜日の代わりに月曜日に来ます。

注3 前置詞に準じる名詞句もあります。

im Gegensatz zu + 3格　…³ とは反対に
im Vergleich zu + 3格　…³ と比べて
in Bezug auf + 4格　…⁴ に関して
im Zusammenhang mit + 3格　…³ と関連して
im Hinblick auf + 4格　…⁴ を考えに入れて

6　定冠詞との融合形

a) Wir gehen **ins** Restaurant.　私たちはレストランに行きます。
b) Wir essen **im** Restaurant.　私たちはレストランで食事をします。

- 上例 a の **ins** は前置詞 **in** と定冠詞 **das** の融合したもの，b の **im** は前置詞 **in** と定冠詞 **dem** の融合したもの。
- 上例のように，定冠詞の付く名詞が特定のものではなく，日常的な話題になるものや話し手と聞き手にとって自明のものを表す場合，一部の前置詞は定冠詞 **das**，**dem**，**der** と融合形を作ります。ほぼ常に融合形を作るのは，以下のものです。

① **das** （中性4格）　　　**ans**（< an das）　　　**aufs**（< auf das）
　　　　　　　　　　　　　ins（< in das）
② **dem** （男性・中性の3格）　**am**（< an dem）　　　**beim**（< bei dem）
　　　　　　　　　　　　　im（< in dem）　　　**vom**（< von dem）
　　　　　　　　　　　　　zum（< zu dem）
③ **der** （女性3格）　　　**zur**（< zu der）

注 以下のものは書き言葉でも使われるようになって来ています。
-s ：durchs, fürs, ums；hinters, übers, unters, vors
-m ：hinterm, überm, unterm, vorm
-n ：hintern, übern, untern

〔類例〕　**Im** Zug sitzen Kinder gern **am** Fenster.
　　　　　列車では子供は窓際に座りたがるものです。

　　　　　Beim Bahnhof ist ein Kiosk.　　駅のそばに売店があります。

　　　　　Ich muss **zum** Arzt gehen.　　私は医者に行かなければなりません。

注1 定冠詞が**指示性**を持って使われる場合（= dieser）や名詞が関係文によって**特定化**されている場合，定冠詞と前置詞は融合させません。
Zu dem Arzt gehe ich nie wieder.
その医者には私は二度と行きません。
Gerade **an dem** Tag war er zu Hause.
ちょうどその日に彼は家にいました。
Wir essen heute **in dem** japanischen Restaurant, das direkt am See liegt.
私たちはきょう湖に直接面したあの日本食レストランで食事をします。

注2 次のような場合，前置詞と定冠詞の融合形が使われます。
①「前置詞 + 名詞 + 動詞」の成句
　④格 + **im** Stich lassen　　　…⁴を見捨てる
　④格 + **zum** Ausdruck bringen　…⁴を言葉で表現する
②最上級表現や副詞的決まり文句
　am liebsten　　もっとも好んで　　**aufs** Herzlichste　心の底から
　am Ende　　　最後に　　　　　　**im** Prinzip　　　原則的に
　zum Teil　　　部分的に　　　　　**zum** ersten Mal　最初に
③地名
　am Mittelmeer　　地中海の海辺で
　im Schwarzwald　シュヴァルツヴァルトで（ドイツ南西部の山地）
④名詞化された不定詞
　beim Essen　　食事の時に
　zum Lernen　　学ぶために

7　前置詞と結びつく動詞と形容詞

> a) Er **wartet** <u>auf</u> den Bus.　彼はバスを待っています。
> b) Sie ist <u>mit</u> der neuen Waschmaschine **zufrieden**.
> 　彼女は新しい洗濯機に満足しています。

- 上例 a の下線部は，動詞 warten「待つ」の前置詞句目的語（→ 251 頁）。前置詞 **auf** が使われているのは「動詞 warten は対象を auf 前置詞句で表す」と決まっているからなのです。このように，動詞によって目的語の前置詞が決まることを動詞の前置詞支配と呼びます。

[類例]　Er **denkt** immer **an** seine Familie.
　　　　彼はいつも家族のことを想っています。

　　　　Er **interessiert sich für** ein Auto.　　彼は車に興味を持っています。
　　　　Wir **fangen mit** der Arbeit **an**.　　　私たちは仕事を始めます。
　　　　Sie **fragt** ihn **nach** seinem Namen.　彼女は彼に名前を尋ねます。
　　　　Sie **bittet** ihn **um** Hilfe.　　　　　　彼女は彼に手助けを頼みます。
　　　　Wir **laden** ihn **zum** Essen **ein**.　　　私たちは彼を食事に招待します。

注1 一般的な前置詞句の場合，どの前置詞を使うかは，文中での意味によって決まります。

Er wartet { hinter / in / neben / vor } der Schule.　　彼は学校 { の後ろで / の中で / の横で / の前で } 待っています。

注2 支配する前置詞が異なることで，**意味が変わる**ことがあります。
　Ich freue mich **auf** deinen Besuch.　　　　　　私は君の訪問を楽しみにしています。
　Er hat sich **über** dein Geschenk sehr gefreut.　彼は君の贈り物を非常に喜びました。

- 上例 b の下線部は，形容詞 zufrieden「満足して（いる）」の前置詞句目的語（→ 196 頁）。前置詞 **mit** が使われているのは，「形容詞 zufrieden は対象を mit 前置詞句で表す」と決まっているからなのです。このように，形容詞によって目的語の前置詞が決まることを形容詞の前置詞支配と呼びます（→ 265 頁）。

　　Er ist **stolz auf** seinen Vater.　　　彼は父親を誇りに思っています。
　　Sind Sie **mit** Ihrer Arbeit **fertig**?　あなたは仕事が終わりましたか？
　　Die Landwirtschaft ist **vom** Wetter **abhängig**.　　農業は天候次第です。

注 前置詞句は，述語（→ 251 頁），目的語述語（→ 252 頁），副詞成分（→ 253 頁），付加語（→ 255 頁）としても使います。

Der Ring ist **aus reinem Gold**.　その指輪は純金製です。
Ich kann **ohne Brille** nicht gut sehen.
私はメガネがないと良く見えません。
Er arbeitet **bis in die Nacht**.　彼は夜中まで働きます。
Die Straße **zum Bahnhof hin** war gesperrt.　駅への道は封鎖されていました。

なお，動詞および形容詞からの**派生名詞**は，派生元の動詞および形容詞と同じ前置詞と結びつきます。

Die Teilnahme **an** dieser Reise ist freiwillig.
この旅行への参加は任意です。（← **an** + 3格 teilnehmen …³ に参加する）
Sein Stolz **auf** diese Ergebnisse ist berechtigt.
この結果を彼が誇るのももっともです。（← stolz **auf** + 4格 sein …⁴ を誇る）

コラム　in と nach, seit と ab

☆「数日後に」と言う場合，前置詞 in も nach も使えますが，

a) **In einigen Tagen** kommt er zurück.
　数日後に彼は戻って来ます。

b) **Nach einigen Tagen** kam er zurück.
　数日後に彼は戻って来ました。

前置詞 in は<u>現在から数えて</u>「数日後」という場合に，前置詞 nach は<u>過去のある時点から数えて</u>「数日後」という場合に使います。日本語では，「数日後」はあくまで「数日後」で，それが未来のことであろうが，過去のことであろうが区別はしませんね。

☆「いつから」という言い方の場合，前置詞 seit も ab も使えますが，

a) **Seit wann** lernst du Deutsch?　**いつから**ドイツ語を学んでいるの？

b) **Ab wann** soll ich fleißig lernen? — Selbstverständlich **ab jetzt**!
　いつからまじめに学んだらよいのでしょうか？ — もちろん今からでしょ！

前置詞 seit は<u>過去のある時点</u>からの「いつから」のみを表すため，<u>現在あるいは未来のある時点</u>からの「いつから」を表す場合は前置詞 ab を使わなければなりません。この場合も，日本語では，それが現在あるいは未来のことであろうが，過去のことであろうが，「いつから」はあくまで「いつから」ですね。

☆私は先日「子供はまだ3歳です」という意味で Das Kind ist **noch** drei Jahre alt. と言ったら，直されてしまいました（正しくは「やっと3歳になりました」という意味合いで Das Kind ist **erst** drei Jahre alt. と言うそうです）。言われれば，そうだったと，わかるのですが…。お互いに頑張りましょう！

第 5 章　形容詞，副詞

注 比較文は→ 235 頁。

第 1 節　形容詞

1　3 つの用法

> a) das **schnell**e Auto　　その速い車
> b) Das Auto ist **schnell**.　その車は速い。
> c) Das Auto fährt **schnell**.　その車は速く走ります。

- 上例 a の **schnell**e は**名詞**を**修飾**する形容詞（＝**付加語**），b の **schnell** は「（主語は）…だ」と，その**属性**を述べる形容詞（＝**述語**），c の **schnell** は**動詞**を**修飾**する副詞的用法の形容詞（＝**副詞成分**）。

注 すべての形容詞に上述の 3 つの用法があるわけではありません。eigentlich「本質的な」は das eigentliche Problem「本質的な問題」のように付加語として使いますが，述語としては使えません。他方，tabu「タブーの」は，Das Thema ist tabu.「その話題はタブーです」のように述語として使いますが，付加語としては使えません。したがって，個々の正確な用法は一つひとつ辞書で調べる必要があります。

2　付加語（名詞修飾；→ 255 頁）

> das **schnell**e Auto　　その速い車（再掲）

- 付加語用法の場合，**格語尾**が付きます（schnelle の末尾の -e）。格語尾は，
  ① **冠詞類**があるかないか，ある場合，
  ② それが**定冠詞類**なのか，③ **不定冠詞類**なのか
  によって異なります。

	男性	女性	中性	複数
1 格	-er	-e	-es	-e
2 格	-es	-er	-es	-er
3 格	-em	-er	-em	-en
4 格	-en	-e	-es	-e

注 形容詞の格語尾を学ぶ際，冠詞類で学んだ**強語尾**（→ 163 頁）の知識が前提になるため，強語尾一覧を左に再掲しておきます。なお，男性単数を除くと，1 格と 4 格は常に同じです。（このことは覚えていて，決して損になりません！）

2.1 定冠詞類がある場合

	男性（大きな森）			女性（青い草地）		
1格	der	**große**	Wald	die	**grüne**	Wiese
2格	des	**großen**	Waldes	der	**grünen**	Wiese
3格	dem	**großen**	Wald	der	**grünen**	Wiese
4格	den	**großen**	Wald	die	**grüne**	Wiese

	中性（小さなホテル）			複数（雪に覆われた山々）		
1格	das	**kleine**	Hotel	die	**schneebedeckten**	Berge
2格	des	**kleinen**	Hotels	der	**schneebedeckten**	Berge
3格	dem	**kleinen**	Hotel	den	**schneebedeckten**	Bergen
4格	das	**kleine**	Hotel	die	**schneebedeckten**	Berge

- 格語尾は，網掛けの部分の**男性単数の1格**と**女性・中性の単数1格・4格**で -e になる以外は，-en になります。

注1 定冠詞類と結びつく場合の格語尾を一覧にすると，左のようになります。**男性1格，女性の1格・4格，中性の1格・4格**の格語尾は -e，それ以外はすべて -en です。これらの語尾は，格を示す力が「弱い」ため，**弱語尾**，弱語尾の格変化を**弱変化**と呼びます。前頁で再掲した強語尾および強変化と対をなすものです。

	男性	女性	中性	複数
1格	-e	-e	-e	-en
2格	-en	-en	-en	-en
3格	-en	-en	-en	-en
4格	-en	-e	-e	-en

注2 ドイツ語の格表示は男性単数を除き，1格・4格が常に同形という一般原則を前提にするならば，定冠詞類と結びつく場合の形容詞の語尾は「単数1格の3か所だけが -e，その他は -en」と覚えておけばよいことになります。中性・女性の単数4格は，上掲下線の一般原則を適用すれば，自然に -e になります。

2.2 不定冠詞類がある場合

	男性（私の大きな犬）			女性（私の黒い猫）		
1格	mein	**großer**	Hund	meine	**schwarze**	Katze
2格	meines	**großen**	Hundes	meiner	**schwarzen**	Katze
3格	meinem	**großen**	Hund	meiner	**schwarzen**	Katze
4格	meinen	**großen**	Hund	meine	**schwarze**	Katze

	中性（私の小さな家）			複数（私のよき友人たち）		
1格	mein	kleines	Haus	meine	guten	Freunde
2格	meines	kleinen	Hauses	meiner	guten	Freunde
3格	meinem	kleinen	Haus	meinen	guten	Freunden
4格	mein	kleines	Haus	meine	guten	Freunde

- 格語尾は，網掛けの部分の男性単数の1格で -er，女性単数の1格・4格で -e，中性単数の1格・4格で -es になる他は -en になります。

注1 この場合，女性の1格・4格の語尾を強語尾とするか，弱語尾とするかは微妙ですが，少なくとも大半が弱語尾なのに対して，**男性1格と中性の1格・4格は強語尾**になっています。これは，不定冠詞類が男性1格と中性の1格・4格で無語尾であるために形容詞に格を明示する「強い」語尾を付けているのです。このように強語尾と弱語尾が**混在**している格変化を**混合変化**と呼びます。

	男性	女性	中性	複数
1格	-er	-e	-es	-en
2格	-en	-en	-en	-en
3格	-en	-en	-en	-en
4格	-en	-e	-es	-en

注2 ドイツ語の格表示は男性単数を除き，1格・4格が常に同形という一般原則を前提にするならば，不定冠詞類と結びつく場合の形容詞の語尾は「単数の男性1格を -er，女性1格を -e，中性1格を -es，その他は -en」と覚えておけばよいことになります。中性・女性の単数4格は，上述下線の一般原則を適用すれば，自然に -e あるいは -es になります。

2.3　冠詞類のない場合

	男性（熱いお茶）		女性（温かいミルク）	
1格	heißer	Tee	warme	Milch
2格	heißen	Tees	warmer	Milch
3格	heißem	Tee	warmer	Milch
4格	heißen	Tee	warme	Milch

	中性（冷たいビール）		複数（ノンアルコール飲料）	
1格	kaltes	Bier	alkoholfreie	Getränke
2格	kalten	Bieres	alkoholfreier	Getränke
3格	kaltem	Bier	alkoholfreien	Getränken
4格	kaltes	Bier	alkoholfreie	Getränke

- 格語尾は**強語尾**を付けます。ただし，網掛けの部分の**男性・中性の 2 格**では，名詞の方にすでに 2 格語尾 -[e]s があるため，弱語尾の **-en** を付けます。

  注 ① 冠詞類の**付いていない**場合と② 男性 1 格と中性の 1 格・4 格で格語尾が**ない**不定冠詞類の場合，形容詞には格表示に積極的な**強語尾**が付いています。他方，① 定冠詞類の**付いている**場合と②（男性 1 格と中性 1 格・4 格を除いて）不定冠詞類が格を**明示する**場合，形容詞には格表示に消極的な**弱語尾**が付いています。
  このように，ドイツ語の格表示は，一言で言えば，冠詞類と形容詞と名詞の「共同作業」ですが，格はどこか 1 カ所で明示的に示されていればよいという**言語経済性**に基づいているのです。以下の場合，**明示的な格表示**は一か所のみです。

  〈単数1格〉　d**er**　heiß**e**　Tee　　—　　　　heiß**er**　Tee
  　　　　　dies**er**　nett**e**　Freund　—　ein　nett**er**　Freund
  〈単数3格〉　d**em**　heiß**en**　Tee　　—　　　　heiß**em**　Tee
  　　　　　dies**em**　nett**en**　Freund　—　ein**em**　nett**en**　Freund

  唯一の例外は冠詞と名詞に 2 格語尾が付く場合です：d**es** gut**en** Freund**es**。

2.4　格語尾の細則

> a) ein **dunkles** Zimmer　　暗い部屋
> b) eine **rosa** Bluse　　　　ピンク色のブラウス

- 上例 a の **dunkles** は dunkel に格語尾を付けたもの。語幹末尾が弱音節の **-el** の形容詞は，格語尾を付ける場合，語幹の e を省きます（→ 284 頁）。

  類例　edel　　高級な　　　　　　eitel　　　　虚栄心の強い
  　　　flexibel　弾力性のある　　　respektabel　尊敬すべき

  注 語幹末尾が -auer, -euer の場合，通常，**語幹の e** を省きます。
  sauer → **saure** Gurken　　　　酸っぱいキュウリ
  teuer → ein **teures** Geschenk　高価な贈り物

- 上例 b の **rosa** は，Bluse を修飾する付加語ですが，**格語尾**が付いていません。語幹末尾がアクセントの**ない**母音の場合，格語尾を付けないのです。

  類例　beige　ベージュの　　　　klasse　すごい（口語）
  　　　lila　　ライラック色の　　prima　　素晴らしい

  注1 複数個の形容詞を付加語として使う場合，基本的に同じ格語尾を付けます。
  ein schön**er** groß**er** Park　　　美しい大きな公園
  nach lang**em**, heftig**em** Kampf　長い激戦の後に
  なお，コンマを打つかどうかは書き手の判断に任されていますが，名詞の直前の形容

詞が名詞と一体的なつながりを持つ場合はコンマで区切りません。
  verschiedene bayerische Biere　様々なバイエルン産ビール
注2　複数個の形容詞を並べる場合，ふつう数量的形容詞，空間的・時間的形容詞，特性を表す形容詞，材質を表す形容詞，製造地などの形容詞の順になります（「＞」は優先順位を示します）。
  viele ＞ damalige ＞ prachtvolle ＞ seidene ＞ japanische Kostüme
  多くの当時の華やかな絹製の日本衣装
注3　主語の人称代名詞（複数）と同格的に使う場合，ふつう弱語尾になります。
  Wir Deutschen　私たちドイツ人
注4　形容詞を含む名詞句は名詞を単に省略して使うことができます。
  Soll ich mir **ein gebrauchtes Auto** kaufen oder **ein neues**?
  中古車を買うべきだろうか，それとも新車を買うべきだろうか？

3　形容詞の名詞的用法

	男性の病人（男性形）	女性の病人（女性形）	二人以上の病人（複数形）
1格	ein Kranker	eine Kranke	Kranke
2格	eines Kranken	einer Kranken	Kranker
3格	einem Kranken	einer Kranken	Kranken
4格	einen Kranken	eine Kranke	Kranke
1格	der Kranke	die Kranke	die Kranken
2格	des Kranken	der Kranken	der Kranken
3格	dem Kranken	der Kranken	den Kranken
4格	den Kranken	die Kranke	die Kranken

- 上表は形容詞 krank「病気の」の語頭を大文字にした名詞的用法（「病人」）の格変化一覧。格語尾は名詞を伴っている場合と同一です。

  注　上掲の2.4の**注4**で述べた用法は文脈に依存したものですが（既出名詞の省略），上例は，「派生名詞」と言ってもよいほど名詞化したものです。

- 男性，女性，複数の変化形は主に人を表します。
  Die Kranke ist wieder gesund geworden.
   この病人（女性）は再び健康になりました。
  Der Zustand **des Kranken** hat sich verschlechtert.
   その病人（男性）の様態は悪化しました。
- 中性の変化形は事物を表します。定冠詞類を伴うこともあれば，無冠詞のこ

ともあります。複数形はありません。

1格	das	Alt**e**	《無冠詞の場合》	Alt**es**	(＜ alt 古い)
2格	des	Alt**en**		———	
3格	dem	Alt**en**		Alt**em**	
4格	das	Alt**e**		Alt**es**	

das **Alte** wegwerfen, als wäre* es Dreck　　*→ 56 頁
古いものをあたかも汚物のように投げ捨てる

nicht nur das **Negative**, sondern auch das **Positive** sehen
ネガティブなことだけではなく，ポジティブなことも見る

Junge Leute, die anderen gern **Gutes** tun, sind keine Seltenheit.
他の人によいことをしたいと思う若者はそれなりにいるものです。

注1「**女性名詞**」化した形容詞もいくつかあります。
　die **Gerade** 直線　　die **Parallele** 平行線
注2 **現在分詞**，**過去分詞**も派生形容詞として名詞的に用いることができます（→ 101 頁，106 頁）。
　der / die **Unbekannte**　見知らぬ人　　der / die **Verwandte**　親戚
　der / die **Studierende**　学生　　der / die **Vorsitzende**　議長
注3 **中性**の変化形はしばしば**不定代名詞** etwas, nichts などと同格的に使います。
　etwas **Gutes**　何かよいもの　　etwas ganz **Besonderes**　まったく特殊なもの
　etwas **Merkwürdiges** erleben　奇妙なことを経験する
　Er weiß auch nichts **Genaues**.　彼も詳しいことは何も知りません。
なお，名詞化の alles や einiges と結びつく形容詞も，通常，強語尾を付けます。
　alles noch Brauchbares　まだ使えるものはすべて
　einiges Interessantes　いくつか興味深いこと
注4 熟語にも使われます。
　im **Freien**　野外で　　ins **Grüne** fahren　野外へドライブに行く

4　述語（→ 251 頁）

1　Ich bin einsam.　私は寂しいです。
2 a) Ich finde diesen Film sehr interessant.
　　私はこの映画をとても面白いと思います。
　b) Er schleift das Messer scharf.　彼はナイフを研いで鋭利にします。
　c) Er trinkt den Kaffee schwarz.　彼はコーヒーをブラックで飲みます。

- 上例1の形容詞は主語に関する状態を，上例2の形容詞はそれぞれの目的語に関する状態を述べています。このような用法を述語的用法と呼び，主語に関連するものを主語述語，目的語に関連するものを目的語述語と呼びます（→ 251 頁，252 頁）。

《主語述語》 Es wurde **dunkel**.　　　　　暗くなりました。
　　　　　　Meine Zukunft bleibt **ungewiss**.　私の未来は不確かなままです。
　　　　　　Er sieht **reich**, **intelligent** und **glücklich** aus.
　　　　　　彼はお金持ちで，頭がよさそうで，幸せそうに見えます。

注 述語として使われる「不定冠詞 + 形容詞」（名詞の省略）は，形容詞が焦点化され，強調されるため，分類的な意味合いの表現になります。
　Die heutige Lage ist **eine kritische**.　今日の状況は危機的と言えます。
　Das Problem ist **ein politisches** und kann auch nur politisch gelöst werden.
　この問題は政治的なもので，また政治的にしか解決することができません。

《目的語述語》
目的語述語には，主語の判断・印象などを表すもの（上例2a＝下例①）と動詞の行為による結果状態を表すもの（上例2b＝下例②）と動詞の行為の際の，目的語の状態を表すもの（上例2c＝下例③）の3種類があります。

① Man nannte das Ereignis **sensationell**.
　　　人はその出来事をセンセーショナルと呼びました。
　　Ich habe ihn noch nie so **ärgerlich** gesehen.
　　　私は今まで彼がそんな風に怒っているのを見たことがありません。
② Musik macht uns **glücklich**.　　音楽は私たちを幸せにします。
　　Vater strich die Wand **hellblau**.　父は壁を水色に塗りました。
　　Er tanzte sich die Füße **wund**.　彼は踊り過ぎで足を痛めてしまいました。
③ Er hat ein Audi **gebraucht** gekauft.　彼はアウディを中古で買いました。
　　Gemüse isst er lieber **roh** als **gekocht**.
　　　野菜は煮て食べるよりも生のまま食べる方を彼は好みます。

5　副詞成分 （動詞等修飾；→ 253 頁）

> Der Zug ist **pünktlich** angekommen.
> 列車は定刻に到着しました。

- 上例の形容詞は，副詞と同じように，動詞を修飾しています。このような用法を副詞成分用法（一般的には副詞的用法）と呼びます。形容詞の多くは，英

語と異なり，同一の形で副詞的にも使うのです。

(類例) Bitte sprechen Sie **deutlich**!　　　　どうぞはっきり話してください！
Die Zeitschrift erscheint **monatlich**.　その雑誌は月刊です。
Sie verbringen den Urlaub **gemeinsam**.
彼らは休暇を一緒に過ごします。
Er spricht **leise, langsam** und **monoton**.
彼は小さな声で，ゆっくりと，そして抑揚のない一本調子で話します。

注 完全に副詞化し，異なる意味を持つようになった形容詞もあります。
Das ist **einfach** unmöglich.　　それはとにかく不可能です。
　　　　　　　　　　　　　　　（参照：eine **einfache** Lösung 簡単な解決法）
Du kannst **ruhig** mitkommen.　君は一緒に来てもかまわないよ。
　　　　　　　　　　　　　　　（参照：eine **ruhige** Umgebung 静かな環境）

6　格・前置詞を支配する形容詞

> Sie ist **ihrer Mutter** sehr ähnlich.　彼女は母親にとても似ています。
> Das ist nur **vom Wetter** abhängig.　それはまったく天候次第です。

- 一部の形容詞は，動詞と同じように，特定の格や前置詞と結びつきます。これを形容詞の格・前置詞支配と呼びます。

《特定の格と結びつく形容詞》

Sie ist **uns** an Intelligenz weit **überlegen**.
彼女は知能では私たちよりはるかに優れています。(3格)
Er ist **das frühe Aufstehen** nicht **gewohnt**.
彼は朝早く起きるのに慣れていません。(4格)
Er war sich **des Erfolgs sicher**.　彼は成功を確信していました。(2格)

注 3格支配の事例がもっとも多く，4格や2格の例はわずかしかありません。

《特定の前置詞と結びつく形容詞》（前置詞句と形容詞の語順は→ 265 頁）

Bist du **böse auf** mich?　私のことを怒っているの？
Wer ist **schuld an** diesem Unfall?
この事故の責任は誰にあるのですか？
Er ist sehr **stolz auf** seinen Erfolg.
彼は自分の成果をとても誇りにしています。
Ich bin **mit** dem neuen Auto **zufrieden**.　私は新しい車に満足しています。

第2節　副詞（関係副詞は除く）

1　副詞の分類

- 副詞は，語の「雑多な」集まりと言われます。以下では，
  ① 動詞を修飾する**本来的な副詞**（たとえば heute「きょう」）
  ② **動詞以外の語句**（形容詞，名詞など）を修飾する副詞（たとえば auch「…も」）
  ③ **代名詞**（da[r]- + 前置詞の結合形；たとえば darüber「そのことについて」）
  ④ **疑問副詞，疑問代名副詞，接続副詞**（たとえば wo「どこに」；wozu「何のために」；deshalb「そのために」）
  ⑤ **否定**を表す副詞（たとえば nicht「…でない」）
  の5グループに分けて説明します。なお，**関係副詞** wo は関係文（→ 230 頁）。

2　本来的な副詞（動詞修飾）

a) Es hat **gestern** geschneit.	昨日は雪が降りました。
b) **Da** wohnt er.	そこに彼が住んでいます。
c) Meine Großmutter lebt **allein**.	私の祖母は一人で暮らしています。

- 上例 a の **gestern**「昨日」，b の **da**「あそこ」，c の **allein**「一人で」は**動詞**を修飾する副詞。このような用法が副詞の最も**本来的なもの**です。

類例　① 時間　　heute きょう　　　　jetzt 今　　　　　　　damals 当時
　　　　　　　　noch まだ　　　　　　bald 間もなく　　　　sofort 即刻
　　　　　　　　bereits すでに　　　　schon すでに　　　　lang[e] 長いこと
　　　　　　　　bisher これまで　　　vorher その前に；前もって
　　　　　　　　seitdem それ以来　　　nun 今から；今では
　　　（頻度）　einmal 一度　　　　　manchmal 時々　　　oft しばしば
　　　　　　　　immer いつも　　　　meist 大抵
　　　　　　　　wieder 再び　　　　　nochmals もう一度
　　　② 空間　　hier ここに　　　　　dort あそこに
　　　　　　　　oben 上に　　　　　　unten 下に
　　　　　　　　rechts 右に　　　　　links 左に
　　　（方向）　hierher こちらへ　　　dorthin そこへ
　　　③ 様態　　gern[e] 喜んで　　　　so そのように　　　anders 別の仕方で
　　　　　　　　gemeinsam / zusammen 一緒に

Sie ist **immer** höflich und zurückhaltend.
彼女はいつも礼儀正しく控え目です。
Er hat schon **lange** nichts mehr von sich hören lassen.
彼からはもう長い間音信がありません。

注1 Er arbeitet **fleißig**.「彼は熱心に働きます」の fleißig も，動詞を修飾しているので，副詞と分類することも可能ですが，**格語尾を伴い，付加語としても使われること**を重視し，**品詞は形容詞とし**，動詞を修飾する用法も持つと解釈します。→ 195 頁。

注2 副詞は，上述の用法以外に，述語としても使います。
Der Sommer ist **vorüber**. 夏は過ぎ去りました。
Alle Mühe war **umsonst**. 努力はすべて無駄でした。

注3 空間と時間の副詞は**前置詞とも結びつきます**。
Die Zeitung ist **von gestern**. その新聞は昨日のです。
Sie sah ihn **von oben bis unten** an. 彼女は彼を上から下までじろっと見ました。

注4 空間の副詞は，名詞の後ろに置き，付加語としても使います。
Der **Mann da** ist Annas Vater. そこの男性はアンナのお父さんです。
Das **Leben dort** war die Hölle. そこでの暮らしは地獄でした。
Können Sie mir den **Weg dorthin** zeigen? そこへ行く道を教えてくれますか？

注5 以下の場合，空間の副詞を**前置詞句の前**に置くことがあります。

a) より一般的な場所を示すため
Oben auf der Höhe steht eine Kirche. 上の丘に教会が立っています。
Dort an der Bude bekommst du heiße Würstchen.
そこの屋台で熱いソーセージが買えるよ。

b) 前置詞句の表す場所をより詳しく規定するため
Die Sonne steht schon **hoch am Himmel**. 太陽はすでに空高く昇っています。
Der Schlüssel lag ganz **hinten in der Schublade**.
鍵は引き出しのずっと奥にありました。

注6 文中での副詞成分としての語順は→ 267 頁。

3　動詞以外の語句を修飾する副詞

> a) Wir waren **sehr** müde. 　　私たちはとても疲れていました。
> b) Es war **nur** ein Traum. 　　それは夢でしかありませんでした。
> c) Du hast **wahrscheinlich** recht. 　君の言ったことはたぶん正しい。

● 上例 a の **sehr**「とても」は形容詞の**程度**を表す副詞（＝**程度副詞**）。語順は形容詞の前になります（ただし genug は→ **注2**）。

（類例）　etwas 少し　　　　ziemlich かなり　　　fast ほとんど　　　ganz 全く
　　　　besonders 特に　　　genug 十分に　　　　zu …すぎる

Die Wohnung ist für mich **zu groß**. 住まいは私には大きすぎます。
Was ist dabei **besonders wichtig**? その場合何が特に重要ですか？
Vor **fast zwei** Jahren habe ich ihn kennengelernt.
ほぼ2年前に私は彼と知り合いました。
Das ist aber eine **ziemlich kühne** Hypothese.
それはかなり大胆な仮定ですね。

> **注1** ganz は，アクセントを担わない場合，「まあまあ」の意味になります。
> Er spricht schon **ganz** gut Deutsch.
> 彼はまあまあ上手にもうドイツ語が話せます。
> **注2** 副詞は基本的に修飾する形容詞の前に置きますが，genug は後ろに置きます。
> Er ist **intelligent genug**, um das zu verstehen.
> 彼はそのことを理解するに十分な知能を持っています。
> **注3** sehr は動詞を直接修飾することもあります。
> Das gefällt mir **sehr**. 私はそれがとても気に入っています。

- 上例 b の nur「…だけ」は，同種のものと対比しながら，一つの語句を焦点化する副詞。焦点化される語句の前に置きます（ただし auch は→注）。

  (類例) auch …も　　　sogar …でさえ　　　insbesondere 特に
  　　　 ausgerechnet よりによって　　　eben まさに

  sogar der Experte　　　専門家でさえ
  insbesondere junge Leute　　　とりわけ若い人たち
  ausgerechnet an diesem Tag　　　よりによってこの日に
  Auch er war betrunken.　　　彼も酔っていました。
  Wir fahren **auch** nach Berlin.　　　私たちはベルリンにも行きます。(→注)
  Eben das wollte ich sagen.　　　まさにそのことが言いたかったのです。

  > **注** auch は焦点化される語句から離して文中に置くもあります。
  > **Ich** war **auch** dabei. 私もその場に居合わせました。
  > なお，Ich habe Hunger. — Ich auch. の場合，auch が焦点化の語句の直後に置かれているように見えますが，これは **Ich** habe **auch** Hunger. の縮約文であるためです。

- 上例 c の wahrscheinlich「たぶん」は文の表す事柄に関する話者の推量，判断などを表す副詞。語順は，個別的に決まる面もありますが，基本的には非必須的な副詞一般の語順に準じます（→267頁）。

  (類例) wirklich 本当に　　wohl たぶん　　　vielleicht ひょっとしたら
  　　　 sicher きっと　　　leider 残念ながら　　doch やはり

besser …をする方がよい　　　　　lieber むしろ（…の方をしたい）
hoffentlich …だとよいのだが　　　eigentlich 本来
glücklicherweise 幸運にも　　　　 eventuell 場合によっては
natürlich / selbstverständlich もちろん

Ich habe **wirklich** nichts davon gewusst.
私は本当にそのことについて何も知りませんでした。
Vielleicht habe ich mich geirrt.
ひょっとしたら私の思い違いかも知れません。
Er hat es **sicher** vergessen.　　　彼はそれをきっと忘れたのです。
Fahr **besser** nicht so schnell!　　 そんなに早く走らない方がいいよ！
Ich kann **leider** nicht kommen.　 私は残念ながら行けません。
Wir müssen **doch** alle sterben.
私たちは皆どのみち死ななければならないのです。
Hoffentlich ist er nicht krank.　　 彼は病気でなければよいのですが。
Glücklicherweise hat er die Prüfung bestanden.
幸いにも彼は試験に合格しました。
Sie wird **eventuell** auch mitkommen.
彼女は場合によっては一緒に来るでしょう。

> **注** 一部の副詞には，「心態詞」とも呼ばれ，「発話における話者の微妙な気持ち」などを表す用法があります。日本語の訳語だけでは意を尽くせない面が多くあるため，補助説明を付けて，具体例をコラムにしました（→ 205 頁）。

4　代名副詞 (da[r]- + 前置詞)

> a) In der Stadtmitte steht eine **Kirche**. **Davor** warte ich auf dich.
> 町の中心に教会があります。その前で君を待っています。
> b) Er trank Kaffee, **danach** ging er spazieren.
> 彼はコーヒーを飲み，その後で散歩に行きました。
> c) Er bittet mich **darum**, ihm zu helfen.
> 彼は私に助けてくれるように頼みます。

- 上例 a の **davor**「その前で」は vor der Kirche「教会の前で」のこと ― これを人称代名詞で言い換えると，vor ihr（女性単数 3 格）。ただし，事物を表す人称代名詞と前置詞を結びつける場合は da- + 前置詞という形にするという

規則があるのです。したがって **davor** になっているのです（vor der Kirche → vor ihr（[誤]）→ davor）。この da- + 前置詞という形は代名副詞と呼びます。なお，代名副詞の意味は「その」+ 前置詞になります。

類例　Sie sitzt auf dem Sessel und er steht **dahinter**.
　　　　　　彼女は安楽椅子に腰かけ，そして彼はその後ろに立っています。
　　　　　　（hinter dem Sessel → hinter ihm（[誤]）→ dahinter）
　　　　　Er nahm eine **Taschenlampe** und ging **damit** in den Keller.
　　　　　　彼は懐中電灯を手に取り，それを持って地下室に下りて行きました。
　　　　　　（mit der Taschenlampe → mit ihr（[誤]）→ damit）

なお，母音で始まる前置詞の場合は dar- + 前置詞という形になります。
　　　In der Mitte des Zimmers steht ein **Tisch**. **Darauf** steht eine Vase.
　　　部屋の真ん中にテーブルがあります。その上に花瓶が置かれています。
　　　（auf dem Tisch → auf ihm（[誤]）→ darauf）
　　　Er trug einen **Yukata** und **darüber** einen Haori.
　　　彼は浴衣と，そしてその上に羽織を着ていました。
　　　（über dem Yukata → über ihm（[誤]）→ darüber）

注1　代名副詞一覧（意味は後半の前置詞によって様々に異なります）
　　da-　　dabei　　dadurch　　dafür　　dagegen　　dahinter　　damit
　　　　　　danach　　daneben　　dazu　　dazwischen
　　dar-　daran　　darauf　　daraus　　darein　　darin　　darüber
　　　　　　darum　　darunter　　davon　　davor

注2　da[r]- の部分に**アクセント**を置き，**指示性**を持たせることができます。
　　´**Davor** ist die Bushaltestelle.　その前にバスの停留所があります。
　　´**Daran** denke ich nicht.　そんなことは考えていません。

注3　人を表す人称代名詞の場合，代名副詞になることはありません。

- 上例 b の **danach**「その後で」の da- は前出の行為 *Kaffee trinken* を受けています。前置詞の後ろに直接不定詞句を置くことはできませんが，文字通りに書けば nach *Kaffee trinken* — これを人称代名詞で言い換えると，nach ihm（中性単数3格）。しかし，すでに述べたように，事物を表す人称代名詞と前置詞を結びつける場合は代名副詞にします。したがって **danach** になっているのです（nach *Kaffee trinken* → nach ihm（[誤]）→ danach）。

類例　Ich habe das Medikament genommen und bin **dadurch** wieder
　　　　　　gesund geworden.（da- = das Medikament nehmen）

私はその薬を服用し，それによって再び健康になりました。
Wollen Sie ins Kino gehen? — **Dafür** habe ich keine Zeit.
（da- = ins Kino gehen）
映画に行く気はありませんか？ — その時間が私にはありません。

- 上例 c の **darum** の dar- は，後置した zu 不定詞句（下線部）を予告的に受けています（「予告の代名副詞」；予告語については→ 135 頁）。

  この場合も，前置詞の後ろに直接 zu 不定詞句を置いて，文字通り書けば，um *ihm zu helfen* — これを人称代名詞で言い換えると，um es（中性単数4格）。しかし，すでに述べたように，事物を表す人称代名詞と前置詞を結びつける場合は代名副詞にします。したがって，**darum** になっているのです（um *ihm zu helfen* → um es（［誤］）→ darum）。

  注 この場合の前置詞句は本来 bitten の目的語であるため（Er **bittet** mich **um** Hilfe.「彼は私に手助けを頼みます」），厳密に言うと，「代名・副詞」と呼ぶのはふさわしくありません。しかし，形の上での他との一致性を重視し，これも「代名副詞」と呼ぶことにします。

  （類例）Er freut sich **darauf**, nach Japan zu reisen.
  彼は日本に旅行に行くことを楽しみにしています。
  参照：Er freut sich **auf** die Japanreise.

5　疑問副詞，疑問代名副詞，接続副詞

注 疑問詞の wer, was は→ 154 頁，welcher は→ 171 頁，was für ein は→ 175 頁。

1. a) Entschuldigung, **wo** ist die Toilette?　すみません，トイレはどこですか？
   b) **Worin** liegt der Unterschied?　違いはどこにあるのですか？
2. Wir waren nicht vorbereitet, **trotzdem** ging alles gut.
   私たちは準備をしていなかったのですが，すべてがうまく行きました。

- 上例1の a の **wo**「どこに？」は場所を問う疑問副詞。b の **worin**「どこの中に？」は前置詞と疑問代名詞 was の結合した疑問代名副詞。wo- / wor-（前置詞が母音で始まる場合）という形になります（→ 154 頁 注2）。

《主な疑問副詞》
wann いつ　**Wann** bist du geboren?　君はいつ生まれたのですか？

> 注 前置詞とも結びつきます。
> **Seit wann** wohnst du hier?　君はいつからここに住んでいるのですか？

wo どこ　　**Wo** wohnen Sie?　　　　　　お住まいはどちらですか？
woher どこから / **wohin** どこへ
　　　　　　　Woher kommen Sie?　　　　どこから来られたのですか？
　　　　　　　Wohin soll ich mich setzen?　どこへ座ったらいいですか？

> 注 woher は wo と her に，wohin は wo と hin に分離させることもあります。
> **Wo** kommst du **her**?　君はどこから来たのですか？
> **Wo** geht er **hin**?　　彼はどこへ行くのですか？

warum / **wieso** / **weshalb** なぜ
　　　　　　　Warum bist du nicht gekommen?　なぜ来なかったのですか？
　　　　　　　Wieso bin ich so allein?　私は何でこう独りぼっちなのだろう？
　　　　　　　Ich weiß nicht, **weshalb** sie das getan hat.
　　　　　　　私はなぜ彼女がそんなことをしたのかわかりません。

wie どんな：どのように
　　　　　　　Wie war das Wetter?　　　　　天気はどうでしたか？
　　　　　　　Wie komme ich zum Bahnhof?　駅にはどう行くのですか？

> 注1 **形容詞**や**副詞**と結びつき，数量，程度を尋ねる表現を作ります。
> **Wie alt** ist sie?　　　　　　　彼女は何歳ですか？
> **Wie hoch** ist dieser Turm?　　この塔の高さはどの位ですか？
> **Wie lange** kennst du sie schon?　もうどの位長く彼女を知っているのですか？
> **Wie viel** Geld braucht man, um glücklich zu sein?
> 幸せになるためにはお金がどの位必要ですか？
> **Wie viele** Personen nehmen an dem Projekt teil?
> そのプロジェクトには何名参加しますか？
>
> 注2 「何番目の」には **wievielte** という序数形を使います。
> Der **wievielte** Präsident ist er?　彼は何代目の大統領ですか？

《主な疑問代名副詞（200 頁も参照）》
　　　　　　　Wofür brauchst du das Geld?　君は何のためにそのお金が必要なのですか？
　　　　　　　Womit müssen wir rechnen?　何を覚悟しておかねばなりませんか？
　　　　　　　Wovon hast du mit ihm gesprochen?　君は彼と何について話をしたのですか？
　　　　　　　Wozu bin ich auf der Welt?　私は何のためにこの世にいるのだろう？
　　　　　　　Woran denkst du?　君は何のことを考えているの？
　　　　　　　Worauf soll ich mich setzen?　私は何の上に座ったらよいのですか？

> 注 場所に関する場合，位置関係をはっきりさせる必要がないならば，wo / wohin などの本来的副詞を使います：→ **Wohin** soll ich mich setzen?（上掲）

Woraus besteht Eiweiß?　　タンパク質は何からできているのですか？
Worüber habt ihr gesprochen?　　君たちは何について話していたのですか？

> 注 動詞の前置詞句目的語がどの前置詞になるかは，動詞がどの前置詞と結びつくのかによって決まります（前置詞支配；→ 187 頁）。

- 上例 2 の trotzdem「それにもかかわらず」は二つの文を接続する副詞（= 接続副詞）。文頭にも文中にも置きます（→ 268 頁）。

  (類例)　**trotzdem / dennoch**　それにもかかわらず
  　　Es regnete, **dennoch** gingen die beiden spazieren.
  　　雨が降っていましたが，それでも二人は散歩に出かけました。
  　　also / daher / deshalb / deswegen　そのため
  　　Hans ist krank, **also** wird er nicht kommen.
  　　ハンスは病気です，そのため彼は来ないでしょう。
  　　Hans ist krank und kann **deshalb** nicht kommen.
  　　ハンスは病気です，だから来ることができません。
  　　doch / jedoch　しかし（接続詞としての用法は → 213 頁）
  　　Es war **doch** kalt.　しかし寒かった。
  　　Sie möchte in die Disco, **jedoch** hat er keine Zeit dafür.
  　　彼女はディスコに行きたいのですが，彼はその時間がありません。
  　　dagegen　それに反して
  　　Gestern war es kalt, **dagegen** ist es heute warm.
  　　昨日は寒かったのに，きょうは暖かです。
  　　sonst　そうしなければ
  　　Wir müssen uns beeilen, **sonst** kommen wir zu spät.
  　　私たちは急がねばなりません，さもないと遅刻します。
  　　dann　それから；その時に
  　　Erst denken, **dann** sprechen!
  　　まず考え，それから話せ！
  　　Noch zwei Tage, **dann** sind die Ferien zu Ende.
  　　後二日，そうすれば休暇は終わりです。

> 注 上掲以外の接続副詞：**andernfalls** そうでない場合，**außerdem**（それだけでなく）さらに，**insofern** その点では。

コラム 「心態詞」的用法

> 注 発話における話者の微妙な気持ちを表す以下の語を「心態詞」と分類することがあります。

auch 〔理由的意味合いを表す〕
Ich gehe jetzt, es ist **auch** schon spät.
もう行くよ，もう遅いしね．
〔補足疑問文で：不満・抗議などの感情を表す〕
Warum kommst du **auch** so spät? なんでこんなに遅く来るの？

denn 〔疑問文で：関心・驚きなどの意味合いを表す〕
Wie war es **denn**? どうでしたか？
Kannst du **denn** Motorrad fahren? — Na, klar!
君はバイクに乗れるの？ — もちろん！

doch 〔最初の予想通りであることを表す；「やはり」〕
Du hast es also **doch** gewusst. 君はそれをやはり知っていたんだ．
〔ある事柄を再確認する形で叙述を強める；「何と言っても」〕
Du bist **doch** kein Kind mehr. 君はもう子供じゃないんだよ．
〔非難などの意味合いを表す〕
Das kannst du **doch** nicht machen!
それはやってはいけないことなんだよ．
〔命令文で：催促などを表す；「さあ」〕
Komm **doch** endlich! さあ，いいかげんに来いよ！

ja 〔理由づけを表す；「だって…じゃないか」〕
Du, wir müssen umkehren, es wird **ja** schon dunkel.
おい，帰らなきゃ，もう暗くなるじゃないか．
〔抗議を表す〕
Du weißt es **ja**. そんなこと，君はわかっているじゃないか．
〔驚きを表す；「本当に，実に」〕
Brr, das ist **ja** eiskalt! ブルル，こりゃ本当に寒いや！

mal 〔命令文で：命令の調子を和らげる；「ちょっと」〕
Komm **mal** her! ちょっとこっちへ来いよ！

schon 〔疑いようのない事実という意味合いを表す〕
Du hast **schon** recht. 確かに君は正しい．
〔命令文で：命令の意味合いを強める〕
Hör **schon** auf damit! もうそんなことはやめろよ！

6 否定を表す副詞

> a) Ich weiß es **nicht**.　そのことは知りません。
> b) Ich kenne ihn **kaum**.　私は彼のことをほとんど知りません。

- 上例 a の **nicht**「…ない」は否定を表す副詞。
- 否定を表す主な副詞として，以下のものがあります。語順は nicht の規則に準じます（→ 267 頁）。

　（類例）　**nie / niemals / keineswegs**　決して…でない，一度も…でない
　　　　Ich werde es **nie** vergessen.　私はそのことを決して忘れません。
　　　　Das habe ich **niemals** gesagt.
　　　　そういうことを言ったことは決してありません。
　　　　Wir sind damit **keineswegs** zufrieden.
　　　　私たちはそれに決して満足していません。

　　　　nirgends / nirgendwo　どこにも…ない
　　　　Ich kann meine Brille **nirgends** finden.
　　　　どこを探してもメガネが見当たりません。

注1 gar，durchaus，überhaupt は nicht と結びつき，否定の強調形「まったく…でない」を作ります（**gar** nicht / **durchaus** nicht / **überhaupt** nicht）。
　　Das kommt **überhaupt** nicht in Frage!　それはまったく問題になりません！

注2 nicht は次のような熟語的表現を作ります。

noch nicht	まだ…でない	Ich bin **noch nicht** mit dem Essen fertig.
		私はまだ食事が済んでいません。
nicht mehr	もはや…でない	Sie arbeitet **nicht mehr**.
		彼女はもう仕事をしておりません。
nicht einmal	…すら～でない	Ich weiß **nicht einmal** seinen Namen.
		私は彼の名前さえ知りません。
nicht nur ..., sondern auch～	…だけでなく，～だ	
		Er ist **nicht nur** nett, **sondern auch** intelligent.
		彼は親切なだけでなく，知能も優れています。

注3 nicht の位置は→ 208 頁，211 頁コラム。nicht と kein の使い分けは→ 176 頁。否定の不定代名詞 niemand は→ 150 頁，nichts は→ 153 頁，否定冠詞 kein → 174 頁，決定疑問文に対する否定を表す nein は→ 246 頁。

注4 否定を表す接辞 un-（たとえば **un**möglich「不可能な」）などは→ 277 頁。

- 上例 b の **kaum**「ほとんど…ない」は 80～90％程度の否定を表す副詞。

注 **kaum noch** は「もうほとんど…なっている」，「かろうじて…やり遂げた」，「おそ

らく…ない」という意味でも使います。

Viele Menschen kaufen **kaum noch** Fleisch.
多くの人はもうほとんど肉を買わなくなりました。
Wir haben es **kaum noch** geschafft.　私たちはそれをかろうじてやり遂げました。
Jetzt wird er **kaum noch** kommen.　もうおそらく彼は来ないでしょう。

類例　**selten** めったに…ない（頻度）
　　　Er kommt leider nur **selten** zu uns.
　　　残念なことに彼が私たちのところに来るのはきわめてまれです。
　　　wenig 少ししか…ない（量）
　　　Ich habe heute Nacht **wenig** geschlafen.
　　　私は昨夜あまり寝ていません。
　　　nur …しかない（限定：修飾する語句の直前に置きます）
　　　Ich habe **nur** 10 Euro bei mir.　私は10ユーロしか持っていません。

注　**selten** や **wenig** は形容詞としても使います。
　　Seine Besuche sind **selten** geworden.
　　彼はあまり訪れて来なくなりました。
　　Er hat nur **wenig** Geld.　彼はわずかなお金しか持っていません。（格語尾なしで）
　　なお，不定冠詞の付いた **ein wenig** は肯定的な意味合いになります。
　　Ich habe **ein wenig** geschlafen.　私はちょっとばかり眠りました。

7　nicht の使用細則

7.1　文否定と部分否定

> a) Er kommt heute **nicht**.　彼はきょう来ません。
> b) Er kommt **nicht** morgen, **sondern** heute.
> 　　彼が来るのは明日でなく，きょうです。

- 上例 a は，「彼がきょう来るかどうか」ということに関して，ただ単に「彼がきょう来ることはない」と，文全体（下線部）を否定しているのに対して（＝文否定），b は，「彼の来るのは明日ではない」と，文の一部（下線部）を対比的・強調的に取り上げ，否定しています（＝部分否定）。
- 文否定における nicht の位置は→ 7.2。
- 部分否定の nicht は原則として否定される語句の直前に置きます。多くの場合，部分否定の nicht に呼応する sondern …「そうでなくて…」が後続します。

《部分否定の類例》

Er fährt **nicht** heute, **sondern** morgen ab.
彼は出発するのはきょうではなく，明日です。
Er hat mir **nicht** den blauen Bleistift, **sondern** den roten gegeben.
彼は私に青鉛筆ではなく，赤鉛筆をくれました。
Er stellte das Buch **nicht** ins Regal, **sondern** legte es auf den Tisch.
彼は本を棚に立てかけずに，机の上に置きました。

注 前置詞句内の名詞のみを否定する場合も，前置詞句全体の前に置きます。
Er wartete **nicht** vor dem **Eingang**, sondern vor dem **Ausgang**.
彼は，入口の前でなく，出口の前で待っていました。

Er ist **nicht dumm**, nur **faul**.
彼は頭が悪いのではない，ただ怠け者なのです。
Er kommt **nicht bald**. 彼はすぐには来ないよ。
Wir wollen das Problem **nicht unnötig** komplizieren.
私たちはその問題を不必要に複雑にするつもりはありません。

注1 数詞的な部分を否定することもあります。
Nicht alle Studenten sind faul. 学生が全員怠け者というわけではありません。
Nicht jeder kennt das. すべての人がそれを知っているわけではありません。

注2 否定される語句に**強勢**を置き，**nicht** を，直前ではなく，離して文中に置くこともあります。
Ins ´Kino gehe ich nicht (, aber ins Konzert).
映画には私は行きません（が，コンサートには行きます）。

7.2 文否定の nicht の位置

- 動詞と密接な関係を持つ語句（述語，目的語，方向表示などの必須成分；→ 256 頁）があるかないかによって nicht の位置が異なります。したがって，以下では，そのような語句がない場合（すなわち動詞のみとか，時間や条件の副詞などのような，動詞と密接な関係を持たない語句のみの場合；→ 7.2.1）とある場合（→ 7.2.2）に分けて，規則化してみます。

7.2.1 動詞のみの場合あるいは動詞と密接な関係を持つ語句がない場合

〈規則 1〉単一動詞の場合，文末に置く（非分離動詞を含む）。

Ich weine **nicht**! 私は泣きません！
Diese Blumen verwelken lange **nicht**.
これらの花は長い間枯れません。

〈規則 2〉 **分離動詞**の場合，分離前つづりの**前**に置く。
　　Bei Regen findet das Konzert **nicht statt**.
　　雨天の場合コンサートは開催されません。
〈規則 3〉 **話法の助動詞**，**未来の助動詞**の場合，本動詞の**前**に置く。
　　Er kann immer noch **nicht schwimmen**.
　　彼は今でもまだ泳ぐことができません。
　　Er wird heute **nicht zurückkommen**.
　　彼はきょう戻って来ないでしょう。
〈規則 4〉 **完了形**の場合，**過去分詞**の前に置く。
　　Er hat heute **nicht trainiert**.
　　彼はきょうトレーニングをしませんでした。
　　Er wird noch **nicht angekommen sein**.　彼はまだ到着していないでしょう。
〈規則 5〉 **受動形**の場合，**過去分詞**の前に置く。
　　Er wurde leider **nicht freigelassen**.　彼は残念ながら釈放されませんでした。
　　（受動の完了形の場合も過去分詞の前：Er ist leider **nicht freigelassen** worden.）

7.2.2　動詞と密接な関係を持つ語句（述語，目的語，方向表示などの必須成分）が ある場合

〈規則 1〉 **述語**の場合，その**前**に置く。
　　Er ist **nicht faul**.　　彼は怠け者ではありません。
　　Er wird **nicht Arzt**.　　彼は医者になりません。
〈規則 2〉 **4 格目的語**，**3 格目的語**，**2 格目的語**が特定化されている（すなわち **定冠詞**などを伴う）場合，ふつうその**後**に置く。
　　Er hat **das Geld nicht** genommen.　　彼はそのお金を受け取りませんでした。
　　Er gibt mir **mein Wörterbuch nicht** zurück.
　　彼は私に私の辞書を返してくれません。
　　Er hat **der Frau nicht** geholfen.
　　彼はその女性の手助けをしませんでした。
　　Sie bedürfen **unserer Hilfe nicht**.
　　彼らは私たちの手助けを必要としていません。

注1 特定化されていない場合，否定には基本的に kein を使うため（たとえば Er hat **kein** Geld genommen.「彼はお金を受け取りませんでした」），nicht の位置は問題になりません。
注2 代名詞の場合，**nicht** は必ずその**後ろ**に置きます。
　　Vergesst **mich nicht**!　　私のことを忘れないで！

注3 特定化されている目的語でも，動詞との意味的結びつきを重視する場合，**nicht** を目的語の**前**に置くことがあります。
　Willst du dir **nicht die Stadt anschauen**?
　君は町を見物するつもりはないのですか？

注4 熟語的に結びついている目的語の場合，**nicht** は必ず目的語の**前**に置きます。
　Er fährt **nicht Auto**.　彼は車を運転しません。

目的語が<u>前置詞句</u>の場合，通常，その<u>前</u>に置く。
　Er glaubt **nicht an Wunder**.　彼は奇跡というものを信じません。
　Ich zweifle **nicht an seinen Fähigkeiten**.　私は彼の力量を疑っていません。

注 一部の動詞では前置詞句の後ろに置くこともあります。
　Leider konnte ich **an der Sitzung nicht** teilnehmen.
　残念なことに私は会議に参加できませんでした。

〈規則3〉 副詞的語句が<u>必須成分</u>の場合，その<u>前</u>に置く。
　Er wohnt **nicht in Berlin**.　　　彼はベルリンに住んでいません。（場所）
　Er ist **nicht nach Köln** gefahren.　彼はケルンに行きませんでした。（方向）
　Warme Speisen sollten **nicht in den Kühlschrank** gestellt werden.
　温かな料理は冷蔵庫に入れてはいけません。（方向）
　Die Sitzung dauert **nicht lange**.　　会議は長く続きません。（期間）

注1 必須成分でない場合，**nicht** は，7.2.1 に準じて，通常，それらの**後ろ**に置きます。
　Man darf **in der Bibliothek nicht** essen.　図書館での食事は禁止です。
　Es hat **den ganzen Tag nicht** geregnet.　一日中雨が降りませんでした。

注2 主観的な意味合いの副詞（bald など）や様態を表す副詞（schnell など）を含む文の否定は部分否定にしかなりえません。したがって，**nicht** は必ずそれらの前に置かれます。
　Er kommt **nicht bald** zurück.　彼はすぐには戻って来ません。
　Warum hast du es mir **nicht gleich** gesagt?
　なぜ私にすぐそのことを言ってくれなかったのですか？
　Fahr **nicht zu schnell**!　スピードを出しすぎないで！
　Der Bus kommt wieder einmal **nicht pünktlich**.
　バスはまたもや定刻より遅れています。

注3 nicht が語句の前に置かれる文否定の文，たとえば上例の Er wohnt **nicht in Berlin**. は，前置詞句の部分に対比的・強調的意味合いを込めるならば，すなわち Er wohnt **nicht** in Berlin, **sondern** in Köln.「彼はベルリンではなく，ケルンに住んでいます」の意味合いで使うならば，この文も部分否定の文になります。文否定なのか部分否定なのかの相違は，形式上必ずしも常に明示されるわけではないので，両者の相違は，文脈などに基づき，読み解くことが必要になります。

第 2 節　副詞（関係副詞は除く）

コラム　文否定の nicht の位置

- 7.2 で説明した文否定の nicht の位置は，一見多様に見えますが，しかし，そこにはある種の一貫した原理を認めることができます。
- まず，7.2 の事例を並べて見ます。ただし，その際，定動詞を副文のように（または日本語のように）末尾に移して示します。

　　1 a) er　heute　　　nicht　kommt
　　　 b) er　heute　　　nicht　zurückkommt
　　　 c) er　　　　　　 nicht　schwimmen kann
　　　 d) er　gestern　　nicht　gekommen ist
　　　 e) er　gestern　　nicht　freigelassen wurde

　　2 a) er　　　　　　 nicht　faul ist
　　　 b) er　　　　　　 nicht　Auto fährt
　　　 c) er　　　　　　 nicht　an Wunder glaubt
　　　 d) er　　　　　　 nicht　in Berlin wohnt

- nicht の右側を見ると，1（上半分）では，動詞あるいは動詞的なものが一つの固まりとして，2（下半分）では，動詞とそれと密接な関係を持つ語句が一つの固まりとして並んでいますね。要するに，nicht による文否定の文の場合，動詞あるいは動詞的なもの，そして動詞と密接な関係を持つ語句があれば，それらの前に nicht を置くのです。したがって nicht による文否定の文の作り方は，大雑把に言えば，

　　まず，① 定動詞を末尾に置いて，語句を並べる
　　次に，② nicht を「動詞およびそれと密接に結びつく語句の前」に置く
　　最後に，③ 末尾の定動詞を第 2 位に移す

ということになります。

- なお，nicht による否定の対象とするかどうかは，それぞれの文脈による場合もあります。たとえば，上例 2 の d の wohnen の場合，以下のように，nicht の否定領域に他の語句を含ませることもありうるのです。

　　Ich möchte einfach nicht mit ihnen in einem Haus wohnen.
　　私はともかく彼らとは一つ家に住みたくないのです。

- このことも考慮すると，上掲の②の規則は，nicht を自分が否定したいと思う語句の前に置くと書き直すことになります。要するに，部分否定の場合はもちろんのこと，文否定の場合も，みなさんが否定したいと思う語句の前に置けばよいのです。きわめて簡単ではありませんか？

第6章　複合文

> 注　この章では，接続詞による複合文を中心に，複合的な文を作る間接疑問文，関係文，比較文について説明します。zu 不定詞句は→88頁，現在分詞句は→97頁，過去分詞句は→102頁。

1　並列複合文と従属複合文

> a) Sie haben gewonnen①　**und** wir haben wieder verloren②.
>   彼らが勝ち，そして私たちは再び負けました。
> b) Sie konnte nicht kommen①, **weil** sie krank war②.
>   彼女は病気だったので，来ることができませんでした。

- 上例 a，b は下線部①と下線部②の二つの文から成る複合文（→244頁）。
- 上例 a のように，文が対等な関係で結びついているものを並列複合文，b のように，「主従」の関係で結びついているものを従属複合文と呼びます（→245頁）。
- 上例 a の **und** と b の **weil** のように，文と文を結びつける語を接続詞と呼びます。接続詞には，並列複合文を作る並列接続詞と従属複合文を作る従属接続詞があります。

2　並列複合文，並列接続詞（相関接続詞も含む）
2.1　並列複合文

> a) Er spielt Klavier **und** sie singt dazu.
>   彼はピアノを弾き，そして彼女はそれに合わせて歌います。
> b) Er war sehr müde, **aber** er konnte nicht schlafen.
>   彼は非常に疲れていましたが，眠ることができませんでした。

- 上例 a，b は並列複合文，**und** と **aber** は並列接続詞。
- **und** と **aber** のような並列接続詞は，主文同士を結びつけるため，後続文の語順に影響を与えません（すなわち接続詞の後の語句が1番目の語句；→248頁）。

> 注1　二つの主文を，接続詞なしで，コンマを置いて並列的に並べることもあります。
> Er kennt Deutschland, er hat lange dort gelebt.
> 彼はドイツのことを知っています，長い間そこで暮らしていたのです。

Sie gehen so schnell, ich komme nicht mit.
彼らは歩くのがとても速く，私は付いていけません。

注2 **接続副詞**（→ 204 頁）を使うこともあります。並列接続詞は後続する文から独立しているため，語順的には無関係ですが，接続副詞は後続文の一部であるため，文頭に置く場合，定動詞の位置はその直後になります。コンマも必要です。

Gestern war es kalt, **dagegen ist** es heute warm.
昨日は寒かったのに，きょうは暖かい。

- 並列接続詞は，<u>語句の結合</u>にも使います。

　Er besucht **Berlin und Potsdam**.　彼はベルリンとポツダムを訪れます。
　Ich hatte plötzlich starke Schmerzen **in der Brust und im Rücken**.
　私は突然胸と背中に強い痛みを感じました。
　Er ist **arm, aber nicht unglücklich**.　彼は貧乏ですが，不幸ではありません。

注1 並列複合文の場合，基本的に，共通の語句は省略することができます。
Er **wohnt** in Bonn, sie in Köln.　彼はボンに，彼女はケルンに住んでいます。
上掲の語句の結合の用例も，後半の文の，**共通語句**を省略したものと理解できます。
　← Er besucht Berlin **und (er besucht)** Potsdam.
　← Er ist arm, **aber (er ist)** nicht unglücklich.
注2 並列複合文からの省略と考えられない場合もあります。
Drei **und** vier ist sieben.　3 足す 4 は 7 です。

2.2　主な並列接続詞

aber　しかし（「反意的結合」；上掲の囲みの例も参照）

　Es regnete, **aber** es war nicht kalt.
　雨が降っていましたが，寒くはありませんでした。

注1 主文に続けて書く場合，aber の前には**コンマ**を打ちます。ただし，aber が**文中**にある場合は**文の前**にコンマを打ちます。
Die Sonne scheint, es ist **aber** kalt.　日が照っていますが，寒い。
注2 **zwar** と組み合わせて使うこともあります。
Das Essen im Hotel ist **zwar** teuer, **aber** sehr gut.
ホテルの食事はたしかに高いですが，とてもよいです。

doch　しかし（「反意的結合」；接続副詞としても使います。→ 204 頁）

　Er klopfte an die Tür, **doch** niemand antwortete.
　彼はドアをノックしましたが，返事がありませんでした。

denn　と言うのは（「因果的結合」）

　Er fehlt heute, **denn** er ist krank.
　彼はきょう欠席です，と言うのは，彼は病気なのです。

> denn は文中に置くことがなく，通常，**コンマ**（時にはセミコロンやピリオド）で区切ります。因果的関係の**接続副詞**は→ 204 頁。

oder　あるいは（「選択的結合」）

Von Zeit zu Zeit besuchen wir ihn **oder** er besucht uns.
時々私たちは彼を訪問するか，彼が私たちを訪問します。

Kommst du mit, **oder** bleibst du noch?
君は一緒に来るかい，あるいはまだここに残るかい？

Er kommt heute **oder** morgen an.　彼はきょうか明日到着します。

> コンマを打つかどうかは**任意**。**語句**を結びつける場合はコンマを打ちません。

und　そして（「単なる結合」；上掲の囲みの例も参照）

Er öffnete die Tür **und** ging hinaus.　彼はドアを開け，出て行きました。

> 語句を並列する場合，**最後**の語句の前に置くのがふつうです。
> Sie verkaufte alte Möbel, also Schränke, Tische **und** Stühle.
> 彼女は古い家具，すなわち戸棚，テーブルそして椅子を売りました。
> なお，**sowie** も語句の並列に使います。
> Kinder **sowie** Erwachsene　子供たちおよび大人たち

- 対になって並列接続詞的な意味を表すものがあります（＝**相関接続詞**）。

entweder ... oder ～　…か～か

Entweder du **oder** ich **muss** nachgeben.
君か私が譲歩しなければなりません。

nicht ..., sondern ～　…ではなく～

Der Vortrag beginnt **nicht** um 19.00 Uhr, **sondern** um 20.00 Uhr.
講演は 19 時でなく，20 時に開始します。

nicht nur ..., sondern auch ～　…ばかりでなくて～も

Nicht nur du, **sondern auch** er **ist** sehr traurig.
君だけでなく，彼もとても悲しがっています。

Ich lerne **nicht nur** Englisch, **sondern auch** Japanisch.
私は英語だけでなく，日本語も習っています。

sowohl ... als [auch] ～　…も～も

Sowohl er **als auch** seine Freundin **hören** gern Musik.
彼も彼のガールフレンドも音楽を聴くのが好きです。

weder ... noch ～　…も～も…でない

Weder er **noch** ich **können** schwimmen.　彼も私も泳げません。

> 注 主語が相関接続詞で結ばれている場合，「動詞の人称変化形は最も近い主語に基づく」というのが原則ですが（最初と3番目の例で確認），特に sowohl ... als auch ... と weder ... noch ... の場合，しばしば動詞が複数形になります（最後の2例で確認）。

3 従属複合文，副文，従属接続詞
3.1 従属複合文

> 1 Er kommt heute nicht①, **weil** er krank ist②.
>   彼は病気なので，きょうは来ません。
> 2 a) Er fragt mich, **wen** ich liebe.
>   彼は，私が誰を愛しているのかと尋ねます。
>   b) Ich suche das Buch, **das** ich gestern gekauft habe.
>   私は昨日買った本を探しています。
>   c) **Wie** du siehst, bin ich noch nicht fertig mit meiner Arbeit.
>   ごらんのとおり，私は仕事がまだ終わっていません。

- 上例1は従属接続詞 **weil** によって二つの文が結びつけられた従属複合文。下線部②のように「従」の関係にある文を副文（あるいは従属文），下線部①のように，それを伴う「主」の文を主文と呼びます。
- 上例2の a の下線文は間接疑問文，b の下線部は関係文，c の下線部は比較文。間接疑問文も関係文も比較文も一種の副文なので，これらを含む文も従属複合文と呼びます（間接疑問文は→221頁,関係文は→222頁,比較文は235頁）。なお，3での説明では，**副文**は「従属接続詞の副文」の意味で使います。

3.2 副文，従属接続詞
3.2.1 副文の作り方

> a) Er beteuert, **dass** er unschuldig **ist**.   彼は自分が無実だと断言します。
> b) **Als** ich klein **war**, habe ich oft den Zoo besucht.
>   私は小さい時，よく動物園に行きました。

- 上例 a の **dass** は従属接続詞，**ist** は定動詞。上例 b の **als** は従属接続詞，**war** は定動詞。副文では，従属接続詞を文頭に，定動詞を文末に置きます。他の語句は，従属接続詞と定動詞の間に，主文の場合と同一の規則に従って並べます（他の語句の語順は→261頁）。

```
         ┌─従属接続詞            ┌─定動詞
    dass     er    unschuldig    ist
    Als      ich   klein         war
```

- 副文は主文の後ろに置くことも前に置くこともできます。ただし，副文を平叙文の前に置く場合，平叙文の定動詞は副文の直後に置きます（定動詞第2位の原則；→ 258 頁）。

  Ich **konnte** nicht kommen, **weil** ich erkältet war.
  私は風邪を引いていたので，来ることができませんでした。

  Da er verreist war, **konnte** er nicht kommen.
  旅行中だったので，彼は来ることができませんでした。

  注 以下の **dann** のように，副文を受ける副詞を平叙文の先頭に置くこともあります。
  Wenn alle mitmachen, **dann** kann es gelingen.
  みんなが一緒にやれば，それを成功させることができます。

- 上例 a の副文は，Er beteuert **seine Unschuld**.「彼は自分の無実を断言します」の seine Unschuld に対応することからわかるように，主文の目的語です。また，b の副文は，たとえば **Damals** habe ich oft den Zoo besucht.「当時私はしばしば動物園に行きました」の damals に対応することからわかるように，主文の副詞に準じるものです。

  このように，従属接続詞は，名詞的な副文を作るものと副詞的な副文を作るものに分けることができます。以下，両者を区別し，主な例を挙げます。

3.2.2 従属接続詞の用法
3.2.2.1 **名詞的**な副文を作る従属接続詞

dass （…と）いうこと

  Dass er kommt, ist sicher.　彼が来るのは確実です。（主語）

注1 3.2.1 の囲みで挙げた dass 文は 4 格目的語としてのものですが，上例は主語としてのものです。その他に，述語，付加語（名詞修飾）としても使います。
  Die Hauptsache ist, **dass** du glücklich bist.
  肝心なことは君が幸せであるということです。（述語）
  Ich bin nicht der Meinung, **dass** diese Maßnahme falsch war.
  私は，処置が間違っていたとは思っていません。（付加語）

注2 後方に置いた dass 文を受ける es は→ 136 頁。代名副詞（→ 202 頁）が dass 文を受けることもあります。

注3 **so** + 形容詞 + **dass** の形で「…なので~だ」という結果表現を作ります。

Es war **so** dunkel, **dass** ich nichts sah.
とても暗かったので，私は何も見えませんでした。（従属接続詞 sodass と同義）

注4 前置詞 [an]statt や ohne と結びつき，[an]statt dass ...「（…する）代わりに」，ohne dass ...「（…する）ことなしに」という複合的接続詞を作ります。

Statt dass er sich auf die Prüfung vorbereitet, geht er ins Kino.
彼は試験の準備をしないで，映画を見に行きます。

Sie haben geheiratet, **ohne dass** wir es wussten.
彼らは私たちの知らないうちに結婚しました。

注5 zu 不定詞句との対比は→ 92 頁，間接話法の dass 文は→ 48 頁，51 頁。

ob　（…）かどうか

Ob sie kommen kann, ist nicht sicher.
彼女が来ることができるかどうかは不確定です。（主語）

Ich weiß nicht, **ob** er zu Hause ist.
私は彼が家にいるかどうか分かりません。（目的語）

注 直接話法の決定疑問文の書き換えとして間接話法でも使います（→ 51 頁）。

3.2.2.2　副詞的な副文を作る従属接続詞（順序は意味的な関連に基づく）
① **時間**

als　（…した）時

a) Der Zug **war** schon **abgefahren**, als er den Bahnhof **erreichte**.
彼が駅に着いた時，列車はすでに出発していました。

b) Als er genug **getrunken hatte**, **legte** er sich ins Bett.
彼は十分飲んで，ベッドに入りました。

注1 過去の出来事に関して使います。上例 a では主文が als 文よりも**前**の出来事を表しています（主文が過去完了形，als 文が過去形）。b では主文が als 文よりも**後**の出来事を表しています（主文が過去形，als 文が過去完了形；nachdem と同義）。3.2.1 の囲みの例では主文と als 文が**同時**の出来事を表しています（過去形と現在完了形）。

注2 比較級および anders などと結びついた比較表現を作ります（→ 239 頁 **注1**）。
Er ist **jünger**, als er aussieht.　彼は見かけよりも若い。

注3 複合的接続詞 **als ob / als wenn**「あたかも（…）のように」は→ 56 頁。
Er tut, **als ob** er schliefe.　彼はあたかも眠っているような振りをします。
Er lachte, **als wenn** ihm alles gleichgültig wäre.
彼はすべてがどうでもよいかのように笑いました。

wenn　（…の）時

a) **Wenn** ich angekommen bin, rufe ich dich an.
到着したら，私は君に電話をします。

b) **Wenn** der Frühling kommt, beginnen die Blumen zu blühen.
   春になると,花が咲き始めます。

> 注 未来の一時点(前頁のaの例)および反復的なある時点(前頁のbの例)を表します。なお,**過去形**と結びつく場合は必ず反復的な意味になります(wenn 文に immer を付けることもあります;条件を表す用法は 219 頁③)。

Wenn ich in Berlin **war**, habe ich ihn besucht.
私はベルリンに行った時はいつも彼を訪問しました。
Immer wenn er **kam**, brachte er Blumen mit.
彼は来るたびに,いつも花を持って来てくれました。

bevor (…する)前に

Bevor ich abreise, muss ich dir noch etwas sagen.
旅立つ前に,君にまだ言っておかねばならないことがあります。

> 注1 **否定詞 +** bevor 文は「…しないうちは〜」という意味の条件文にもなります。

Bevor das **nicht** fertig ist, kann ich nicht nach Hause gehen.
それが済まないうちは,私は帰宅できません。

> 注2 **ehe** も同義で使います。

Sie schaute kurz in den Spiegel, **ehe** sie die Tür öffnete.
彼女はドアを開ける前に素早く鏡を見ました。

nachdem (…した)後に

Nachdem er gefrühstückt **hatte**, **ging** er eine Stunde spazieren.
朝食をとった後,彼は1時間散歩をしました。

> 注1 nachdem 文は主文よりも**前**の出来事を表します。したがって,主文が過去形で,nachdem 文が過去完了形という組み合わせが最もふつうですが,主文が現在形ならば,nachdem 文は現在完了形(あるいは過去形)になります(→ 28 頁)。

Nachdem ich angekommen **bin**, **suche** ich mir ein Hotel.
私は町に着いた後,ホテルを探します。

> 注2 nachdem 文は **nach** の前置詞句に書き換えられる場合があります。前頁の例は以下のようになります。

→ **Nach dem Frühstück** ging er eine Stunde spazieren.

bis (…する)まで

Sie wartete, **bis** er kam.　彼が来るまで,彼女は待っていました。

> 注 bis 文は **bis zu** + ③格 の前置詞句に書き換えられる場合があります。

Bis sie heiratete, lebte sie bei ihren Eltern.
彼女は結婚するまで,両親のもとで暮らしていました。
→ **Bis zu ihrer Heirat** lebte sie bei ihren Eltern.

während （…している）間

　Er dachte über sein Leben nach, **während** er auf sie wartete.
　彼は彼女を待っている間，自分の人生について考えていました。

注 対比的な意味「（…であるの）に対して」でも使います。
　Während es gestern schön war, regnet es heute heftig.
　天気は昨日よかったのに，きょうは大雨です。

solange （…している）間

　Solange du Fieber hast, musst du im Bett liegen.
　熱がある限り，君はベッドに寝ていなければなりません。

② 原因・理由

weil （…）なので

　Wir gehen spazieren, **weil** das Wetter schön ist.
　天気がよいので，私たちは散歩に出かけます。

da （…）なので

　Da ich keine Zeit habe, dir einen kurzen Brief zu schreiben, schreibe ich dir einen langen.
　私は君に短い手紙を書く時間がないので，長い手紙を書きます。

注1 原因・理由を強調したい場合，通常，weil の方を使います。
注2 副文を受ける接続副詞（→ 204 頁）を主文の中に置くことがあります。
　Das Wörterbuch habe ich nur **deshalb** gekauft, **weil** es mir von einem Freund empfohlen wurde.　友人が推薦したのが理由で，私はその辞書を買いました。

③ 条件

wenn もし（…）ならば

　Wenn du brav bist, darfst du mitkommen.
　良い子にしているならば，一緒に付いて来てもいいよ。

falls もし（…）ならば

　Falls ich nicht kommen kann, rufe ich dich an.
　行けない場合は君に電話をします。

注1 wenn が一般的な条件を表すのに対して，**falls** は「思いがけなく」という意味合いを含意します（「万一…ならば」）。sollte をしばしば伴います．
　Falls du ihn sehen **solltest**, dann grüß ihn mal von mir.
　彼に会うことがあれば，私からよろしくと伝えてください。
注2 非現実の条件は **wenn** と接続法第 2 式で表します（→ 54 頁）。
　wenn ich Geld **hätte**　もしお金を（実際に持っていないが）持っていれば

④ 目的

damit （…する）ために

Ich schließe die Fenster, **damit** uns der Lärm nicht stört.
私は，騒音が私たちの邪魔にならないように窓を閉めます。

注 damit 文は，通常，主文の後ろに置きます。また，副文の主語が主文の主語と同一の場合，**um + zu 不定詞句**によって書き換えることができます。
Wir fahren an die See, **damit** wir uns erholen.
私たちは休養するために，海辺に行きます。
→ Wir fahren an die See, **um** uns **zu erholen**.

⑤ 認容

obwohl （…であるにも）かかわらず（obgleich も同義）

Obwohl er nur zu wenig Zeit hatte, kam er sofort.
彼は本当にわずかな時間しかなかったのに，すぐ来てくれました。

auch wenn / wenn +（文中の）**auch** たとえ（…）でも

a) Ich gehe spazieren, **auch wenn** es regnet.
たとえ雨が降っていても，私は散歩に行きます。
b) **Auch wenn** du deine Unschuld beteuerst, halte ich dich für schuldig.
君がどんなに無実だと言い張っても，私は君を有罪だと思います。
c) **Wenn** der Urlaub **auch** kurz war, so war er doch sehr schön.
休暇は短かったですが，それでもとても素晴らしいものになりました。

注1 wenn の認容文は「たとえ…であっても」という**仮定上のこと**を表します。時には非現実の意味合いを持ち，接続法第2式を使うこともあります。
Auch wenn er reich **wäre**, **würde** er zu Fuß ins Büro gehen.
たとえお金持ちであったとしても，彼は歩いて事務所に行くでしょう。

注2 上掲の c の例のように，主文の先頭に so を置くことがあります。また，**先置**される場合，後続する主文に語順上の影響を与えないこともあります。
Wenn er auch dumm ist, **das** wird er doch wenigstens begreifen.
たとえ彼が馬鹿でも，そのことは少なくとも理解するでしょう。

注3 **zwar + aber** の組み合わせや副詞 **trotzdem** も認容表現を作ります。
Ich habe **zwar** nicht viel Geld, **aber** ich bin glücklich.
 = Ich habe nicht viel Geld, **trotzdem** bin ich glücklich.
私は（たしかに）お金持ちではありませんが，幸せです。

注4 疑問詞 **+ auch [immer]** も認容表現を作ります。通常，後続する主文に語順上の影響を与えません。
Was du **auch** sagst, ich glaube dir nicht.
君が何を言おうとも，私は君のことは信じません。

Ich werde an dich denken, **wo auch immer** ich bin.
どこにいても，私は君のことを思っている。

注5 **auch** + 最上級も「どんな…でも」という認容表現になります。
Auch der Klügste kann sich irren.　どんな賢い人でも間違えることはあります。

⑥ **手段**
indem　（…すること）によって

Er beruhigte das Kind, **indem** er es streichelte.
彼は子供を撫でてなだめました。

注 **dadurch** + **dass** 文という組み合わせも**手段**を表します。
Der Schwerverletzte wurde **dadurch** gerettet, **dass** er sofort operiert wurde.
その重傷者は即刻手術することによって救われました。

⑦ その他の重要な従属接続詞
insofern　（…である）限り

Insofern er in der Lage ist, will er dir helfen.
可能な状況にあれば，彼は君を助けるつもりです。

seitdem　（…して）以来

Seitdem ich umgezogen bin, habe ich ihn nicht mehr gesehen.
私は引っ越しをして以来，彼にずっと会っていません。

sobald　（…したら）すぐ

Sobald sie kommt, werde ich sie fragen.
私は，彼女が来たら，すぐ彼女に尋ねます

4　間接疑問文

> a) Er fragt mich, **ob** sie in Köln **wohnt**.
> 　彼は私に，彼女がケルンに住んでいるのかと尋ねます。
> b) Er fragt mich, **wo** sie jetzt **wohnt**.
> 　彼は私に，彼女が今どこに住んでいるのかと尋ねます。

- 上例 a では，下線部の先頭に従属接続詞 **ob**，末尾に定動詞 **wohnt**，b では，下線部の先頭に疑問詞 **wo**，末尾に定動詞 **wohnt** が置かれています。
- 前者の下線部は**決定疑問文**（Wohnt sie in Köln?「彼女はケルンに住んでいますか？」）に，後者の下線部は**補足疑問文**（Wo wohnt sie jetzt?「彼女は今どこに住んでいますか？」）に対応する副文（疑問文は→ 245 頁）。このような，副文形式の

疑問文を間接疑問文と呼びます。
- 決定疑問文を間接疑問文にする場合，上例 a のように，従属接続詞 ob を文頭に，定動詞を文末に，補足疑問文を間接疑問文にする場合は，b のように，疑問詞を（前置詞を伴う場合は前置詞も）文頭に，定動詞を文末に置きます。

  〔類例〕 Ich weiß nicht, **ob** sie morgen kommt oder nicht.
  私は，彼女が明日来るかどうか分かりません。

  Sie versteht nicht, **warum** sie kritisiert wird.
  彼女は自分がなぜ批判されるのか理解できません。

  Ich weiß nicht, **seit wann** sie in Köln wohnt.
  私は，彼女がいつからケルンに住んでいるのか知りません。

5 関係文，関係詞
5.1 関係文，先行詞，関係代名詞

a) Der **Mann**, der dort **sitzt**, ist mein Onkel.
そこに座っている**男性**は私のおじです。

b) Wo ist der **Wein**, den ich gestern gekauft **habe**?
私が昨日買った**ワイン**はどこですか？

- 上例 a の下線部は定動詞が末尾に置かれた副文。前方の名詞 **Mann** を修飾しています（「…するところの～」）。b の下線部も，定動詞が末尾に置かれた副文。前方の名詞 **Wein** を修飾しています。このように前方の名詞を修飾する副文を関係文と呼びます。
- 関係文（すなわち下線部）の修飾する名詞（a の **Mann** と b の **Wein**）を先行詞，関係文の文頭の，a の der と b の den は，一つの文を他の文の名詞に関係させる役割を担うもので，関係代名詞と呼びます。
- 関係代名詞はかならず関係文の文頭に置きます。
- 関係文が文中にある場合，a のように，前後をコンマで区切り，文末にある場合，b のように，その前をコンマで区切ります。
- 関係文の「作り」を図示すると，以下のようになります。

　（先行詞）＋「，」＋ **関係代名詞** ＋（その他の語句）＋ **定動詞**

- 関係代名詞の形の詳細は→ 5.2，関係文の作り方は→ 232 頁コラム。
- 関係文は，前頁のように，先行詞の直後に置くのが原則です。ただし，制限的用法（→ 231 頁）の場合，そのことによって意味的つながりが十分に保持されるならば，先行文との間に他の語句を挟むことも可能です。

  Er hat den Professor **angerufen**, der ihn in Deutschland betreut.
  彼はドイツで自分の世話をしてくれる教授に電話をしました。

  注1 関係代名詞は，英語と異なり，**省略**することはありません。
  注2 関係代名詞による強調構文 **es ist / sind** ... ＋ **先行詞** ＋ **関係代名詞**は→ 140 頁。

5.2 関係代名詞の形，関係文の作り方

> a) Der **Mann**, der dort **steht**, ist mein Vater.
> そこに立っている男性は私の父です。
> b) Die **Frau**, die dort **steht**, ist meine Mutter.
> そこに立っている女性は私の母です。
> c) Das **Kind**, das dort **steht**, ist mein Sohn.
> そこに立っている子供は私の息子です。
> d) Die **Kinder**, die dort **stehen**, warten auf den Schulbus.
> そこに立っている子供たちはスクールバスを待っています。

- 上例の下線部は関係文。ただし，文頭の関係代名詞が der，die，das，die と形が異なっています。関係代名詞がなぜこのような形になるのかは，以下のように説明できます。

  まず，上例 a，b，c，d の関係代名詞の後ろに先行詞の名詞を置き（下に挙げた真ん中の列），次に，末尾の定動詞を第 2 位に持って来ると（右端の列），文法的に（すなわち定冠詞の使用が）正しい文ができ上がります。

der dort steht	→ der **Mann** dort steht	→ der **Mann** steht dort
		男性はそこに立っている
die dort steht	→ die **Frau** dort steht	→ die **Frau** steht dort
		女性はそこに立っている
das dort steht	→ das **Kind** dort steht	→ das **Kind** steht dort
		子供はそこに立っている
die dort stehen	→ die **Kinder** dort stehen	→ die **Kinder** stehen dort
		子供たちはそこに立っている

すなわち，a の関係代名詞が **der** になるのは先行詞が関係文中で**男性単数1格**，b の関係代名詞が **die** になるのは先行詞が関係文中で**女性単数1格**，c の関係代名詞が **das** になるのは先行詞が関係文中で**女性単数1格**，d の関係代名詞が **die** になるのは先行詞が関係文中で**複数1格**だからなのです。

- このように関係代名詞の形が多様になるのは，先行詞の名詞の<u>文法上の性</u>と<u>数</u>に加え，<u>先行詞の，関係文中での格</u>も絡んでくるためなのです。

  注1「関係**代名詞**」という名称は，関係代名詞が関係文で先行詞，すなわち**名詞の代わり**をすることに基づきます。関係代名詞が関係文を正確に先行詞に関連づけられるのも，先行詞の文法的特性（文法上の性・数）を受け継いでいるからなのです。

  注2 上例の場合，真ん中の列の語句から先行詞と同一の名詞のみを削除すれば正しい関係文（左端の文）ができ上がります。なお，2格と複数3格の場合は関係代名詞の形が異なるため，微調整が必要です。225頁の用例③④を参照。

- 文法上の性・数・格に基づく関係代名詞の一覧

	男性	女性	中性	複数
1格	**der**	**die**	**das**	**die**
2格	**dessen**	**deren**	**dessen**	**deren**
3格	**dem**	**der**	**dem**	**denen**
4格	**den**	**die**	**das**	**die**

注 青字が定冠詞と形が異なるところです。

注 文語では関係代名詞として welcher も使われます。

	男性	女性	中性	複数
1格	welcher	welche	welches	welche
3格	welchem	welcher	welchem	welchen
4格	welchen	welche	welches	welche

注 2格形は使用がまれなため，省略します。

特に関係代名詞と後続の定冠詞が同形の場合などに使います。
　Ich suche ein Buch, **welches das** Thema „Liebe" behandelt.
　私は『愛』をテーマとした本を探しています。
　（この場合，関係代名詞 der を使うと ..., **das das** Thema となってしまいます。）

(類例)

① 関係代名詞が1格の場合（前頁の例も参照；以下の例の先行詞は男性単数）
　Er ist der erste **Präsident**, <u>der</u> einstimmig gewählt **wurde**.
　彼は満場一致で選出された最初の大統領です。
　（← **der Präsident** einstimmig gewählt wurde）

② 関係代名詞が4格の場合（以下の例の先行詞は男性単数と女性単数）
　Wo ist der Hut, **den** ich gestern gekauft **habe**?
　私が昨日買った帽子はどこですか？（← **den Hut** ich gestern gekauft habe）
　Wo ist die **Milch**, **die** ich gestern gekauft **habe**?
　私が昨日買ったミルクはどこですか？
　　（← **die Milch** ich gestern gekauft habe）
③ 関係代名詞が3格の場合（以下の例の先行詞は中性単数と複数）
　Das ist das **Kind**, **dem** ich einen Fußball geschenkt **habe**.
　あそこにいるのが，私がサッカーボールをプレゼントした子供です。
　　（← **dem Kind** ich einen Fußball geschenkt habe）
　Das sind die **Kinder**, **denen** ich einen Fußball geschenkt **habe**.
　あそこにいるのが，私がサッカーボールをプレゼントした子供たちです。
　　（← **den Kindern** ich einen Fußball geschenkt habe）

注 複数3格の場合，関係代名詞は den ではなく，denen になります。

④ 関係代名詞が2格の場合（以下の例の先行詞は男性単数と女性単数と複数）
　Dort steht der **Bahnhof**, **dessen** Bild ich dir gezeigt habe.
　そこに私が君に写真を見せた駅があります。
　　（← das Bild **des Bahnhofs** ich dir gezeigt habe）
　Die **Frau**, **deren** Reisepass ich gefunden habe, ist Japanerin.
　私がパスポートを見つけた女性は日本女性です。
　　（← den Reisepass **der Frau** ich gefunden habe）
　Die **Menschen**, **deren** Häuser durch ein Erdbeben zerstört wurden, brauchen dringend Hilfe.
　家が地震で破壊された人たちは緊急に援助を必要としています。
　　（← die Häuser **der Menschen** durch ein Erdbeben zerstört wurden）

注1 2格の関係代名詞は修飾する名詞の前に置きます。また，関係代名詞と名詞の間には冠詞類を置きません。
注2 関係代名詞と名詞の間に形容詞を置く場合，形容詞は強語尾（→ 163 頁）。
　das Schloss, **dessen japanischer** Garten weltberühmt ist
　その日本庭園が世界的に有名な城（Garten は男性名詞）

- 関係代名詞と結びつく前置詞は関係文の文頭に置きます。
　Der Mann, **mit dem** sie tanzt, ist mein Vater.
　彼女が一緒に踊っている男性は私の父です。

Hier ist das Buch, **von dem** ich gesprochen habe.
これが私の話していた本です。

注1「前置詞 + 関係代名詞」が**場所**を表す場合，関係副詞 **wo**（→ 5.5）も使います。
Nur wenige Schritte von hier steht das Haus, **wo** (= in dem) er geboren wurde.
ここからほんの数歩のところに彼の生まれた家があります。

注2 前置詞と**事物**を表す関係代名詞が結びつく場合，**wo[r]- + 前置詞**（→ 229 頁）ではなく，通常，「**前置詞 + 関係代名詞**」の結合形の方を使います。
Er hat den Zug, **mit dem** er fahren wollte, verpasst.
彼は乗るつもりだった列車に乗り遅れてしまいました。(womit はまれ)

- 人称代名詞も関係代名詞の先行詞になります（不定代名詞が先行詞の場合は → 229 頁 **注2**）。

    er, **der** in Köln geboren ist　　ケルンで生まれた彼
    sie, **die** in Köln geboren ist　　ケルンで生まれた彼女

注1 関係代名詞の文法上の性は生物学上の性と一致します。
注2 先行詞が1人称・2人称で，関係代名詞が主語の場合，通常，人称代名詞を再度示し，定動詞の形はその人称代名詞に基づきます。

    ich, **der ich** das erlebt **habe**　　　そのことを経験した私（男性の場合）
    du, **die du** die Prüfung bestanden **hast**　試験に合格した君（女性の場合）
    wir, **die wir** uns so gefreut **haben**　　とても喜んだ私たち（複数）

5.3　先行詞における定冠詞と不定冠詞の使い分け

> a) Das ist **das** Café, das Max oft besucht.
>   あれはマックスがよく行く喫茶店です。
> b) Es gibt **ein** Café, das jeden Tag bis 24 Uhr geöffnet ist.
>   毎日 24 時まで営業している喫茶店があります。

- 上例 a の場合，下線部の関係文によって**どの**喫茶店かが特定できるため，先行詞 Café に**定冠詞**が付いています（「…するところの～」）。他方，b の場合，下線部の関係文は**どのような**喫茶店かを示すだけで，どの喫茶店かが特定できないため，先行詞 Café に**不定冠詞**が付いています（「…のような～」）。なお，先行詞が文中ですでに特定化されている場合は当然，定冠詞を使います。
  ① 先行詞に定冠詞の付く用例（5.2 の用例を参照）
  ② 先行詞に不定冠詞の付く用例
     Er ist **ein Mann**, der fast alles kann.　彼はほとんど何でもできる男です。

Es ist **eine** mühsame **Arbeit**, die viel Zeit in Anspruch nimmt.
それは長い時間を要する，骨の折れる仕事です。

なお，特定化されてない場合の複数は無冠詞になります。

Es gibt auch **Studenten**, deren Namen ich nicht kenne.
私が名前を知らない学生もいます。

5.4 不定関係代名詞 wer, was
5.4.1 不定関係代名詞 wer

> 注 ここでは 1 格の場合のみ扱います。2 格，3 格，4 格は→ 234 頁コラム。

> a) **Wer** etwas **weiß**, **der** soll die Hand heben.
> 何か知っている人は手を挙げなさい。
> b) **Wer** so fleißig **ist**, **dem** muss alles gelingen.
> このように勤勉な人にはすべてうまくいくに違いありません。

- 上例の下線部は共に文頭の wer を関係代名詞とする関係文（定動詞文末）。ただし，5.2 で説明した**関係代名詞 der** の関係文と二つの点で異なります。
その一つは，この wer が「…するところの人」という，先行詞を含む意味を持ち，具体的名詞を先行詞として持たないことです。なお，この場合，「先行詞」と想定されるものが不特定なものであるため，この wer を不定関係代名詞と呼びます。なお，どの格形になるかは次頁のコラム。

> 注 5.1 で説明した具体的な名詞を先行詞とする関係代名詞は，この不定関係代名詞と区別する必要がある場合，「定」関係代名詞と呼びます。

もう一つは，関係文の表す人の，主文における格関係を明示するために，それを受ける指示代名詞（上例 a は der，b は dem）を主文の文頭に置くことです。
a の場合，der（1 格）になっているのは関係文の表す人が主文中で主語（← **Der Mensch** soll die Hand heben.）で，b の場合，dem（3 格）になっているのは不定関係代名詞の表す人が主文中で 3 格目的語（← **Dem Menschen** muss alles gelingen.）であることに基づきます。

- 不定関係代名詞文の「作り」を図示すると，以下のようになります。

（先行詞なし）**不定関係代名詞** +「…, 」+ **指示代名詞** + **定動詞** +「…」

なお，主文の指示代名詞が wer …, der … のように不定関係代名詞と同形の場

第6章　複合文

合，省略することができます。

(類例)　**Wer** nicht arbeiten will, [**der**] soll nicht essen.
　　　　働く意志のない者は食うべきではない。
　　　　Wer zuletzt lacht, [**der**] lacht am besten.
　　　　最後に笑う者が一番よく笑う。

5.4.2　不定関係代名詞 was

注　2格と3格はほとんど使われないため，1格と4格（形は同じ）のみを扱います。

---

a) **Was** einmal geschehen ist, ist nicht zu ändern.
　　一度起こったことは変えることができません。（1格）
b) Ich habe euch **alles** berichtet, **was** ich gesehen habe.
　　私は君たちに私が見たことをすべて報告しました。（4格）

- 上例の下線部は共に文頭の **was** を関係代名詞とする関係文（定動詞文末）。
- 関係代名詞 **was** は，上例 a の場合，「…するもの〈こと〉」という意味を持ち，不定関係代名詞 **wer** と同じように，具体的な名詞を**先行詞**として持ちません。また，b の場合，先行詞 **alles** を修飾していますが（「…するもの〈こと〉すべて」），以下で説明するように，先行詞になるものは具体的な名詞ではありません。先行詞あるいは先行詞と想定されるものが（具体的な名詞でないという意味で）**不特定**であるため，この **was** も**不定関係代名詞**と呼びます。
- **先行詞**を持たない場合の具体例
　　Was du mir erzählt hast, war sehr hilfreich.
　　君が私に話してくれたものはとても役に立つものでした。
　　Jetzt verstehe ich sehr gut, **was** Sie sagen.
　　今，私はあなたの言われることがとてもよくわかります。

　　注　主文における不定関係代名詞の**格関係**を明示するため，主文に指示代名詞を置くことがあります：**Was** du gesagt hast, [**das**] ist richtig.　君の言ったことは正しい。

- **先行詞**を持つ場合の具体例
　① 先行詞が（代名詞的）**das　nichts　etwas**
　　　　　　　（中性名詞化）**alles　vieles　einiges　manches** など
　　Das, was er gesagt hat, ist nicht wahr.
　　彼が言ったことは真実ではありません。

> 注 先行詞の das は省略することもあります。したがって，上掲の囲みの例 a も先行詞 das を省略したものとも言えます（← **Das**, **was** einmal geschehen ist, ...）。

(類例) Ich kaufe [**das**], **was** mir noch fehlt, morgen ein.
まだ足りないものは明日買い入れます。

Das ist **etwas**, **was** ich sehr bedaure.
そのことは私はとても残念に思います。

Es gibt **nichts**, **was** es nicht gibt.
無いものは何もありません。

Das ist **alles**, **was** ich weiß.
それが私の知っているすべてです。

In dem Laden gibt es **vieles**, **was** mich interessiert.
その店には私の興味を引くものがたくさんあります。

> 注1 das の場合を除き，関係代名詞として das を使うこともありますが，通常は，was を使います。
> 注2 人を表す不定代名詞 **jemand**，**niemand**，**einer** などが先行詞の場合，関係代名詞として，通常，der（性別を越えた一般形としての男性形）を使います。

Ich suche **jemanden**<**jemand**>, **der** mir helfen kann.
私は手助けをしてくれる人を探しています。

Es war **niemand** da, **der** mir helfen konnte.
私の手助けをしてくれる人は誰もいませんでした。

なお，不定関係代名詞 was が前置詞を伴う場合，<u>wo- / wor- ＋ 前置詞</u>の形になります。この形を関係代名副詞と呼びます。

Er sagte **etwas**, **woran** ich mich nicht mehr recht erinnern kann.
彼は，私がもう正確に思い出せないことを何か言いました。

Das ist **alles**, **woran** ich mich erinnern kann.
それが私の思い出せるすべてです。

Es gibt **vieles**, **wofür** ich mich interessiere.
私が興味を持つものはたくさんあります。

② 先行詞が名詞化された形容詞

Die Liebe ist **das Einzige**, **was** ich dir geben kann.
愛が，私が君に与えることのできる唯一のものです。

Das ist **das Schönste**, **was** ich je erlebt habe.（最上級）
これは，私がかつて経験したことの中で最も素晴らしいことです。

> 注 2番目の例は，... das Schönste von **allem**, **was** ich ... と書き直せるもので，was が

修飾するのは本来，下線部の allem で，das Schönste を直接修飾しているわけではありません。したがって，訳は「…の中で〜」を付け加えました。

③ 先行詞が先行する文の意味内容 (→ 232 頁 注3)

Er hat die Prüfung bestanden, **was** seine Eltern sehr freute.
彼は試験に合格しましたが，そのことは彼の両親を非常に喜ばせました。

Er hat mir sehr geholfen, **wofür** ich ihm sehr dankbar bin.
彼は私をよく助けてくれたので，私は彼にとても感謝しています。

注 先行詞が具体的な事物の場合は→ 226 頁上の 注2

5.5 関係副詞

1 a) Ich liebe die Stadt, **in der** ich geboren bin.
   私は自分の生まれた町を愛しています。
 b) Ich liebe die Stadt, **wo** ich geboren bin.
   （意味は a と同じ）
2 Ich fahre heute nach Köln, **wo** ich fünf Jahre gelebt **habe**.
   私はきょう，5 年間暮らしたことのあるケルンに行きます。

- 上例 1 の a, b の下線部は Stadt を先行詞とする関係文（定動詞が文末）。b の wo は a の in der（der は関係代名詞）に対応し，共に関係文で場所を表しています。関係文で場所を表す場合，wo（＝関係副詞）も使うことができます。

（類例） Ich möchte in einer **Stadt** wohnen, **wo** es noch alte Gebäude gibt.
　　　　私はまだ古い建物があるような街に住みたいと思っています。

- 上例 2 の下線部は Köln を先行詞とする関係文，wo は関係副詞。先行詞が地名や国名などの場合，関係副詞 wo のみを使います。

（類例） Heute verlässt er **Bonn, wo** ich vier Jahre studiert habe.
　　　　きょう彼は 4 年間大学に通っていたボンを離れます。

注 副詞 dort などが関係副詞 wo の先行詞になることがあります。この用法の場合，先行詞の副詞の省略が可能です。
　Er arbeitet [dort], **wo** wir auch arbeiten.
　彼は私たちも働いているところで働いています。

5.6 制限的用法と非制限的用法

> a) Hunde, **die** bellen, beißen nicht.
> 吠える犬はかみません。
> b) Mein Mann, **den** ich liebe, kommt heute von der Reise zurück.
> 私の愛する夫はきょう旅行から帰ってきます。

- 関係文には，文の意味を正しく理解する上で不可欠なものと先行詞に補足的な説明を付け加えるだけのものの2種類があります。
- 上例 a の関係文は前者，この用法を制限的用法と呼びます。上例 b の関係文は後者，この用法を非制限的用法と呼びます。

[類例] ① 制限的用法

Ich lese das Buch, **das** ich gestern gekauft habe.
私は昨日買った本を読みます。
Eine Frau, **deren** Mann gestorben ist, nennt man „Witwe".
夫の死んだ女性を「未亡人」と呼びます。
② 非制限的用法
Das Bier, **dessen** Name mir nicht einfällt, stammt aus England.
名前は思い出せないのですが，そのビールはイギリス産です。
Mein Freund hat zwei Söhne, **von denen** er immer spricht.
私の友人には息子が二人いますが，彼はいつも彼らについて話します。

注1 非制限的用法は，主文に対する反意的や因果的な意味を持つことがあります。
Mein Sohn, **der** krank war, ist wieder gesund und munter.
私の息子は病気だったのですが，もう健康で元気です。
Das Mädchen, **dessen** Mutter krank geworden ist, kommt heute nicht in die Schule.
その少女は母親が病気になったので，きょうは学校に来ません。

注2 制限的とも非制限的とも解釈できる事例もあります。
Wir sehen auch ein Schloss, **das** in einem schönen Park liegt.
私たちは城も見ます，それは美しい公園の中にあります／私たちは美しい公園の中にある城も見ます。

副詞 ja などの使用によって，非制限的用法であることをよりはっきり示すこともあります。

Der Staubsauger, **den** ich ja gestern erst gekauft habe, funktioniert heute schon nicht mehr. 昨日やっと買ったあの掃除機なのですが，きょうもう動かなくなってしまいました。

第6章 複合文

注3 主文と関係文の結びつきが非制限的用法の場合よりもさらに弱いものを**継続的用法**と呼ぶことがあります（二つの主文を並列させたものに準じます）。

Wir wollten **unseren Lehrer** besuchen, **der** aber nicht zu Hause war.
私たちは先生を訪問しようと思いましたが，しかし先生は不在でした。

Sophie hat wieder geheiratet, **was** ihre Tochter jedoch noch nicht weiß.
ゾフィーは再婚しましたが，しかしそのことを彼女の娘はまだ知りません。

コラム　関係文の作り方

- 二つの文，たとえば

    a) Unser Onkel wohnt in Japan.　　私たちのおじは日本に住んでいます。
    b) Wir besuchen unseren Onkel.　　私たちは私たちのおじを訪問します。

を結びつけて関係文を作る場合，試験対策的には以下のようになります。

① 「(私たちは) 日本に住んでいる**おじ** (を訪問する)」という文を作る場合，まず，Onkel を先行詞とし，その後ろに関係文になるもの（上文 a）を置きます。

　　Onkel　unser Onkel **wohnt** in Japan

次に，定動詞を文末におき，unser Onkel（男性単数1格）の代わりに，それに対応する関係代名詞を置きます。

　　Onkel　der in Japan **wohnt**

最後に，しかるべきコンマを打つと，求める関係文が作れます。

　　Wir besuchen unseren **Onkel**, **der** in Japan **wohnt**.
　　私たちは日本に住んでいるおじを訪問します。

② 「私たちが訪問する**おじ** (は日本に住んでいる)」という文を作る場合，まず，Onkel を先行詞とし，その後ろに関係文になるもの（上文 b）を置きます。

　　Onkel　wir **besuchen** unseren Onkel

次に，定動詞を文末におき，unseren Onkel（男性単数4格）の代わりに，それに対応する関係代名詞を置きます。

　　Onkel　den wir **besuchen**

そうして，最後に，しかるべきコンマを打つと，求める関係文が作れます。

　　Unser **Onkel**, **den** wir **besuchen**, wohnt in Japan.
　　私たちが訪問するおじは日本に住んでいます。

コラム　関係代名詞文と冠飾句

関係代名詞文は，名詞を修飾する文的なものであるという点で名詞の前に置かれる**冠飾句**（→ 98頁，105頁）と共通します。したがって，両者は原則的に相互**書き換え**が可能です。

  der **Schauspieler**, der beim Publikum **beliebt** ist
  ↔ der beim Publikum **beliebte Schauspieler**　　　　　（形容詞）
   観衆に人気のある俳優
  ein **Gift**, das sehr schnell **wirkt**
  ↔ ein sehr schnell **wirkendes Gift**　　　　　（現在分詞）
   回りがとても速い毒
  der **Eisbär**, der aus dem Käfig **ausgebrochen** ist
  ↔ der aus dem Käfig **ausgebrochene Eisbär**　　　　　（過去分詞）
   檻から脱走したホッキョクグマ

このように，ドイツ語では名詞を修飾する文的なものを名詞の前にも後ろにも置けるのですが，それはどうしてなのでしょうか？

言語の一般傾向として，「動詞が後方に置かれる言語では名詞を修飾する文は名詞の前に置かれ，動詞が前方に置かれる言語では名詞を修飾する文が名詞の後ろに置かれる」ということが確かめられています。

これは，**動詞が後方**に置かれる言語では文的修飾を**名詞の前**に置いても無理なく理解できますが（たとえば日本語），**動詞が前方**に置かれる言語では文的修飾を**名詞の前**に置くと語句のつながりがあいまいになってしまうためだと考えられます（確かに，たとえば「若者に人気のある歌」に対応する英語の関係文 a song [that is] popular among young people をこのまま**冠飾句**にしてみると，a popular among young people song となって，何がなんだかわからなくなってしまいますね）。

ドイツ語では，主文で動詞が第2位（前方）に置かれることを考えれば，関係文が存在するのは当然でしょうし，また，副文で動詞が文末（後方）に置かれることを考えれば，（動詞的要素が末尾に置かれる）冠飾句が存在するのも当然と言えば，当然ということになります。要するに，ドイツ語で名詞を修飾する文的なものを名詞の前にも後ろにも置けるのは，ドイツ語の動詞の位置が英語的（前方）でもあり，日本語的（後方）でもあるためなのですね。

  定動詞文末　　　　→　日本語　　→　文的修飾が名詞の前
  定動詞第2位　　　→　英語　　　→　文的修飾が名詞の後ろ
  定動詞 { 文末 / 第2位 } →　ドイツ語　→　文的修飾が名詞の前と後ろ

コラム　不定関係代名詞 wer

- 不定関係代名詞 wer は格変化しますが（1格 wer, 2格 wessen, 3格 wem, 4格 wen），どの格形になるかは関係文中での**格関係**に基づきます。**主文**の文頭には**指示代名詞** der を置きますが，どの格形になるかは主文中の**格関係**に基づきます。以上のことをそれぞれの注でさらに確認してください。

① 1格　（228 頁の用例参照）

② 4格　a) **Wen** sie mag, **der** bekommt einen Kosenamen.
　　　　　　彼女の好きな人は愛称を付けてもらえます。
　　　　b) **Wen** wir lieben, [**den**] möchten wir nicht gern verlieren.
　　　　　　愛する人は失いたくないものです。
　　　　c) **Wen** ich einmal gesehen habe, **dessen** Gesicht vergesse ich nicht wieder.　私は一度出会った人の顔を二度と忘れません。

③ 3格　a) **Wem** es hier gefällt, **der** kann bleiben.
　　　　　　ここが気に入っている人は留まってもかまいません。
　　　　b) **Wem** nicht zu raten ist, [**dem**] ist nicht zu helfen.
　　　　　　人の忠告を聞こうとしない人は助けることができません。

④ 2格　**Wessen** Worte ihn begeistern, **dem** folgt er immer.
　　　　　彼を感激させる言葉を言う人に彼はいつも従います。

注1　上掲②で，不定関係代名詞として4格 **wen** が使われているのはその表す人が関係文の mögen, lieben, sehen の **4格目的語**であるためです。
a の文で主文の指示代名詞が1格の **der** になっているのは wen の表す人が主文の動詞 bekommen の**主語**であるためです。b 文で主文の指示代名詞が4格の **den** になっているのは wen の表す人が主文の動詞 verlieren の **4格目的語**であるためです。この場合，den が**省略可能**なのは不定関係代名詞と**同形**のためです（同形の場合，省略できます）。
c の文で主文の指示代名詞が **dessen** になっているのは wen の表す人が主文の名詞 Gesicht を修飾する **2格名詞**であるためです。

注2　上掲③で，不定関係代名詞として3格 **wem** が使われているのはその表す人が動詞 gefallen, raten の **3格目的語**であるためです。
a の文で主文の指示代名詞が1格 **der** になっているのは，wem の表す人が主文の動詞 bleiben の**主語**であるためです。b 文で主文の指示代名詞が3格 **dem** になっているのは wem の表す人が主文の動詞 helfen の **3格目的語**であるためです。この場合, dem が**省略可能**なのは不定関係代名詞と**同形**のためです。zu 不定詞句 + 動詞 sein は→ 94 頁。

注3　上掲④で，不定関係代名詞として2格 **wessen** が使われているのはその表す人が後続の名詞を修飾する **2格名詞**であるためです。
主文の指示代名詞が3格 **dem** になっているのは wessen の表す人が主文の動詞 folgen の **3格目的語**であるためです。

6　比較文

- 人や物事の比較を表す文を**比較文**と呼びます。比較文の最も重要なものは，形容詞と副詞の**比較級・最上級**によるものです。したがって，以下では，形容詞と副詞の比較級・最上級の**作り方**およびそれらの**用法**を中心に説明します。

> **注1**　人や物事の単なる類似性を表す場合，接続詞 wie を使います。
> Er weinte **wie** ein Kind. 　　彼は子供のように泣きました。
> Sie liebt ihn **wie** einen Vater. 　彼女は彼を父親のように愛しています。
>
> **注2**　非現実の比較を表す **als ob**「あたかも…のように」などは→56頁。

6.1　形容詞の比較級と最上級

	原級			比較級		最上級
a)	klein	小さい	—	klein**er**	—	klein**st**
b)	leicht	軽い	—	leicht**er**	—	leicht**est**
c)	lang	長い	—	l**ä**ng**er**	—	l**ä**ng**st**

- 上掲の1列目は**原級**（形容詞の一般形）で，2列目が「より…」という意味の**比較級**，3列目が「最も…」という意味の**最上級**（最高級とも呼びます）。
- 上例 a の場合，比較級は原級に語尾 **-er** が，最上級は原級に語尾 **-st** が付いています。これが比較級と最上級の基本タイプです。

(類例)	dick	厚い；太った	—	dick**er**	—	dick**st**
	einfach	簡単な	—	einfach**er**	—	einfach**st**
	fleißig	勤勉な	—	fleißig**er**	—	fleißig**st**
	klar	澄んだ	—	klar**er**	—	klar**st**
	langsam	（速度が）遅い	—	langsam**er**	—	langsam**st**
	schnell	速い	—	schnell**er**	—	schnell**st**
	schön	美しい	—	schön**er**	—	schön**st**
	schwer	重い	—	schwer**er**	—	schwer**st**
	tief	深い	—	tief**er**	—	tief**st**
	wichtig	重要な	—	wichtig**er**	—	wichtig**st**

> **注**　原級の**末尾**が -e の場合，比較級では（e の重複を避けるため）r のみになります（→284頁 **注2**）：weise 賢い — weiser（— weisest）。
> また，原級の末尾が -el の場合，比較級で語幹の e を削除。末尾が -er, -en の場合は比較級で語幹の e を削除することも削除しないこともあります。これはドイツ語が**弱**

音節のeの連続を避けるという原則のためです（→ 284頁）。

dunkel	暗い	—	**dunkl**er	（—	dunkelst）
heiter	朗らかな	—	**heit[e]r**er	（—	heiterst）
trocken	乾いた	—	**trock[e]n**er	（—	trockenst）

ただし，teuer「(値段が) 高い」と sauer「酸っぱい」は必ず語幹のeを削除し，**teur**erと**saur**erになります。

- 上例bの場合，最上級の語尾が -est になっています。原級の末尾が -d, -t, -ß / -ss, -sch, -tz / -z の場合，最上級で口調上のeを挿入します。

類例

rund	丸い	（—	runder）	—	rund**est**
leicht	軽い	（—	leichter）	—	leicht**est**
heiß	熱い，暑い	（—	heißer）	—	heiß**est**
blass	青白い	（—	blasser）	—	blass**est**
hübsch	かわいい	（—	hübscher）	—	hübsch**est**
spitz	先の尖った	（—	spitzer）	—	spitz**est**

注1 上述の条件の場合でも，末尾の音節にアクセントがない場合，口調上のeは挿入しません。

bedeutend	決定的な	（—	bedeutender）	—	bedeutendst
dynamisch	ダイナミックな	（—	dynamischer）	—	dynamischst

注2 末尾が -e 以外の母音や -h の場合，通常，語尾は -est になります。

frei	自由な	（—	freier）	—	freiest	（< freist）
genau	正確な	（—	genauer）	—	genauest	（< genaust）
neu	新しい	（—	neuer）	—	neuest	（< neust）
froh	楽しい	（—	froher）	—	frohest	（< frohst）

- 上例cの場合，比較級と最上級の幹母音がウムラウトしています。一部の形容詞は語幹をウムラウトさせて比較級と最上級を作ります。

類例

arm	貧しい	—	**ä**rmer	—	**ä**rmst
jung	若い	—	j**ü**nger	—	j**ü**ngst
scharf	鋭い	—	sch**ä**rfer	—	sch**ä**rfst
schwach	弱い	—	schw**ä**cher	—	schw**ä**chst
stark	強い	—	st**ä**rker	—	st**ä**rkst
warm	温かい，暖かい	—	w**ä**rmer	—	w**ä**rmst

注 幹母音をウムラウトさせ，さらに，最上級で口調上のeを挿入するものもあります。口調上のeの挿入条件については上例bの説明を参照。

alt	古い	（—	**ä**lter）	—	**ä**lt**est**
hart	固い	（—	h**ä**rter）	—	h**ä**rt**est**
kalt	冷たい，寒い	（—	k**ä**lter）	—	k**ä**lt**est**

kurz	短い	(—	kürzer)	—	kürz**est**
schwarz	黒い	(—	schwärzer)	—	schw**ä**rz**est**

なお，gesund「健康な」にはウムラウトする形としない形があります：gesünder / gesunder, gesündest / gesundest。ただし，**ウムラウト形**の方が多く使われます。
また，nass「湿った」にもウムラウトする形としない形であります：nasser / nässer, nassest / nässest。ただし，**ウムラウトしない形**が多く使われます。

- つづりも含めて，個別的な変化をするものがわずかながらあります。

groß	大きい	—	**größer**	—	**größt**
hoch	高い	—	**höher**	—	**höchst**
nahe	近い	—	**näher**	—	**nächst**
gut	良い	—	**besser**	—	**best**
viel	多い	—	**mehr**	—	**meist**

注1 比較級がない，原級と最上級のみの形容詞もあります。
　　ober 上の — oberst　　unter 下の — unterst
　　inner 内の — innerst　　äußer 外の — äußerst

注2 程度が問題にならない状態などを表す形容詞は比較変化形を作りません（たとえば schwanger「妊娠した」，tot「死んだ」）。

6.2 副詞の比較級と最上級

		原級		比較級		最上級	
1	a)	wohl	健康に	— wohler	—	wohl**st**	(am wohlsten)
	b)	lang[e]	長い間	— länger	—	läng**st**	(am längsten)
	c)	oft	しばしば	— öfter	—	öft**est**	(am öftesten)
2	a)	gern[e]	喜んで	— **lieb**er	—	**liebst**	(am liebsten)
	b)	sehr	非常に	— **mehr**	—	**meist**	(am meisten)
	c)	bald	まもなく	— **eher**	—	**ehest**	(am ehesten)

- 比較級と最上級で使う副詞の数は多くありません。上例1は，比較級と最上級の**基本的な変化**（**-er** / **-st**：ウムラウトを含む）に準じるものです。上例2は，個別的な特殊変化をするものです。副詞の最上級は，常に **am ＋ 最上級 ＋ -en** の形になるので，その形も右端の（ ）に入れて記載してあります。なお，副詞成分として副詞的に使う形容詞（たとえば langsam「ゆっくりと」）の比較級，最上級は，本来的な副詞に準じます。

注 oft の最上級としては，通常，am öftesten でなく，**am häufigsten** を使います。

6.3 用法

- 比較級と最上級には，**付加語**，**述語**，**副詞成分**の3種類の用法があります。

6.3.1 付加語（名詞修飾）

> a) ein **fleißigerer** Student　（他者よりも）より勤勉な学生
> b) der **fleißigste** Student　（三者以上の間で）一番勤勉な学生

- 上例は，**付加語**としての用法。a の **fleißigerer** は fleißig の比較級に格語尾 -er を，b の **fleißigste** は fleißig の最上級に格語尾 -e を付けたものです。**格語尾**は原級の形容詞に準じ（→ 189 頁），最上級には必ず定冠詞を付けます。なお，比較級の比較対象は **als** + **語句**（= als 句）で，最上級の比較の範囲は前置詞句などで示します（類例の下線部）。ただし，それらの表示は任意。

〔類例〕 Sie werden kein **besseres** Hotel finden **als dieses**.
　　　　彼らはこれよりよいホテルを見つけられないでしょう。
　　　　Damals wohnte er in einer **kleineren** Wohnung.
　　　　当時彼は（今より）小さな住居に住んでいました。
　　　　Kennen Sie den **höchsten** Berg **in Deutschland**?
　　　　あなたはドイツで最も高い山を知っていますか？

注1 mehr や weniger は名詞の前でも格語尾を付けずに使います。
　Er hat **mehr** Bücher als ich.　彼は私よりも多くの本を持っています。
　Wir haben jetzt **weniger** Freizeit als früher.
　私たちの自由時間は今，以前より少なくなっています。

注2 すでに名詞化しているものもあります。
　Wir sind auf **das Schlimmste** gefasst.　私たちは最悪の事態を覚悟しています。

6.3.2 述語

> 1　Bier ist **billiger** als Wein.　ビールはワインより安い。
> 2　a) Der Mount Fuji ist der **schönste** Berg Japans.
> 　　　富士山は日本の最も美しい山です。
> 　b) Sie ist die **schönste** der Welt.　彼女は世界で一番美しい女性です。
> 　c) Ich war in China und Korea, aber Japan ist **am schönsten**.
> 　　　私は中国と韓国に行って来ましたが，日本が一番美しいです。

- 上例は，述語としての用法。
- 上例1の **billiger** は billig「安い」の比較級。比較級は，述語として，「（主語は）より…だ」という表現形式を作ります。比較対象は **als 句**（類例の下線部）によって表示します。ただし，その表示は任意。

  (類例) Die Donau ist **länger** als der Rhein.
  ドナウ川はライン川よりも長い。

  In Deutschland ist es **kälter** [als in Italien].
  ドイツの方が［イタリアより］寒い。

  Welches Kleid ist **schöner**? どちらのドレスの方がきれい？

  注1 als 句が文の形（「主語 + 動詞」）になることがあります。
  Das war schwieriger, **als er gedacht hatte**.
  それは彼が思っていたよりも難しかった。
  Er sieht jünger aus, **als er ist**.　彼は実際よりも若く見えます。

  注2 主語の特性をいくつかの状況のなかで比較し，「（この状況の場合の方が）より…だ」と言う場合もあります。
  Er ist **heute** freundlicher als **gestern**.　彼はきょう，昨日よりも親切です。
  Der Fluss ist **hier** tiefer als **dort**.　　その川はここの方があそこよりも深い。

  注3 「より…でない」と，程度の低さを表す場合は **weniger** + 原級（→ 243 頁）。

  注4 als が「…として」の意味の als と並ぶ場合，denn を使います（文語的）。
  Er ist als Schriftsteller bekannter **denn als** Wissenschaftler.
  彼は科学者としてよりも作家としてよく知られています。

- 上例2の a, b の **schönste** と c の **am schönsten** の **schönst** は schön「美しい」の最上級。最上級は述語として「（主語が三者以上の中で）最も…だ」という表現形式を作ります。

最上級を述語として使う場合，以下の三種類の形式があります。なお，比較の範囲は 2 格名詞，前置詞句などで示します。ただし，それらの表示は任意。

① 一つ目は 6.3.1 で説明した定冠詞 + 最上級 + 名詞の形（上掲の囲みの 2a）。

(類例) Der Baikalsee ist **der tiefste See** der Welt.
バイカル湖は世界で一番深い湖です。

Die Donau ist **der längste Fluss** Europas.
ドナウ川はヨーロッパの最も長い川です。

② 二つ目は定冠詞 + 最上級の形（上掲の囲みの 2b）。定冠詞と最上級の格語尾は，省略されたと想定される名詞に基づきます。

（男性単数の場合） **der** ..ste　　（中性単数の場合） **das** ..ste
（女性単数の場合） **die** ..ste　　（複数の場合）　　 **die** ..sten

〔類例〕 Sie ist **die fleißigste** in der Klasse.　彼女はクラスで最も勤勉です。
　　　 Er ist **der glücklichste** der Welt.　　彼は世界で最大の幸せ者です。
　　　 Welcher Fluss ist **der längste** der Welt?
　　　 どの川が世界で最も長いのですか？

注　この表現形式はaの形式から名詞を省略したものとも言えます。たとえば，類例の最初の2例は，名詞を補うと，以下のようになります。
　　← ... ist **die fleißigste Schülerin** in der Klasse.
　　← ... ist **der glücklichste Mensch** der Welt.
ただし，事物の場合は，通常，省略されたと想定できる名詞が文中の他の箇所で表示されていることが前提になります。
　Diese **Nacht** ist **die längste** des Jahres.
　今夜が一年で最も長い夜です。
　Von allen **Bergen** in Deutschland ist die Zugspitze **der höchste**.
　ドイツのすべての山の中でツークシュピッツェが最も高い。

③ 三つ目は <u>am</u> + 最上級 + <u>-en</u>（am + 原級 + -sten）の形（上掲の囲みの2c）。
〔類例〕 Für Touristen ist der alte Stadtteil **am interessantesten**.
　　　　 旅行者にとって旧市街が最も興味深いものです。
　　　　 Das Leben ist hart, aber meines ist **am härtesten**.
　　　　 人生はつらいものです，しかし最もつらいのは私の人生です。
　　　　 Welche Kamera ist von unten genannten **am besten**?
　　　　 下に挙げたものの中でどのカメラが一番よいですか？
　　　　 Am besten ist es, wenn du ihn morgen besuchst.
　　　　 一番よいのは明日君が彼を訪ねることです。

注1　人の特性を比較する場合，通常，**定冠詞を伴う形**（上の二つ目②）の方を使います。
注2　主語の特性をいくつかの状況のなかで比較し，「（この状況の場合が）一番…だ」と言う場合は am + 最上級 + -en の形を使います。
　Im Herbst ist Japan **am schönsten**.　日本は秋が一番美しい。
　Jeder Student ist **vor dem Examen am fleißigsten**.
　どの学生も試験の前が最も勤勉です。
注3　「最も…でない」と，程度の低さを表す場合は **am wenigsten** + 原級 を使います（→ 243頁）。
注4　**比較級**と**否定詞**の結合も一種の最上級表現を作ります。
　Keiner läuft **schneller als** er <**so schnell wie** er>.
　誰も彼より速く〈彼と同じくらい速く〉は走れません。
　Ich kenne **keinen fleißigeren** Studenten als ihn.
　私は彼よりも勤勉な学生を知りません。

6.3.3 副詞的用法（動詞修飾）

> 1 a) Bitte sprechen Sie **lauter**!　　もっと大きな声で話してください！
> b) Ich trinke **lieber** Wein **als Bier**.　私はビールよりもワインが好きです。
> 2 a) Welches Tier kann **am schnellsten** laufen?
> 　どの動物が最も速く走ることができますか？
> b) Das wissen Sie selbst **am besten**.
> 　それはあなた自身が一番よく知っています。

- 上例は，動詞を修飾する副詞成分としての用法。
- 上例1のaの **lauter** は形容詞 laut の比較級，bの **lieber** は副詞 gern の比較級。上例2のaの **am schnellsten** の **schnellst** は形容詞 schnell の最上級，bの **am besten** の **best** は副詞 gut の最上級。副詞成分としての用法の場合，形容詞も副詞も，最上級は必ず **am + 最上級 + -en**。なお，比較級の場合の比較対象は **als 句** で，最上級の場合の比較の範囲は前置詞句などで示します（類例の下線部）。ただし，それらの表示は任意。

  〔類例〕　Ich gehe **lieber** zu Fuß.　私は歩いて行く方が好きです。
  　　　　Welche Stadt gefällt dir **besser**?　どちらの町の方が好きですか？
  　　　　Rilke interessiert mich **mehr** als Goethe.
  　　　　私にはリルケの方がゲーテより興味深い。
  　　　　Welches Bier wird in Deutschland **am liebsten** getrunken?
  　　　　ドイツではどのビールが一番好んで飲まれますか？
  　　　　Worunter leidet er **am meisten**?　彼は何を一番悩んでいるのですか？

6.3.4 絶対比較級，絶対最上級

> a) Das ist noch das **kleinere** Übel.　それはまだましな方です。
> b) Es ist die **höchste** Zeit, ins Bett zu gehen!　もうとうに寝る時間ですよ！

- 上例のaの比較級は「**比較的…だ**」という意味で，bの最上級は「**きわめて…だ**」という意味で使っています。このような，特定の比較対象を想定しない比較級と最上級を絶対比較級，絶対最上級と呼びます。絶対最上級の場合，定冠詞を省くこともあります。

  〔類例〕　Hier wohnen die **reicheren** Leute.
  　　　　ここには比較的裕福な人が住んでいます。

Ich habe ihn **längere** Zeit nicht gesehen.
私は彼にここしばらく会っていません。
Er übersieht nicht den **kleinsten** Fehler.
彼はどんな小さな間違いも見逃しません。
Er ist bei **bester** Gesundheit.　彼はとても健康です。

注1 ein **jüngerer** Mann「比較的若い男性」は ein **junger** Mann「若い男性」よりも**年上の人**を，ein **älterer** Herr「比較的歳をとった男の方」は ein **alter** Herr「歳をとった男の方」よりも**年下の人**を意味します。

注2 aufs <auf das> + 最上級の形は，程度がきわめて高いことを表します。形式ばった表現にもよく使います。
Der Frieden in Europa ist **aufs Äußerste** gefährdet.
ヨーロッパの平和は極めて危機的な状況にあります。
Ich danke Ihnen **auf das Herzlichste.**　私はあなたに心から感謝申しあげます。

注3 すでに副詞化している最上級もあります。
höchstens せいぜい　　möglichst できる限り　　längst とっくに

6.3.5　比較級の細則

> a) Es ist heute **noch kälter** als gestern.　きょうは昨日よりさらに寒い。
> b) Er ist [um] **zwei Jahre älter** als ich.　彼は私よりも2歳年上です。
> c) Es regnet **immer stärker**.　雨はますます強く降っています。

- 上例 a の noch は差異の程度を強める副詞(「さらに」)。同種の語に **etwas**「少し」，**viel**「ずっと」，**weit**「はるかに」，**ein bisschen**「ちょっと」など。
  (類例)　Es ist **etwas wärmer** geworden.　少し暖かくなりました。
  　　　Es kamen **viel mehr** Gäste, als ich erwartet hatte.
  　　　私が期待したよりもずっと多くの客が来ました。

- 上例 b の um 前置詞句は比較の差異を表します (um 省略可；→ 130 頁 **注1**)。
  (類例)　Der Turm ist **um 7 Meter höher** als das Ulmer Münster.
  　　　その塔はウルム大聖堂よりも7メートル高い。
  　　　Heute ging er **eine Stunde früher** fort als sonst.
  　　　きょう彼はいつもより1時間早く出発しました。

- 上例 c の immer + 比較級は程度がますます強まることを表します。
  (類例)　**Immer mehr** Touristen strömen auf die Insel.
  　　　ますます多くの旅行者が島に押し寄せて来ます。

注1 比較級を重ねることによっても程度が強まることを表すことができます。
  Das Wetter wurde **schlechter** und **schlechter**.　天候はますます悪くなりました。
注2 **je** + 比較級（副文）, **desto** <**umso**> + 比較級（主文）は，一方の程度が強まるにつれ，他方の程度もまた強まることを表します。
  Je mehr ich darüber nachdenke, **desto** <**umso mehr**> ärgere ich mich.
  そのことを考えれば考えるほど，私はより一層腹が立ちます。
注3 als 句は **anders** と結びつき，「…と違った」という表現を作ります。
  Heutzutage denkt man darüber **anders** als früher.
  近頃はそのことに関して以前と異なった考え方をします。

6.3.6　原級による比較形式（同等比較，劣等比較）

> a) Hans ist **so** beliebt **wie** Max.　ハンスはマックスと同じ位好かれています。
> b) Hans ist **weniger** beliebt **als** Max.　ハンスはマックスより好かれていません。

- 上例 a は **so** + 原級 + **wie** という形の**同等比較**。比較対象の二者の程度が同一であることを表します（so の代わりに **ebenso**，**genauso** も使います）。
  （類例）Im Vakuum fällt Eisen **so schnell wie** Papier.
  　　　真空では鉄も紙と同じ速さで落ちます。

注1 副詞を付加し，様々な比較のバリエーションを作ることができます。
  Er verdient **doppelt** <**zweimal**> so viel **wie** ich.　彼は私の倍稼ぎます。
  Der Mars ist **halb so** groß **wie** die Erde.　　　　　火星の大きさは地球の半分です。
注2 nicht を付けた **nicht so** + 原級 + **wie** は程度が同一でないことを表します。
  Ich bin **nicht so** begabt **wie** er.　私は彼ほど才能がありません。
  Heute ist es **nicht so** kalt **wie** gestern.　きょうは昨日ほど寒くありません。
注3 **wie** の後ろが**文の形**（「主語 + 動詞」）になることがあります。
  Er ist jetzt so alt, **wie du damals warst**.　彼は今，当時の君と同じ年齢です。

- 上例 b は weniger（minder）+ 原級 + als という形の**劣等比較**（「より少なく…」）。最上級の場合は am wenigsten + 原級 という形になります。
  Er ist **am wenigsten** beliebt.　彼が一番好かれていません。

注 mehr / weniger + 原級 + als + 原級は，一つの対象物の二つの特性を比較し，一方が他方よりも程度が高いあるいは低いことを表します（「…よりむしろ～だ」）。
  Ich war **mehr** überrascht **als** verärgert.　私は腹を立てるより驚いてしまいました。
  Er ist **weniger** unbegabt **als** faul.　彼は才能がないというよりも怠け者なのだ。
形容詞の代わりに名詞が述語になることもあります。
  Er ist **mehr** Politiker als **Wissenschaftler**.　彼は科学者というより政治家です。

第7章 文（種類，構成，語順）

1 文の種類
1.1 単一文と複合文

> 1 **Der japanische Student**① lernt jeden Tag Deutsch②.
> その日本人学生は毎日ドイツ語を学んでいます。
> 2 a) Ich **liebe** Anna① **und** sie **liebt** Felix②.
> 私はアンナを愛しています，そして彼女はフェリックスを愛しています。
> b) **Als** der Unfall passierte①, stand er nur wenige Meter weiter②.
> 事故が起きた時，彼はほんの数メートルだけ離れたところに立っていました。

- 上例 1 の下線部①は主語（→ 248 頁），下線部②は述部（→ 注1 ）。主語と述部から構成され，「…は〜する」「…は〜である」のように，一つの事柄を表すものを文と呼びます。
- 一つの主語と一つの述部から作る文を単一文と呼びます。

類例　**Ich** liebe dich.　僕は君を愛しています。
　　　Liebst **du** mich?　君は僕のことを愛してくれていますか？
　　　Wen liebst **du**?　君は誰を愛しているの？

注1　述部と対置させる場合，主部という名称を使うことがあります。ただし，主部は基本的に主語のみから構成されるので，本書では主語という名称を使います。
注2　動詞を使うならば，たとえ自明でも，一部の事例を除き，必ず主語も表さなければなりません。主語と動詞の結合がドイツ語文の基本中の基本であって，主語は，特別な理由なくして省略することはないのです。
注3　使用上，定動詞を伴わず，語ないし語句を「省略的な文」として使うことがあります。
　　Hilfe!　助けて！　　Wie bitte?　え，何ですって？
　　Ende gut, alles gut.　終わりよければ，すべてよし。

- 上例 2 の a の下線部①も一つの文，下線部②も一つの文。b の下線部①も一つの文，下線部②も一つの文（定動詞の位置は後述；→ 258 頁）。このように二つ以上の文から成る文を複合文と呼びます。

注　上例 2 の a の **und** と b の **als** のように，文と文を結びつける語を接続詞と呼びます（→ 212 頁）。

複合文には，a のように，文と文が対等な関係で結びついているものと，b の

ように,「**主従**」の関係で結びついているもの（この場合①が「従」,②が「主」）とがあります。前者を**並列複合文**,後者を**従属複合文**と呼びます（→212頁）。なお,**従属複合文**において「従」の関係にある文を**副文**（あるいは従属文;→215頁),それを伴う「主」の関係にある文を**主文**と呼びます。

> **注** 文の構成と語順は,主文と副文とで異なるところがあります。しかし,基本になるのは主文ですので,特に両者を区別する必要がない場合,主文を「文」と呼んで説明し,主文と副文の区別が必要な場合にのみ,その区別を明示することにします。

1.2 文の意味タイプ

```
1    Lukas ist gern allein.        ルーカスは一人でいるのが好きです。
2 a) Hast du heute Zeit?           きょう時間がありますか？
  b) Wann hast du Zeit?            いつ時間がありますか？
3    Komm schnell, bitte!          すぐ来て，お願い！
4    Hier ist es aber kalt!        ここはしかし寒いね！
```

- 文には4つの**意味タイプ**があります。なお,上例の青太字は**定動詞**。
- 上例1は「…をする」,「…です」のように,動作,状態,出来事などを単に述べる文（＝**平叙文**）。平叙文の場合,**文頭**に一つの文成分（→2.2）を置き,文末に**ピリオド**を打ちます。定動詞は**第2位**,イントネーションは**降り音調**です。

> **注** 定動詞の位置を「2番目」でなく,「**第2位**」と言います。それは,一つの文成分が必ずしも1語とは限らないからです。たとえば,<u>Sofie, Maria, Karl und Hans</u> **sind** gekommen.「ゾフィーとマリーアとカールとハンスが来ました」の場合,下線部の5語で一つの文成分を作っています。したがって,定動詞が「一つの語」の後ろに置くのではなく,「一つの文成分」の後ろに置くことを明示するため,通常「定動詞第2位」と言うのです（→248頁）。

- 上例2は「…しますか？」のように物事を尋ねる文（＝**疑問文**）。疑問文の場合,文末に**疑問符**を打ちます。疑問文には,aのような,イエスかノーかを尋ねる**決定疑問文**と,bのような,**疑問詞**（→154頁,171頁,175頁,202頁）を使って,文の一部について尋ねる**補足疑問文**とがあります。
決定疑問文の場合,定動詞は**文頭**,イントネーションは**昇り音調**。
補足疑問文の場合,疑問詞が**文頭**,定動詞が**第2位**,イントネーションは**降り音調**。ただし,相手の返事を促すような調子で,親しみを込め,**昇り音調**にすることもあります。

Wo wohnst du? ↗　どこに住んでいるの？

注1 ドイツ語の場合，疑問文に英語の do のような特定の助動詞は使いません。
注2 決定疑問文の場合，答えが**肯定**ならば **ja**，**否定**ならば **nein** を使います。
　Bist du glücklich?　幸せですか？
　　— **Ja**, ich bin glücklich.　　　　　　はい，幸せです。
　　— **Nein**, ich bin **nicht** glücklich.　いいえ，幸せではありません。
ただし，**nicht** などの否定詞を含む決定疑問文の場合，答えが肯定ならば **nein** を（「はい，…ではありません」），否定ならば **doch** を使います（「いいえ，…です」）。
　Bist du mit deinem neuen Fahrrad **nicht** zufrieden?
　君は新しい自転車に満足していないのですか？
　　— **Nein**, ich bin **nicht** zufrieden.　はい，満足していません。
　　— **Doch**, ich bin zufrieden.　　　　いいえ，満足しています。
注3 疑問文のバリエーションとして以下のものがあります。
① 二つ以上のものから一つを選択させる疑問文(**選択疑問文**)。イントネーションは降り音調。問いの対象の語句にはアクセントを置きます。
　Wohnt er **in Köln** oder **in Bonn**?
　彼が住んでいるのはケルンですか，ボンですか？
② 質問の形を取りながら，自分の主張を述べる疑問文（**修辞疑問文**）。
　Habe ich dich nicht davor gewarnt?
　私は君に，そのことに注意するように言わなかったかい？(→言ったよ！)
③ 相手の肯定を期待する疑問文（**確認疑問文**）。平叙文の語順で，イントネーションは昇り音調。しばしば **doch** を添えます。
　Du kommst **doch** mit?
　一緒に来ますよね？
④ 間接疑問文の **ob** 文を独立させた疑問文（確信のない気持ちを表します）。
　Ob Hans noch kommt?
　ハンスはまだ来るだろうか？

- 上例3は「…しなさい！」のように，物事を命令する文（＝**命令文**）。詳細は →60頁。
- 上例4は「何と…！」のように，激しい感情の伴う文（＝**感嘆文**）。平叙文の形をとることも，疑問文の形をとることも，副文の形をとることもあります。文末に感嘆符を打ち，イントネーションは降り音調です。

〔類例〕　Das **ist** ja ein fürchterliches Wetter!
　　　　これはひどい天気だな！(平叙文形式)
　　　　Was für ein schönes Wetter **haben** wir heute!
　　　　きょうは何と良い天気だ！(疑問文形式)
　　　　Wie schön doch das Wetter **ist**!
　　　　天気はなんと素晴らしいんだ！(副文形式)

2 文の構成素，文型

2.1 定動詞，動詞の第 2 成分

> a) Max **steht** jeden Tag um 6 Uhr **auf**.
>   マックスは毎日 6 時に起きます。
> b) Max **muss** morgen um 6 Uhr **aufstehen**.
>   マックスは明日 6 時に起きなければなりません。
> c) Max **ist** gestern um 6 Uhr **aufgestanden**.
>   マックスは昨日 6 時に起きました。

- 上例 a の定動詞 **steht** は分離動詞 aufstehen の基礎動詞，文末の **auf** は分離前つづり。b の定動詞 **muss** は話法の助動詞（< müssen），文末の **aufstehen** は話法の助動詞と結びつく本動詞（不定詞）。c の定動詞の **ist** は完了の助動詞（< sein），文末の **aufgestanden** は過去分詞（< aufstehen）。
- 分離前つづり，不定詞，過去分詞は，定動詞と結びつき，いわば動詞の第 2 成分（以下，「第 2 成分」と略）として，一つの動詞的まとまりを作っています。なお，第 2 成分が現れないこともあります（→次の 2.2 の囲みの例）。

> 注 動詞と**熟語的結合**を作る語句（→ 129 頁），**知覚動詞**や**移動動詞**と結びつく不定詞（→ 79 頁）も第 2 成分に準じた特性を示します。
> Er fährt gern **Auto**.　　　　　　彼は車の運転が好きです。
> Ich höre Vögel **zwitschern**.　　　私は鳥たちがさえずるのを聞きます。
> Wir gehen heute **schwimmen**.　　私たちはきょう泳ぎに行きます。

2.2 文成分

> a) Max geht jeden Tag in die Kneipe.
>   マックスは毎日飲み屋に行きます。
> b) Jeden Tag geht Max in die Kneipe.　　毎日マックスは飲み屋に行きます。
> c) In die Kneipe geht Max jeden Tag.　　飲み屋にマックスは毎日行きます。

- 定動詞の前には，上例 a の場合 Max（1 語），b の場合 jeden Tag（2 語），c の場合 in die Kneipe（3 語）が置かれています。語と語の意味的つながりには不可分的に強いものとそうでないものとがあります。Max のような 1 語の場合は当然ですが，jeden Tag / in die Kneipe は，それぞれ「毎日」，「飲み屋に」という一つの不可分的意味単位を作り，文中での語順変更でも，一つのまと

まりとして移動します。このような意味単位を文成分と呼びます。

注1 ドイツ語の平叙文の場合，定動詞の前に，上述のような文成分が一つ置かれるため，便宜的に，文成分は文頭に置くことのできる語句の固まりと定義します。したがって，**文頭**（→ 268 頁）とは，定動詞の前の，文成分を一つ置ける「空所」ということになります。

注2 文は，一見，「語 + 定動詞 + 語…」「語 + 語 + 定動詞 + 語…」などのような語の連鎖に見えますが，上述したように，「文成分 + 定動詞 + 文成分…」というような**文成分の連鎖**から成っているのです。これを図示すると以下のようになります。

文法を学ぶとき，必ず使用される主語，述語，目的語などの用語は，「語」ではなく，「文成分」に与えられた名称なのです。

2.3　文成分の結合的意味役割

- 文成分は，それぞれの結合的意味役割を持ちながら，動詞と結びつき，文を作っています。なお，名詞を修飾する形容詞，2格名詞などは，正確に言えば，文成分でなく，文成分の一部なのですが，ここでは，文成分に準じるものとして説明します（冠詞類は別途扱います；→ 155 頁）。

2.3.1　主語

> a) **Hans spielt** Fußball.　ハンスはサッカーをします。
> b) **Wir spielen** Tennis.　私たちはテニスをします。

- 上例 a の **Hans** はサッカーをする人，b の **wir** はテニスをする人です。このような，「誰それが…する」の「誰それ」（動作主）に対応する文成分を主語と呼びます。

　主語には，上掲の動作主だけでなく，移動する人や物，出来事や状態の担い手，状態変化するものなどもなります。以下の文の太字が主語です。

（類例）　**Ein Hund** bellt.　　　　　　　　犬が吠えます。
　　　　Die Eltern fahren nach Berlin.　両親はベルリンに行きます。
　　　　Der Wald brennt seit Wochen.　森は数週間燃え続けています。

Meine Studenten sind wissensdurstig.
私の学生たちは知識欲が旺盛です。

Der alte Elefant im Zoo ist gestern gestorben.
動物園の年老いた象が昨日死にました。

注1 上掲の囲みの例 a と b の**定動詞**を見ればわかるように，定動詞は主語の人称・数と一致（すなわち**呼応**）しています（→ 7 頁）。したがって，理論的文法書では，一般的に，定動詞と呼応する文成分を主語と規定します。

注2 **動作を受ける人**（被動作者）が主語になることもあります。
　　Hans bekam einen Schlag ins Gesicht.　ハンスは顔に一発食らいました。
　　Anna wurde von allen gelobt.　　　　　アンナはみんなからほめられました。

注3 1 格の名詞句や代名詞の他に，dass 文（→ 216 頁），zu 不定詞句（→ 88 頁），間接疑問文（→ 221 頁），不定関係代名詞文（→ 227 頁）なども主語になります。

注4 2 人称親称の命令文（→ 60 頁）や非人称の受動文（→ 34 頁）の場合を除き，一般的に主語は必ず表示します。

2.3.2　目的語

a) Er beobachtet **die Natur**.
　　彼は自然を観察します。(4 格)
b) Er hört **dem Zwitschern** der Vögel zu.
　　彼は鳥たちのさえずりに耳を傾けます。(3 格)
c) Er denkt **an seine Familie**.　彼は家族のことを想います。(前置詞句)

- 上例 a の **die Natur** も，b の **dem Zwitschern** も，c の **an seine Familie** も動詞の行為が対象にしているもので，このような，「何々に対して…する」の「何々に対して」に対応する文成分を**目的語**と呼びます。目的語には，**4 格目的語，3 格目的語，2 格目的語，前置詞句目的語**があります。なお，それぞれの意味用法には「動詞の行為の対象」として一つに括られないものも多々あります。

注 動詞がどのような格や前置詞と結びつくかはそれぞれの動詞によって決まっています。このことを動詞の格支配あるいは前置詞支配と呼びます（後者は→ 187 頁）。

《4 格目的語》
Wir brauchen **ein neues Auto**.　　　私たちは新しい車が必要です。
Er wäscht sich **die Hände**.　　　　　彼は手を洗います。
Er hat **seine Arbeit** schon erledigt.　彼は仕事をもう終えました。

注1 4格の名詞句や代名詞の他に，dass 文（→ 216 頁），zu 不定詞句（→ 89 頁），間接疑問文（→ 221 頁），不定関係代名詞文（→ 227 頁）なども4格目的語になります。

注2 下例 a の目的語は動詞の行為によって生じるものを表す**結果目的語**，下例 b の目的語は動詞と語根が同一の動作名詞で，付加語を伴い，出来事・動作の様態を表す**同族目的語**（→ 129 頁）と呼ばれるものです。

 a) Mutter backt **einen Kuchen**.   母はケーキを焼きます。
 b) **Einen herrlichen Traum** habe ich geträumt. 素敵な夢を私は見ました。

注3 他動詞（→ 83 頁）を4格目的語なしで使うことを他動詞の**絶対的用法**と呼びます。この場合，目的語への働きかけよりも，行為そのものが強調されます（下例 a）。特定の対象を含意することがあります（下例 b；アルコールを含意）。

 a) Haben Sie schon **bestellt**? もうご注文はお済みですか？
 b) Er **trinkt** gern. 彼はお酒が好きです。

注4 能動文の4格目的語は受動文では主語になります（下例 a）。また，動詞からの派生名詞では，通常，2格名詞になります（下例 b）。

 a) Der Lehrer lobte **den Schüler**. 先生をその生徒をほめました。
  → **Der Schüler** wurde **von dem Lehrer** gelobt.
   その生徒は先生にほめられました。
 b) Die Polizei befreit **die Geiseln**. 警察は人質を救出します。
  → die Befreiung **der Geiseln** durch die Polizei 警察による人質の救出

注5 所有の4格は→ 127 頁下 **注2**。

《3格目的語》

 Folgen Sie **dem Taxi**!   あのタクシーを追ってくれ！
 Er hat **mir** dieses Hotel empfohlen. 彼は私にこのホテルを勧めました。
 Wie gefällt **dir** mein neuer Haarschnitt? 私の新しい髪型はどう？

注 3格目的語は，上例のように，行為の着点「…に」を表すだけはなく，下例のように，起点「…から」も表します。

Die Polizei hat **ihm** den Führerschein entzogen.
警察は彼から運転免許証を取りあげました。
Mir ist sein Name leider entfallen.
残念ながら私は彼の名前が思い出せません（＝私から滑り落ちました）。

《2格目的語》

 Man hat ihn **des Diebstahls** verdächtigt.
 彼は窃盗の嫌疑がかけられました。

 Der Angeklagte wurde **des Mordes** angeklagt.
 被告は殺人の罪で起訴されました。

 Bei der Abstimmung enthielt er sich **der Stimme**.
 投票で彼は棄権しました。

> 注 2格目的語は現在，前置詞句に置き換えられつつあります。
> sich⁴ + 2格 + erinnern …² を思い出す → sich⁴ **an** + 4格 erinnern

《前置詞句目的語》

Er nimmt **an der Sitzung** teil.　彼は会議に参加します。

Er fragt sie **nach ihrem Namen**.

彼は彼女に名前を尋ねます。(4格 + 前置詞句)

Dieses Gerät dient den Autofahrern **zur Navigation**.

この機械は運転手のナビゲーションのためのものです。(3格 + 前置詞句)

2.3.3　述語（主語述語，目的語述語）

> a) Das **Leben** ist langweilig.
> 　人生は退屈なものです。
> b) Ich finde das **Leben** niemals langweilig!
> 　私は人生を一度たりとも退屈と思ったことはありません！

- 上例 a の langweilig は主語の **Leben** がどうであるかを，b の langweilig は目的語の **Leben** がどうであるかを表しています。このような，「…がどうであるか」の「どう」に対応する文成分を述語，そして，それらの中で主語に関連するものを主語述語，目的語に関連するものを目的語述語と呼びます。
- 主語述語には，上掲の形容詞だけでなく，以下のようなものもなります。通常，**sein**，**werden**，**bleiben** などによって結びつけられます（→ 195 頁）。

〔類 例〕　Wir sind **einer Meinung**.

　　　　　私たちは同じ意見です。(2格)

　　　　　Mein Geburtstag ist **heute**.

　　　　　私の誕生日はきょうです。(副詞)

　　　　　Die Tür blieb **abgeschlossen**.

　　　　　ドアは鍵が閉まったままでした。(過去分詞)

　　　　　Das Projekt ist **von großer Bedeutung**.

　　　　　そのプロジェクトはとても重要です。(前置詞句)

　　　　　Sein Wunsch ist, **Techniker zu werden**.

　　　　　彼の望みは技術者になることです。(zu 不定詞句)

　　　　　Die Frage ist, **ob mich die Mannschaft braucht**.

　　　　　問題は私をチームが必要としているかどうかです。(副文)

> 注 動詞の表す出来事の時点での，主語の状態を表す用法もあります。
> Er ist **jung** <**reich**> gestorben.　彼は若くして〈財をなして〉死にました。

- 目的語述語には，次のような3種類のタイプがあります（→ 195 頁）。
  ①「…を〜と思う〈呼ぶ〉」（finden, halten, nennen, bezeichnen などの動詞と）
  　Ich halte deinen Vorschlag **für keine schlechte Idee**.
  　私は君の提案を悪くない考えだと思います。
  　Das nenne ich **Glück**.　これこそ幸運です。
  　Das kann man **als gelungen** bezeichnen.
  　それは成功と言えるものです。
  ②「…を〜の状態で…する」（4格目的語の一時的な状態）
  　Er trägt das Haar **kurz**.
  　彼は髪を短くしています。
  　Kann man Spargel **roh** essen?
  　アスパラガスは生で食べられますか？
  　Ich trinke Kaffee **ohne Zucker**.
  　私は砂糖なしでコーヒーを飲みます。

> 注 付加語としての形容詞は修飾される名詞の**恒常的な属性**（下例 a）を表しますが，目的語述語としての形容詞は主語が意図して選んだ**一時的状態**（下例 b）を表します。
> a) Er trinkt **koffeinfreien** Kaffee.
>   彼はカフェインを含まないコーヒーを飲みます。（付加語）
> b) Warum trinkst du deinen Kaffee immer **schwarz**?
>   君はなぜコーヒーをいつもブラックで飲むの？（目的語述語）

  ③「…を〜の状態にする」（4格目的語の結果状態）
  　Er hat den Zaun **blau** gestrichen.
  　彼は柵を青く塗りました。
  　Sie schneidet Gurken **in Scheiben**.
  　彼女はきゅうりをスライスします。
  　Er wurde **zum Präsidenten** gewählt.
  　彼は大統領に選ばれました。

> 注 目的語述語が分離前つづり化して動詞と結びつく場合もあります。
> 　den Teller **leer**essen　皿を平らげる（分離も可：den Teller **leer** essen）
> また，「…を〜の状態にしておく」という，状態維持を表す用法もあります。
> 　Er hält das Zimmer immer **sauber**.
> 　彼は部屋をいつもきれいにしています。

2.3.4 述語的形容詞の目的語

> a) In drei Jahren wird er **seine Schulden** los sein.
>   3年後彼は借金から解放されていることでしょう。　　　（4格）
> b) Die Tochter ist **ihrer Mutter** ähnlich.
>   娘は母親に似ています。　　　　　　　　　　　　　　　（3格）
> c) Ich bin mir **seines Erfolgs** sicher.
>   私は彼の成功を確信しています。　　　　　　　　　　　（2格）
> d) Das ist **vom Wetter** abhängig.
>   それは天候次第です。　　　　　　　　　　　　　　　（前置詞句）

- 動詞の場合と同じように，述語的形容詞にも，4格目的語，3格目的語，2格目的語，前置詞格目的語があります（→ 196 頁；前置詞句との語順は→ 265 頁下 注1 ）。

  〔類例〕 **Was** ist mein Leben **wert**?
  　　　　私の人生の価値はどれ位なのだろうか？（4格）
  　　　　Mir ist alles **egal**.
  　　　　私にはすべてがどうでもよいことです。（3格）
  　　　　Er sollte sich **seiner Verantwortung bewusst** sein.
  　　　　彼は自分の責任を自覚しているべきです。（2格）
  　　　　Ich bin **stolz auf dich**!　　私は君を誇りに思っているよ！（前置詞句）
  　　　　Die große Mehrheit ist **mit dem eigenen Leben zufrieden**.
  　　　　大多数の人は自分の人生に満足しています。（前置詞句）

2.3.5 副詞成分（動詞等修飾）

> a) Mein Freund kommt **heute** an.
>   私の友人はきょう到着します。
> b) Er arbeitet **in Berlin**.
>   彼はベルリンで働いています。

- 上例 a の **heute** は主語の**到着**が「いつ」なのかを，b の **in Berlin** は主語の**働く場所**が「どこ」なのかを表しています。このように，「いつ〈どこで，どのように，…〉～する」の「いつ，どこで，どのように，…」などのように，特に動詞を修飾する文成分を副詞成分と呼びます。副詞成分には，副詞，形

容詞，前置詞句，4 格名詞，2 格名詞などがあります（以下の例の太字）。

〔類例〕 **Vielleicht** gibt es eine bessere Lösung.
ひょっとしたらもっとよい解決策があるかも知れません。（副詞；→ 197 頁）
Er spricht **leise**, fast **monoton**.
彼は小さな声で，ほぼ一本調子で話します。（形容詞；→ 195 頁）
Er ist **seit einem Monat** in Deutschland.
彼は一月前からドイツにいます。（前置詞句）
Treten Sie bitte **ein paar Schritte** zurück!
どうぞ数歩下がってください。（4 格；→ 129 頁）
Eines Tages floh sie vor dem Regen in eine Buchhandlung.
ある日彼女は雨を避けるためにある一軒の本屋に逃げ込みました。

（2 格；→ 126 頁）

〔注1〕 現在分詞や過去分詞も副詞成分になります：→ 100 頁（現在分詞），105 頁（過去分詞）。
Er schlug **wütend** das Buch zu. 彼は怒って本をパタンと閉じました。

〔注2〕 副詞成分には，**必須成分**のもの（たとえば Ich wohne **in Berlin**.「私はベルリンに住んでいます」）と**非必須成分**のもの（Er spielt **jeden Tag** Fußball.「彼は毎日サッカーをします」）があります。詳細は→ 256 頁。

- 主な意味用法
  - 〔空間〕 **An der Wand** hängt ein Bild.
    壁に一枚の絵が掛かっています。
  - 〔時間〕 Mein Freund kommt **morgen**.
    私の友人は明日来ます。
  - 〔様態〕 **Plötzlich** fing es an zu regnen.
    突然，雨が降り出しました。
  - 〔手段〕 Man isst Sushi **mit Essstäbchen** oder **mit den Fingern**.
    お寿司は箸を使うか，指でつまんで食べます。
  - 〔目的〕 **Zum Kochen** brauche ich eine Pfanne.
    料理をするのにフライパンが必要です。
  - 〔理由〕 Die Straße war **wegen eines Unfalls** gesperrt.
    道路は事故のために通行止めでした。
  - 〔認容〕 **Trotz des Regens** gingen sie spazieren.
    雨なのに彼らは散歩に出かけました。
  - 〔判断〕 **Glücklicherweise** hat er alles gut überstanden.
    幸いにも彼はすべてのことを無事克服しました。

2.3.6　付加語（名詞修飾）

> a) Er beginnt ein **neues** Leben.　彼は新しい人生を始めます。　（形容詞）
> b) Die **Freude** meiner Frau war sehr groß.
> 私の妻の喜びはとても大きいものでした。　（2格）
> c) Die **Museen** in Berlin sind sehr interessant.
> ベルリンの博物館はとても興味深い。　（前置詞句）
> d) Das **Leben** dort ist die Hölle.　そこでの生活は地獄です。　（副詞）

- 上例 a の **neues** は **Leben** を，b の **meiner Frau** は **Freude** を，c の **in Berlin** は **Museen** を，d の **dort** は **Leben** を修飾しています。このように名詞を修飾する語句を<u>付加語</u>と呼びます。
- 付加語になるのは，**形容詞**，**2格名詞**，**前置詞句**，**副詞**などで，冠詞類と名詞の間に置くか，名詞の後ろに置きます。

冠詞類	付加語	名詞	付加語	
mein	neues	**Leben**		私の新しい人生
das		**Leben**	mit ihr	彼女との人生

注1 副文が付加語になることもあります（下線部が付加語）。
Das ist die **Frau**, die mir heute geholfen hat.
この方がきょう私の手助けをしてくれた女性です。（関係文）
Vielleicht ist das ein **Grund**, warum er keine Freunde hat.
ひょっとしたらそれが彼に友達がいない理由かも知れません。（間接疑問文）
Die Polizei gibt die **Hoffnung** noch nicht auf, die Vermissten lebend zu finden.
警察は行方不明者を無事発見できる希望をまだ捨てていません。（zu 不定詞句）
Es gibt keinen objektiven Grund für die **Annahme**, dass menschliche Interessen wichtiger seien als tierische.
人間の利益の方が動物のよりも重要だという仮説を支持する客観的根拠はありません。（dass 文）

注2 現在分詞，過去分詞も付加語になります。必須成分や非必須成分を伴い長くなった付加語は特に**冠飾句**と呼びます（→ 233 頁）。

注3 他の名詞を詳しく説明するために他の名詞を並列的に置くことがあります。このような用法を**同格**と呼びます。
mein Freund **Hans**　　私の友人のハンス
die Universität **Bonn**　ボン大学
Bens Freundin, **eine Studentin**, bleibt noch ein Jahr in Deutschland.
ベンのガールフレンドは，学生ですが，もう 1 年ドイツに滞在します。

2.4 文型
2.4.1 必須成分と非必須成分

> Er wohnt **seit drei Jahren** **in Köln**. 　彼は3年前からケルンに住んでいます。

- 上例から **seit drei Jahren** は削除しても，文は文法的（正しいドイツ語）なのに対して，**in Köln** を削除すると，文は非文法的（正しくないドイツ語）になります。それは，動詞 wohnen の場合，場所の語句が<u>なくてはならない</u>（すなわち動詞との結びつきの**強い**）文成分，時間の語句は<u>なくてもよい</u>（すなわち動詞との結びつきの**弱い**）文成分と決まっているからなのです。（以下の文の ø は当該箇所の語句が削除されたことを示します。）

　　上例　→　［文法的］　　Er wohnt ø in Köln.
　　　　　→　［非文法的］Er wohnt seit drei Jahren ø.

- なくてはならない文成分を必須成分，なくてもよい文成分を非必須成分と呼びます。どのような語句が必須成分になるかは，それぞれの動詞によって異なります。なお，主語はどの動詞でも基本的に必須成分です（→ 244 頁 **注2**）。

2.4.2 文型一覧

- 動詞と必須成分の結びつきには一定の型があります。これを文型と呼びます（英語の5文型や7文型に当たるものです）。文型を決めるに際しては，どのようなことをどこまで取り入れるかによっていくらでも細分化できます。ここでは典型的な文型を7つ取り上げます。

注1 一つの動詞が複数の文型を持つことがあります。たとえば kochen は意味用法に応じて2つの文型を持ち，さらに warten は必須成分の異なる2つの文型を持ちます。

kochen	a) 主語 ＋ 動詞		**Das Wasser** kocht. お湯が沸きます。
	b) 主語 ＋ 動詞 ＋ 4格目的語		Er kocht **das Wasser**. 彼はお湯を沸かします。
warten	a) 主語 ＋ 動詞 ＋ 前置詞句目的語		Er wartet **auf den Bus**. 彼はバスを待っています。
	b) 主語 ＋ 動詞 ＋ 時間副詞成分		Er wartet **schon lange**. 彼はもう長いこと待っています。

注2 語句の削除が極めて自由な日本語を母語とする私たちにとって文型という概念はなじみにくいものでしょうが，<u>正しいドイツ語文を作るためには必ず把握しておかなければならない重要な文法事項です。</u>

① 主語 + 動詞
　　Das Kind schläft.　　　　　　　　　　子供は眠っています。
　　Eine Bombe explodiert.　　　　　　　　爆弾が爆発します。
　　Das Kind wacht auf.　　　　　　　　　子供が目を覚まします。
② 主語 + 動詞 + 述語
　　Der Lehrer ist **krank**.　　　　　　　　先生は病気です。
　　Er wird **Lehrer**.　　　　　　　　　　彼は教師になります。
　　Er heißt **Stefan**.　　　　　　　　　　彼の名前はシュテファンです。
③ 主語 + 動詞 + 副詞成分
　　Ich fahre **nach Bonn**.　　　　　　　　私はボンに行きます。
　　Die Sitzung findet **morgen** statt.　　　会議は明日開催されます。
　　Die Versammlung dauerte **fünf Stunden**.　会合は5時間続きました。
④ 主語 + 動詞 + 目的語
　　Schließ bitte **das Fenster**!　窓を閉めてくれ！(4格)
　　Sie helfen **den Armen**.　　彼らは貧しい人々の手助けをします。(3格)
　　Ich gedenke **der alten Zeit**.　私は昔のことを思い出します。(2格)
　　Er nimmt **an der Versammlung** teil.　彼は集会に参加します。(前置詞句)
⑤ 主語 + 動詞 + 目的語 + 目的語
　　Er schenkt **seiner Freundin** eine Perlenkette.
　　彼はガールフレンドに真珠のネックレスを贈ります。(3格 + 4格)
　　Der Staatsanwalt klagte **die Terroristen** des Massenmordes an.
　　検察はテロリストたちを大量殺人の罪で起訴しました。(4格 + 2格)
　　Antworte **mir** auf meine Frage!
　　私の質問に答えなさい！(3格 + 前置詞句)
⑥ 主語 + 動詞 + 目的語 + 副詞成分
　　Er legt **das Buch** auf den Tisch.　彼は本を机の上に置きます。(4格 + 方向)
　　Wir verbringen **unseren Urlaub** in Spanien.
　　私たちは休暇をスペインで過ごします。(4格 + 場所)
　　Die Polizei hat **uns** wie Verbrecher behandelt.
　　警察は私たちを犯罪者のように扱いました。(4格 + 様態)
⑦ 主語 + 動詞 + 目的語 + 目的語的述語
　　Ich halte **ihn** für einen vertrauenswürdigen Menschen.
　　私は彼を信頼するに足る人物だと思っています。(4格 + 前置詞句)
　　Er bezeichnet **die Lage** als noch nicht zufriedenstellend.
　　彼は状況をまだ満足できるものではないと言います。(4格 + als 句)

3 定動詞，第2成分，文成分の配列（語順）

注1 文は，主に，**定動詞**と（動詞の）**第2成分**（→ 2.1；247頁）とその他の**文成分**によって構成されます。これらの配列（語順）には一定の規則があります。

注2 3者のうちの，**定動詞**と**第2成分**の配列は，以下の 3.1 で説明するように，**文法的な特性**によって決まります（＝**文法的規則**）。他方，その他の**文成分**の配列は，以下の 3.2 で説明するように，文脈上の**情報的重要性**などに基づいて決まります（＝**情報的規則**）。

3.1 文法的規則

```
           文頭      第2位                    文末
〈主文〉a) 文成分    定動詞    …………   (動詞の) 第2成分
       b) 定動詞    文成分    …………   (動詞の) 第2成分
〈副文〉c) ………    文成分    …………   (動詞の) 第2成分 ＋ 定動詞
```

- **定動詞**と**第2成分**の配列（語順）は，① 主文なのか副文なのか，そして主文の場合，② どの意味タイプ（→ 245頁）なのかによって決まります（＝**文法的規則**）。これらの配列には3つのパターンがあります。なお，第2成分がない場合は定動詞の位置だけが問題になります。

  注 熟語的に結びつく4格名詞，移動動詞などと結びつく不定詞も，第2成分に準じて扱います（下例の太字）。
  　Er fährt gern **Auto**.　　　　彼は自動車の運転が好きです。
  　Er geht heute **schwimmen**.　　彼はきょう泳ぎに行きます。

- 上掲 a のパターン（定動詞第2位，第2成分文末）になるのは，**平叙文**と**補足疑問文**の場合です（＝定動詞第2位の原則）。

  (類例) 1：平叙文
  　Er **schwimmt** sehr gut.　　　　彼は泳ぎがとても上手です。
  　Ich **stehe** um 6 Uhr **auf**.　　私は6時に起きます。
  　Wir **müssen** uns **beeilen**.　　私たちは急がなければなりません。
  　In Österreich **wird** Deutsch **gesprochen**.
  　オーストリアではドイツ語が話されます。

  注1 接Ⅰを使った要求話法の文（→ 52頁）や接続詞 dass を省いた間接話法の文および独立的間接話法の文（→ 47頁，50頁）もこのパターンになります。
  　Man **nehme** täglich eine Tablette.　　一日一錠服用のこと。
  　(Er sagte,) er **sei** krank **gewesen**.　　彼は病気だった（と言いました）。

注2 先置される断り書き（下例の下線部：→ 105 頁）は，後続の文に語順上の影響を与えないため，後続する平叙文はこのパターンになります。

<u>Offen gestanden</u>, ich **habe** es auch geglaubt.
実を言うと，私もそれを信じました。
<u>Um die Wahrheit zu sagen</u>, ich **bin** weder dafür noch dagegen.
本当のことを言うと，私はそれに賛成でも反対でもありません。

注3 第 2 成分を強調する場合，文頭に置くことがあります。

Kann er Deutsch sprechen? — Nein, **sprechen** kann er es nicht.
彼はドイツ語を話せますか？ — いいえ，話すことはできません。

〔類例〕 2：補足疑問文

Wann **kommt** er eigentlich?
彼は一体いつ来るのですか？
Wann **musst** du morgen **aufstehen**?
君は明日何時に起きなければなりませんか？

- 上掲 b のパターン（定動詞文頭，第 2 成分文末）になるのは，決定疑問文と命令文（→ 60 頁）の場合です。

〔類例〕 1：決定疑問文

Kommt er heute?　　　　　彼はきょう来ますか？
Ist er schon **angekommen**?　彼はもう到着しましたか？

〔類例〕 2：命令文

Komm schnell bitte!　　　　すぐに来てくれ！
Bitte, **bleiben** Sie **sitzen**!　どうぞ座ったままでいてください！

注 このパターンは，wenn 文の wenn を省略した代用形としても使います。
　Kommt Zeit, kommt Rat.　時来れば，助けあり。
　← Wenn Zeit **kommt**, dann kommt Rat.

- 上掲 c のパターン（「第 2 成分 + 定動詞」が文末）になるのは，副文の場合です。これには，**従属接続詞文**（以下の①：216 頁），**関係文**（以下の②：222 頁），**間接疑問文**（以下の③：221 頁）の三つがあります。

① (Ich weiß,) dass er mit ihr ins Konzert **gegangen ist**.
　私は，彼が彼女とコンサートに行ったこと（を知っています）。
② (das schönste Schloss,) das ich je **gesehen habe**
　私がかつて見た最も美しい（城）
③ (Er fragt mich,) was ich **trinken möchte**.
　（彼は私に，）何を飲みたいのか（と尋ねます）。

注1 第2成分が複数ある場合，特に明らかになりますが，定動詞と第2成分に関して一定の意味的階層（日本語の場合とほぼ同一）が認められます。主文と副文の語順は，定動詞の位置以外，同一ですので，dass 文の場合の配列でその一覧を示します。

① 〈能動文〉

彼はメールを／書く／…　　　…, dass er eine E-Mail *schreibt*.
彼はメールを／書い／た／…　…, dass er eine E-Mail *schrieb*.
　　　　　　　　　　　　　　…, dass er eine E-Mail geschrieben *hat*.
彼はメールを／書か／ねばならない／…
　　　　　　　　　　　　　　…, dass er eine E-Mail schreiben *muss*.
彼はメールを／書い／た／に違いない／…
　　　　　　　　　　　　　　…, dass er eine E-Mail geschrieben haben *muss*.

② 〈受動文〉

彼が／救助さ／れる／こと…　…, dass er gerettet *wird*.
彼が／救助さ／れ／た／こと…　…, dass er gerettet *wurde.*
　　　　　　　　　　　　　　…, dass er gerettet worden *ist*.
彼が／救助さ／れ／ねばならない／こと…
　　　　　　　　　　　　　　…, dass er gerettet werden *muss*.
彼が／救助さ／れ／た／に違いない／こと…
　　　　　　　　　　　　　　…, dass er gerettet worden sein *muss*.

注2 副文において不定形の動詞が二つ以上連続する場合（すなわち話法の助動詞，使役の助動詞 lassen，知覚動詞の完了形の場合），定動詞は**不定詞群の前**に置きます。

① 本動詞 + **話法の助動詞** + 完了の助動詞
　…, weil sie bis tief in die Nacht *haben* arbeiten müssen.
　彼らが夜遅くまで働かなければならなかったので…。

② 本動詞 + 使役の助動詞 lassen + 完了の助動詞
　…, dass er im Restaurant seinen Hut *hat* liegen lassen.
　彼がレストランに帽子を置き忘れたこと…。
　Während wir das Auto *haben* waschen lassen, …
　私たちが車を洗ってもらっていた間に…。

③ 本動詞 + **知覚動詞** + 完了の助動詞
　Als sie ihn *hat* kommen sehen, …　彼女が彼の来るのを見た時…。
　Als er die Vögel *hat* zwitschern hören, …
　彼が鳥たちのさえずるのを聞いた時…。

3.2　情報的規則

- 定動詞と第2成分以外の**文成分**の配列は，形の長短，動詞との意味的結びつき，文脈上の情報的重要性によって決まります（＝情報的規則）。具体的には，① 中域（定動詞と第2成分の間の空間）における文成分と ② 平叙文の文頭に置く文成分の二つが問題になります。
- nicht の位置は → 208 頁。

3.2.1 中域の一般的規則

> 1 Ich habe **ihm ein Wörterbuch** geschenkt.
>   私は彼に辞書を贈りました。
> 2 a) Ich bin **heute müde**. 私はきょう疲れています。
>   （青太字の述語は必須成分）
>   b) Er wohnte **damals in Bonn**. 彼は当時ボンに住んでいました。
>   （青太字の場所の副詞成分は必須成分）
> 3 a) Ich schenke **dem Freund ein Buch**. 私は友人に一冊の本を贈ります。
>   b) Ich schenke **das Buch einem Freund**. 私はその本を友人に贈ります。

- 文成分の配列は，① 形としての<u>長短</u>，② 動詞との<u>意味的結びつき</u>，③ <u>情報的重要性</u>に基づいて決まります。
- 上例1の場合，目的語の **ihm**（代名詞）が **Wörterbuch**（名詞）の前。これは，<u>形が短いものを長いものよりも前に置く</u>という規則に基づくものです（すなわち「代名詞→名詞」）。

    〔類例〕 Letztes Jahr hat **er** sein Auto verkauft.
    　　　　昨年彼は車を売ってしまいました。（1格（短い）→ 4格（長い））
    　　　　Ich habe **es** dem Freund geschenkt.
    　　　　私はそれを友人に贈りました。（4格（短い）→ 3格（長い））
    　　　　Er war 18, als **ihn** seine Mutter aufforderte, auszuziehen.
    　　　　家から出て行くように母親に言われた時，彼は18歳でした。
    　　　　（4格（短い）→ 1格（長い））

前置詞を伴う目的語（長い）は前置詞を伴わないもの（短い）よりも後ろに置きます（「長い」の中には構造的複雑性も含みます）。

　　Er bittet **seinen Lehrer um Hilfe**.　　　彼は彼の先生に手助けを頼みます。
　　Er schickt **ein Paket an seine Eltern**.　彼は両親に小包を贈ります。

注1 代名詞が複数並ぶ場合，「1格→4格→3格」という語順になります。
　Ich weiß, dass er es ihr geschenkt hat.
　私は彼がそれを彼女にプレゼントしたことを知っています。
代名詞（4格）が強調された場合は→ 264頁 **注1**。

注2 意味的に近似した副詞成分を同格的に並べる場合も，形の短い（意味内容が一般的な）ものを形が長い（意味内容が具体的な）ものよりも前に置きます。
　Ich fahre **morgen** um 6 Uhr ab.　　私は明日6時に出発します。
　Er schaute **nach oben** in den Himmel.　彼は空を見上げました。

- 上例2の場合，必須成分のaの **müde** およびbの **in Köln** が文末。これは，動詞との意味的結びつきが強いものほど後ろに置くという規則に基づくものです。必須成分は，動詞との意味的結びつきが第2成分に次いで強いのです（→ 256頁；heute と damals は非必須成分）。

  〔類例〕 Er bleibt am Sonnabend **zu Hause**.
  　　　　彼は土曜日家にいます。（黒太字の述語は必須成分）

  　　　　Er fährt in diesem Sommer **nach Italien**.
  　　　　彼はこの夏イタリアへ行きます。（黒太字の方向の副詞成分は必須成分）

  注1 第2成分がない場合，必須成分は，上例のように第2成分に準じて文末に置きますが，第2成分がある場合は，以下のように，その前に置きます。
  　Er muss heute sehr ***müde*** **sein.**　彼がきょうとても疲れているに違いありません。
  注2 必須成分の目的語と非必須成分の前置詞句が並ぶ場合も，前者（以下の太字体）を後者（以下のイタリック体）の後ろに置きます。
  　Er besucht *mit seinem Freund* **seinen Lehre**r.
  　彼は友人とともに先生を訪ねます。
  ただし，代名詞の場合は形の短い方を前に置くという規則が優先されます。
  　Er hat **sie** gestern *mit seinen Freunden* besucht.
  　彼は彼女を昨日友人たちとともに訪ねました。

- 上例3のaの場合，目的語の **ein Buch**（不定冠詞付き）が **dem Freund**（定冠詞付き）の後ろに，bの場合，目的語の **einem Freund**（不定冠詞付き）が **das Buch**（定冠詞付き）の後ろ。これは，情報的に重要でない（既知の）ものを前に置き，情報的に重要な（未知の）ものを後ろに置くという規則に基づくものです。不定冠詞の付いた情報（未知）は定冠詞の付いた情報（既知）より基本的に重要です。なお，既知の情報を前の方に置くということは，そのことによって，聞き手に，その後に聞かされる未知の情報を受け入れるための準備ができるという意味で極めて理にかなっていると言えます。

  注1 補足疑問文に対する返事では，疑問詞に対応する語句をふつう後ろに置きますが，これも情報的に重要な（未知の）情報を後方に置くという規則に基づくものです。
  　Was hast du heute gekauft?　君はきょう何を買ったの？
  　— Ich habe heute **ein Fahrrad** gekauft.
  　　私はきょう自転車を買いました。（疑問詞に対応するのは Fahrrad）
  　Wann hast du das Fahrrad gekauft?　いつ君はその自転車を買ったの？
  　— Ich habe das Fahrrad **heute** gekauft.
  　　私はその自転車をきょう買いました。（疑問詞に対応するのは heute）
  注2 主語と目的語に関しては「主語→3格目的語→4格目的語→前置詞句目的語／2格目的語」という順序が基本です。目的語述語（→ 266頁）や必須的副詞成分（主に

方向の前置詞句（→ 267 頁））はそれらの末尾の方に置くのが基本です。

注3 日本語の語句は，原則的に動詞との意味的結びつきと情報的重要性の度合いに応じて並べられるので，定動詞の位置を除けば，ドイツ語と日本語の語順は極めて並行したものになっています。したがって，日本語をドイツ語に直す場合，まず，日本語と同一の順序でドイツ語の語句を並べ，次に，定動詞を適当な位置（平叙文の場合は第2位）に移せば，ある程度正しいドイツ語の文ができ上がることになります。

太郎は		きょう	花子と	コンサートに	行く
Taro	___	heute	mit Hanako	ins Konzert	**gehen**
Taro	**geht**	heute	mit Hanako	ins Konzert.	

また，ドイツ語を日本語に訳す場合も，ドイツ語の語句が並んでいる順序で，ただし動詞の訳は留保しながら，日本語に訳して行き，最後に，留保した動詞を訳せば，ある程度正しい日本語の文ができ上がることになります。

3.2.2 文成分の個別的説明

- 中域での文成分の配列は上述の三つの規則に基づいて決まります。

3.2.2.1 主語

- 主語は，動詞と対になり，動作主や出来事の担い手などを表す「事柄の起点」的文成分であるため，基本的に文頭に置きますが（下例の1番目），文脈に応じて中域に置くこともあります（下例の2番目）。

  Er hat heute drei Stunden gerudert.　彼はきょう3時間ボートを漕ぎました。
  Das weiß **niemand** besser als er.
  　そのことを彼以上によく知っている人はいません。

  注 主語を中域に置くのは，主語が未知の情報を担うか（下例 a），文頭に置くほどの重要な意味を持たない場合（下例 b）などです（→ 137 頁）。
  　a) Auf dem Boden liegen **teure Teppiche**.
  　　床には高価な絨毯が敷いてあります。
  　b) In diesem Sessel sitzt **man** sehr bequem.
  　　この安楽椅子は座り心地がとても良い。
  文脈上，文頭に置くべき語句がある場合も，主語は中域に置きます。
  　So kannst **du** das nicht machen.　そんなふうにしようとしても無理だよ。

3.2.2.2 目的語

- 目的語は通常中域に置かれますが，以下のような細則があります。
  ① 主語と並列する場合，基本的に「主語（下線部）→目的語」。

Heute muss **Hans sein Zimmer** aufräumen.
きょうハンスは部屋を掃除しなければなりません。
Ich weiß, dass **Hans Sofie** liebt.
私はハンスがゾフィーを愛していることを知っています。
Wann fängt **Hans mit dem Aufräumen** an?
いつハンスは掃除を始めますか？

注 主語が名詞で，目的語が代名詞の場合，形が長いものは後ろにという規則に基づき，主語を目的語（下線部）の後ろに置くことがあります。
Sie waren in einer solchen Lage, dass **ihnen der Mut** verschwand.
彼らは勇気が消え失せる状況にありました。
Hat **Sie Ihre Frau Gemahlin** begleitet?
奥様はあなたに付き添って行かれたのですか？

② **4格と3格**の目的語が並列する場合，通常，「3格（下線部）→ 4格」。
Er zeigt **dem Freund das Bild**.　彼は友人に絵を見せます。

4格目的語が不定冠詞や無冠詞の（すなわち**未知の情報**を担う）場合は**必ず**「3格（下線部）→ 4格」。

Wir schenken **seinem Sohn ein Fahrrad**.
私たちは彼の息子に自転車をプレゼントします。
Darf ich **Ihnen ein Glas Wein** anbieten?　ワインを一杯いかがですか？
Sie gab **den Kindern Bonbons**.　彼女は子供たちにお菓子をあげました。

注1 4格目的語が代名詞の場合，3格目的語が名詞でも代名詞でも「4格→ 3格（下線部）」が基本です。
Er zeigt **es dem Freund**.　彼はそれを友人に見せます。
Er zeigt **es ihm**.　　　　彼はそれを彼に見せます。
Warum trägt unsere Schule diesen Namen? Wer hat **ihn ihr** gegeben?
私たちの学校はなぜこんな名前が付いているのですか？　誰がこれ（この名前）をこれ（私たちの学校）に付けたのですか？
ただし，4格目的語が強調されている場合（たとえば指示代名詞），「3格（下線部）→ 4格」の語順になります。
Sie zeigt **ihm das**.　彼女は彼にそれを見せます。
注2 3格目的語が事物を表す動詞には「4格→ 3格（下線部）」の語順を基本とするものがあります。
Er widmet **sein Leben der Kunst**.　彼は人生を芸術に捧げます。

③ **4格目的語**と**2格目的語**が並列する場合，「4格→ 2格（下線部）」。
Man beschuldigte **ihn der Spionage**.
彼はスパイの容疑をかけられました。

④ **前置詞**を伴う目的語と伴わない目的語が並列する場合，代名副詞の場合も含め，通常，「前置詞なし→前置詞あり（下線部）」になります。

〔4格〕 Er bittet **die Bürger um Spenden**.　彼は市民に寄付をお願いします。
　　　　Er fragt **den Polizisten danach**.　彼はその件について警官に尋ねます。
〔3格〕 Er hilft **seiner Freundin bei den Schulaufgaben**.
　　　　彼はガールフレンドの宿題の手助けをします。
　　　　Er dankt **dem Lehrer dafür**.　彼はそのことで先生に感謝します。

4格目的語が付加語を伴うなどして前方に置きにくい場合，「前置詞あり（下線部）→前置詞なし」になることもあります（枠外配置は→270頁）。

　　Er knüpfte **daran die Bedingung, dass** ...
　　彼はそのことに…という条件を付けました。

注 前置詞句**目的語**（下線部）は，通常，**副詞成分**の前置詞句よりも後ろに置かれます。
　　Er arbeitet **seit Jahren an seiner Dissertation**.
　　彼は数年前から博士論文を書いています。

3.2.2.3　主語述語

- 主語述語は，動詞 sein などと意味的結びつきの強い文成分なので，第2成分があればその前に，なければ文末に置きます。

　　Sie ist **Lehrerin** geworden.　彼女は先生になりました。（第2成分の前）
　　Er hat gesagt, dass ihm der Abend **unvergesslich** bleiben wird.
　　彼は，自分にとってその晩が忘れ難いものになるだろうと言いました。
　　（第2成分の前）
　　Er ist **begabt**.　彼は才能があります。（文末）

- 強調の場合は文頭に置くこともあります。

　　Wichtig ist, dass man nicht aufhört zu fragen.
　　大切なことは問うことを止めないことです。
　　Paris hat schon schöne Ecken, aber **die schönste Stadt** ist es für mich nicht.
　　パリはたしかに魅力的な街角がありますが，しかし私にとって一番魅力的な町とは言えません。

注1 前置詞句と結びつく形容詞の述語の場合，前置詞句の**後ろ**に置かれるか**前**に置かれるかは，形容詞ごとに異なります。
① 通常，前置詞句（下線部）の**後ろ**に置かれる形容詞の述語
　　einverstanden　同意している　　interessiert　興味を持っている
　　zufrieden　　　満足している　　abhängig　　…次第である

fertig	終えている	bereit	準備ができている

Er ist nicht mit dem Vorschlag **einverstanden**.　彼は提案に同意していません。
Wir sind an diesem Problem **interessiert**.　私たちはこの問題に興味があります。

② 通常，前置詞句（下線部）の**前**に置かれる形容詞の述語

stolz	誇りにしている	froh	喜んでいる
schuld	責任がある		

Wir sind **stolz** <u>auf unseren Sohn</u>.　私たちは息子を誇りに思っています。
Er ist **froh** über die Nachricht.　彼はその知らせを喜んでいます。

注2 述語としての代名詞 **es** は定動詞の直後に置かれます（→ 135 頁）。
Er hatte vor, **Arzt** zu werden, und er **ist es** auch geworden.
彼は医者になろうと思っていましたが，実際にもそうなりました。

3.2.2.4　目的語述語

- 目的語述語は，主語述語に準じて，第 2 成分があれば<u>その前</u>に，なければ<u>文末</u>に置きます。

Alle haben seine Entscheidung **als falsch** bezeichnet.
みんな彼の決定を間違っていると言いました。

Man nennt ihn **ein Genie**.　人は彼を天才と呼びます。

注1 目的語述語は意味上の主語になる 4 格目的語の前に置くことはできません（[誤] Man nennt **ein Genie** das Kind.)。
注2 強調する場合は文頭に置くことが出来ます。
　Kindisch hat er das genannt.　それは幼稚だと，彼は言いました。

3.2.2.5　述語の目的語

- <u>述語の目的語</u>の場合，目的語が<u>前置詞</u>を伴うかどうかで規則が異なります。

① 前置詞を**伴わない**場合，「目的語（下線部）→述語」。

　Er ist <u>Hitze</u> **gewohnt**.　　　　　彼は暑さに慣れています。
　Ist er <u>seinem Vater</u> **ähnlich**?　彼は父親に似ています。
　Es heißt, dass er <u>großer Leistungen</u> **fähig** ist.
　彼には大きなことを成し遂げる力量があると言われています。

② 前置詞を**伴う**場合，「目的語（下線部）→述語」になることも「述語→目的語（下線部）」になることもあります（→ 265 頁 **注1**）。

　Er ist <u>an dem Unfall</u> **schuld** <**schuld** <u>an dem Unfall</u>>.
　その事故の責任は彼にあります。

注 前置詞を伴う目的語と伴わない目的語が並列する場合は「前置詞なし（下線部）→前置詞あり」の順になります。

Er ist **dem Lehrer für die Ratschläge** dankbar.
彼は先生の助言に感謝しています。

3.2.2.6 副詞成分（動詞等修飾）

- 副詞成分は<u>必須的</u>か<u>非必須的</u>かで規則が異なります（→ 256 頁）。

  ① <u>必須的な</u>副詞成分（太字体）は，通常，<u>文末</u>に置きます。第 2 成分がある場合は，その前。

  〔方向〕　Er setzt sich **in den Sessel**.
  　　　　彼は安楽椅子に座ります。

  〔場所〕　Er musste zwei Monate **in einem Lager** leben.
  　　　　彼は 2 カ月収容所で暮らさなければなりませんでした。

  〔様態〕　Er fährt immer sehr **vorsichtig**.
  　　　　彼はいつもとても注意深く運転します。

  ② <u>非必須的な</u>副詞成分（太字体）の位置は基本的に<u>自由</u>です。なお，<u>中域</u>に置かれる場合，情報的に重要なものほど後ろに置かれます。

  〔文頭〕　**Am nächsten Tag** hatte er einen Kater.
  　　　　次の日彼は二日酔いでした。

  〔中域〕　Sie weinte **oft abends heimlich im Bett**.
  　　　　彼女はしばしば夜ひそかにベッドで泣いていました。

注1 副詞成分（下線部）と目的語が並列する場合，情報的に重要なものの方を後ろに置きます。

　Ich kenne **hier ein nettes Lokal**.　　私はこの近くに感じのよい店を知っています。
　Man muss **im Leben Kompromisse** machen.　　人生には妥協が必要です。
　Wir haben **ihn neulich** kennengelernt.　　私たちは彼と最近知合いになりました。
　Der Kranke hat **die Krise gut** überwunden.　　病人は無事に峠を越えました。

注2 副詞成分（下線部）と主語が並列する場合，通常，副詞成分は主語の後ろに置きます（下例 a）。ただし，副詞成分よりも主語が強調される場合，主語を副詞成分の後ろに置くこともあります（下例 b）。

　a) Gestern ist **der Student trotz seiner Erkältung** gekommen.
　　昨日その学生は病気だったのにもかかわらず来ました。
　b) Wohnt **hier dein Freund**?
　　ここに君の友達が住んでいるのですか？

注3 接続副詞（下線部）は前方に置かれる傾向があります（→ 268 頁）。
　Ich bin derzeit im Urlaub und kann dir **daher leider** nicht helfen.
　私は今休暇中なので，残念ながら君の手助けをすることができません。

注4 所有の 3 格（下線部）は，身体部位を表すのが 4 格目的語と前置詞句目的語の場合，それらの前に置きます（下例の a, b）。強調する場合は文頭に置くこともできます

（下例 c）。また，身体部位を表すのが主語の場合，通常，文頭に置きます（下例 d）。
- a) Sie putzt **ihrem Mann die Schuhe**.
  彼女は夫の靴をみがきます。
- b) Plötzlich sah er **dem Mädchen in die Augen**.
  突然彼は少女の目を見ました。
- c) **Dem Großvater** muss ich **die Haare** waschen.
  祖父の髪は（自分で洗えないので）私が洗ってやらねばなりません。
- d) Mama, **mir** tut der Bauch weh.　ママ，お腹が痛い。

3.3　文頭

- a) Dort steht ein alter Wagen. **Er** gehört unserem Lehrer.
  あそこに古い車があります。あれは私たちの先生のものです。
- b) **Ein Lügner** ist er!　うそつきだ，彼は！

- 平叙文の場合，定動詞の前（= 文頭）に文成分を一つ置きます（→ 245 頁）。
- 上例 a の **er** は先行する文の名詞 Wagen を受けています。このように，先行する文で言及された人や物事などを文頭に置くことによって，情報の流れがスムーズになります。
- 先行する文とのつながりをスムーズにする文成分は主語に限られず，場所，理由などを表す副詞成分など，様々なものがあります（→ 204 頁）。

  Er ist seit Oktober in Japan. **Dort** unterrichtet er in Deutsch.
  彼は 10 月から日本にいます。そこで彼はドイツ語を教えています。

  Er war unglücklich. **Deshalb** hatte er oft schlechte Laune.
  彼は不幸でした。そのため，彼はしばしば機嫌が悪くなりました。

  注　英語では「主語 + 動詞 + …」の配列を**正置**，主語が動詞の後ろに置かれる「… + 動詞 + 主語 + …」の配列を**倒置**と呼びます。しかし，ドイツ語の場合，文頭に置く文成分が文法的に決まっているわけではなく，その都度，文脈上ふさわしい文成分を文頭に置くのですから，**正置**や**倒置**という用語は使いません。

- 上例 b の ein Lügner は先行する文から予想されない未知の情報です。このように，未知の情報を担う文成分を文頭に置くことによって情報の流れが分断され，そのことによって強調という文体的効果が生じています。
  なお，対比的なテーマを文頭に置く場合も強調的な意味合いが伴います。

  類例　**Diese Reparatur** muss ein Mechaniker machen.
  このような修理は機械工に任せなければなりません。

Bei einem solchen Lärm kannst du arbeiten?
こう騒々しくても君は仕事ができるのですか？

注 「穴埋めの es」と呼ばれる非人称の es を，特に存在文や出来事文の文頭に置くことがあります。このような文では，主語がふつう未知の情報を担い，そのため中域に置かれ，しばしば文頭が空位になるためなのです（非人称受動文も含む；→ 137 頁）。

Es ist ein Unglück geschehen.　事故が起きました。
Es wurde niemand verhaftet.　誰も逮捕されませんでした。
Es bleibt ihm nur eine schwache Hoffnung.
彼にはわずかな望みしか残されていません。
Es wird nicht nur viel geritten, sondern auch gesungen.
大いに乗馬をしただけでなく，歌も大いに歌いました。

コラム　枠構造

平叙文では，定動詞が第2位あるいは文頭に置かれ，第2成分が文末に置かれます。

文頭	第2位		文末
Sie	**hat**	heute eine neue Tasche	**gekauft**.

彼女はきょう新しいバッグを買いました。

定動詞が第2位に，第2成分が文末に置かれることによって，一種の枠が作られます。このように，**定動詞と第2成分**によって形成される構造を枠構造と呼ぶことがあります。疑問文の場合も，「疑問詞（文頭）＋ 定動詞（第2位）」と第2成分（文末）によって，また従属接続詞文，関係文などの副文の場合も，以下のように，「従属接続詞／関係詞など（文頭）」と「第2成分 ＋ 定動詞」（文末）によって枠構造が形成されます。

	文頭		文末
…,	**dass**	sie heute eine neue Tasche	**gekauft hat**
das Geschäft,	**in dem**	sie heute eine neue Tasche	**gekauft hat**

彼女はきょう新しいバッグを買ったこと…
彼女はきょう新しいバッグを買ったお店

注1 第2成分がない場合は文末が明示されません。しかし，このような場合でも，動詞と密接な関係がある文成分（たとえば述語，方向を表す前置詞句などの必須成分）が

文末に置かれるため，一種の枠構造が成立していると言えます。

Ich **bin** heute irgendwie sehr **müde**.
私はきょう何となくとても疲れています。

Er **stellt** zu Ostern eine Vase mit Osterglocken **auf den Tisch**.
彼は復活祭にラッパスイセンをさした花瓶をテーブルの上に置きます。

注2 英語の場合は文末に置く語句を，また日本語の場合は文頭に置く語句を前もって文法的に規定することができないため，英語でも日本語でも枠構造というようなものは成立しません。

- 枠構造の後ろに文成分を置くことがあります。これを<u>枠外配置</u>と呼びます。枠外配置には<u>文法的</u>なものと<u>情報的</u>なものの二つがあります。

《<u>文法的</u>な例》

① 比較対象を表す <u>als</u> / <u>wie-</u> 句

Er stand heute früher auf **als gewöhnlich**.
私はきょう普段よりも早く起きました。

Du hast dich benommen **wie ein kleines Kind**.
君は小さな子供のように振舞いました。

② <u>副文</u>

Er ist heute nicht gekommen, **weil er krank war**.
彼は病気なので，きょう来ませんでした。

Er hat überhaupt nicht verstanden, **was ich gesagt habe**.
彼は私が言ったことを何一つ理解しませんでした。

③ <u>zu 不定詞句</u>

Er wurde aufgefordert, **seinen Führerschein zu zeigen**.
彼は運転免許証を見せるように要求されました。

Er geht zu Fuß zur Uni, **um das Fahrgeld für den Bus zu sparen**.
彼はバス代を節約するために，大学に歩いて通います。

《<u>情報的</u>（ないし文体的）な例》

① 述部の全体的把握を困難にする程<u>長い</u>文成分（特に前置詞句）

Man kann, man muss aber nicht zufrieden sein **mit dem Ergebnis am vergangenen Sonntag**.
この前の日曜日の結果は満足できるものですが，満足する必要もありません。

② <u>強調</u>する文成分

Du hast mir sehr gefehlt **im letzten Jahr**.
君がいなくて去年は本当に寂しかったよ。

補足1　アルファベット

A	a	*A a*	[aː	アー]	R	r	*R r*	[ɛr	エル]
B	b	*B b*	[beː	ベー]	S	s	*S s*	[ɛs	エス]
C	c	*C c*	[tseː	ツェー]	T	t	*T t*	[teː	テー]
D	d	*D d*	[deː	デー]	U	u	*U u*	[uː	ウー]
E	e	*E e*	[eː	エー]	V	v	*V v*	[fau	ファオ]
F	f	*F f*	[ɛf	エフ]	W	w	*W w*	[veː	ヴェー]
G	g	*G g*	[geː	ゲー]	X	x	*X x*	[ɪks	イクス]
H	h	*H h*	[haː	ハー]	Y	y	*Y y*	[ýpsilɔn	ユプスィロン]
I	i	*I i*	[iː	イー]	Z	z	*Z z*	[tsɛt	ツェット]
J	j	*J j*	[jɔt	ヨット]					
K	k	*K k*	[kaː	カー]	Ä	ä	*Ä ä*	[ɛ ɛː	エ エー]
L	l	*L l*	[ɛl	エル]	注 [アー]の口の形で[エー]と発音。				
M	m	*M m*	[ɛm	エム]	Ö	ö	*Ö ö*	[œ øː	エ エー]
N	n	*N n*	[ɛn	エヌ]	注 [オー]の口の形で[エー]と発音。				
O	o	*O o*	[oː	オー]	Ü	ü	*Ü ü*	[ʏ yː	ユ ユー]
P	p	*P p*	[peː	ペー]	注 [ウー]の口の形で[イー]と発音。				
Q	q	*Q q*	[kuː	クー]			ß	[ɛstsɛt	エスツェット]

- ドイツ語のアルファベットは，上表から分かるように，右下の4つの文字を除けば，英語と同じです。ただし，読み方，正確に言えば，その発音も，いくつかの文字を除いて，英語と異なっています。[ ] 内に音声記号（本書では国際音声記号 IPA を一部手直しして使います）と近似のカタカナ表記を示しました（太字は強く読むところを示します）。

注1　r の発音は→ 275 頁。
注2　Ä, ä と Ö, ö と Ü, ü は Umlaut（「ウムラウト」，「変母音」）と呼びます。

- 筆記体は，上表のように，ドイツ人独自のものですが，英語風に書いても差し支えはありません。ただし，ß だけは英語にないので覚えなければなりません。右図のように，矢印の方へ一筆書きします。なお，この文字は語頭で使うことがないので，大文字がありません。

補足2　つづりの読み方，アクセント，母音の長短

1　ドイツ語のつづり

つづり	発音記号	カナ表記	〈参考〉	意味	英語
Onkel	óŋkəl	オンケル		おじ	uncle
lernen	lérnən	レルネン		学ぶ	learn

- 上掲はドイツ語の単語のつづり（綴り）と発音記号とそれに近似する日本語のカナ表記です。3者を見比べればわかるように，ドイツ語のつづりは音声を示す表音文字で，日本語のローマ字表記ともかなり似ています。しかし，ドイツ語が表音文字だからと言っても，つづりおよび発音記号を見るだけで，その具体的な音声を知ることはできませんし，増して言わんや，その音声を正確に発音できるようになれるわけではありませんね。ドイツ語の具体的かつ正確な発音を学ぶためにはやはりその学習をメインとした教材が不可欠です（インターネット上での音声学習も可能になっています）。

> 注　ある時期，学生たちに「öは［オー］の口の形で［エー］と発音する」と説明し，毎週，声を出して練習したことがありましたが，全員ができるようになるまでにはそれなりの時間がかかりました。私も，後で説明する「喉びこ」を震わすr（→275頁）の発音ができるようになるまでに約1年半かかりました。

- ただし，ドイツ語が表音文字なのですから，つづりを見れば，「おおよそ」の発音，すなわち「読み方」は知ることができますし，大きな「ずれ」は日本語のカナ表記によって補正することが可能です。したがって，本補足の以下の説明で発音表記としてカタカナを併記しますが，それは，単なる初級者向けの配慮だけではなく，上述のような音声記号の限界も考えてのことです。（なお，カナ表記は母音の長短，アクセントの位置を示すにはとても便利ですし，また，カナ表記の発音でもドイツ人には十分に通じるドイツ語になります。）

2　アクセント

- アクセントは基本的に第1音節にあります（上掲の囲みや以下の例を参照）。

> 注　前つづり be-, emp-, ent-, er-, ge-, ver-, zer- にはアクセントを置きません。
>
> | Beruf | [bərúːf] | ベルーフ] | 職業 |
> |---|---|---|---|
> | empfehlen | [εmpféːlən] | エムプフェーレン] | 勧める |
> | Entscheidung | [εntʃáidʊŋ] | エントシャイドゥング] | 決定 |
> | erklären | [εrkléːrən] | エアクレーレン] | 説明する |

gesund	[gəzónt ゲズント]		健康な
Verletzung	[fɛɐlétsʊŋ フェアレッツング]		怪我
zerstören	[tsɛɐʃtǿːrən ツェアシュテーレン]		破壊する

3 ドイツ語特有のつづりの読み方

3.1 母音の長短

① アクセントのある母音の場合，後ろに**子音字が一つ**ならば，長母音，二つ以上ならば，短母音（例外もかなりあります）。

   Name [náːmə ナーメ]   名前 〈子音字一つ；長く読む〉
   dunkel [dʊ́ŋkəl ドゥンケル] 暗い 〈子音字二つ；短く読む〉

注 同一子音字の例：kommen [kɔ́mən コンメン] 来る，Bitte [bɪ́tə ビッテ] 願い。

② 二重母音字 **aa, ee, oo** は各母音の，**ie** は i の長母音であることを示す。

   Saal [zaːl ザール] ホール   Tee [teː テー]   茶
   Boot [boːt ボート] 舟   Liebe [líːbə リーベ] 愛

③ 母音の後ろの **h** は前の母音が長母音であることを示す。

   Kuh [kuː クー] 雌牛

注 長母音の印でない h は当然，読まれます：Haus [haʊs ハオス] 家。

④ **ss** も **ß** も [s]。前が短母音の場合は ss を，長母音の場合は ß を使う。

   Fluss [flʊs フルス] 川   Fuß [fuːs フース] 足

3.2 特殊な母音

① ウムラウト（変母音）

   ä [エ，エー]   Lärm [lɛrm レルム]   騒音
   （アー・ウムラウト）   Träne [trɛ́ːnə トレーネ] 涙
   ö [エ，エー]   öffnen [œ́fnən エフネン] 開ける
   （オー・ウムラウト）   hören [hǿːrən ヘーレン] 聞く
   ü [ユ，ユー]   Hütte [hýtə ヒュッテ]   小屋
   （ウー・ウムラウト）   grün   [gryːn グリューン] 緑の

② 二重母音

   au [アオ]* Baum [baʊm バオム]   木
   *音としては [アウ] よりも [アオ] に近い。
   ei [アイ]   Heimat [háɪmaːt ハイマート] 故郷

> 注 ai, ay も［アイ］：**M**ai [maɪ マイ] 5月，**B**ayern [báɪɐn バイアン] バイエルン。

eu	［オイ］	h**eu**te	[hɔ́ɪtə ホイテ]	きょう
äu		tr**äu**men	[trɔ́ɪmən トロイメン]	夢見る

3.3 子音

① 発音が英語と異なるつづり

j	［ヤ］	**J**apan	[jáːpan ヤーパン]	日本
v	［フ］	**V**ogel	[fóːgəl フォーゲル]	鳥
w	［ヴ］	**W**ein	[vaɪn ヴァイン]	ワイン
x	［クス］	Ta**x**i	[táksi タクスィ]	タクシー
z	［ツ］	**Z**ug	[tsuːk ツーク]	列車

> 注 tz, ts, ds も［ツ］：Katze [kátsə **カッツェ**] 猫，rechts [rɛçts **レヒツ**] 右に，abends [áːbənts **アーベンツ**] 夕方に。

② 複合的つづり

chs	［クス］	se**chs**	[zeks ゼックス]	6（数）
pf	［プフ］	A**pf**el	[ápfəl アップフェル]	りんご
qu	［クヴ］	**Qu**elle	[kvɛ́lə クヴェレ]	泉
sch	［シュ］	Men**sch**	[mɛnʃ メンシュ]	人間
tsch	［チュ］	Deu**tsch**	[dɔɪtʃ ドイチュ]	ドイツ語

③ 使い方に条件のあるつづり

s + 母音 ［ズ］ Ro**s**e [róːzə ローゼ] バラ

ch — a / o / u / au の後ろ ［x；ハ, ホ, フ］

Na**ch**t	[naxt ナハト] 夜	Ko**ch**	[kɔx コッホ] 料理人
Bu**ch**	[buːx ブーフ] 本	au**ch**	[aʊx アオホ] …も

> 注 -en が後続すると［ヘン］：kochen ［コッヘン］「料理する」。

— その他の場合 ［ç；ヒ］

Li**ch**t	[liçt リヒト] 光	e**ch**t	[ɛçt エヒト] 本物の
China	[çíːna ヒーナ] 中国	Mil**ch**	[mɪlç ミルヒ] ミルク

語頭の	**sp-**	［シュプ］	**Sp**ort	[ʃpɔrt シュポルト]	スポーツ
	st-	［シュト］	**St**ein	[ʃtaɪn シュタイン]	石
語末の	**-b**	［プ］	hal**b**	[halp ハルプ]	半分の
	-d	［ト］	Hun**d**	[hʊnt フント（トゥ）]	犬

-g	[ク]	Berg	[bɛrk ベルク]	山
-ig	[イヒ]	ruhig	[rúːɪç ルーイヒ]	静かな

4 複合語，派生語

- 複合語と派生語（→補足3）の場合，元の発音が保持されます。ただし，語全体の主要アクセントは，通常，前方の語が担います。

    Deutsch [dɔɪtʃ] ドイツ語 ＋ Lehrer [léːrɐ] 先生
      → D**eu**tschlehrer [ドイチュレーラー] ドイツ語教師
    einsam [áɪnzaːm] 孤独な ＋ -keit [kaɪt]（接辞）
      → **Ei**nsamkeit [アインザームカイト] 孤独

5 外来語

- 外来語の発音とアクセントは多様なので，個別的に学ぶことが必要です。

Ch**e**f	[ʃɛf シェフ]	チーフ		G**e**nie	[ʒeníː ジェニー]	天才
Th**e**ma	[téːma テーマ]	テーマ		V**a**se	[váːzə ヴァーゼ]	花瓶

コラム　r の発音と語末の -[e]r

- **喉びこの r の発音** — 喉の奥を鏡で覗くと，上の方から小さな赤い肉片が垂れ下がっています。この「喉びこ」を震わすのがドイツ語の r の発音です。「喉びこ」を震わせる練習の最も古典的な方法は「水を口に含まずにうがいをする」というものです。うがいをする時に上を向いて喉をゴロゴロと鳴らしますが，その時「喉びこ」が動いているのです。したがって，うがいをするつもりで，上を向いて，喉をゴロゴロ鳴らしてみればよいということになります。なお，「喉びこ」が少し震わせられるようになったら，Gras「草」などの，子音 g で始まる語で具体的に練習するのがよいようです。

- **-r と -er の母音化** — 子音字 r は長母音の後ろで（ただし [aː] を除く），また，-er は語末で，それぞれ母音化し，[ア]に近い音になります。

-r	Tü**r**	[テューア]	ドア	hie**r** [ヒーア]	ここ
	U**r**laub	[ウーアラオプ]	休暇（音節末も含む）		
-er	Tocht**er**	[トホター]	娘	dies**er** [ディーザー]	この

注1　語末の -r が「母音化」しない例：Haar [ハール] 髪。
注2　定冠詞 der，人称代名詞 er，副詞 her の -er は，r のみが母音化し，[デア]，[エア]，[ヘーア] と発音します。

補足3　造語（複合語，派生語）

1 **Tier**arzt　獣医	2 a) **Un**glück　不運
	b) glück**lich**　幸福な

- 上例 1 の Tierarzt は二つの語 Tier「動物」と Arzt「医者」を結びつけたもの。このように語と語を結びつけたものを複合語と呼びます。なお，末尾の語を基礎語と呼びます。

[類例]　基礎語が名詞（複合名詞）

名詞 ＋ 名詞	→ 107 頁。	
形容詞 ＋ 名詞	**Neu**jahr	新年
	Rotwein	赤ワイン
動詞語幹 ＋ 名詞	**Ess**zimmer	食堂（＜ essen）
	Wohnzimmer	居間（＜ wohnen）

基礎語が形容詞（複合形容詞）

名詞 ＋ 形容詞	**wein**rot	ワインレッドの
	zahlreich	多数の
形容詞 ＋ 形容詞	**süß**sauer	甘酸っぱい
	tiefrot	真紅の

注1　**分離動詞**は，分離前つづりが自立的な意味を持つということで，通常，動詞的複合語，すなわち複合動詞として扱われます。分離前つづり，分離動詞は→ 64 頁。

注2　語と語の結びつけ方の主なタイプとして以下のものがあります。
① 語と語を**単に**結びつける（上例）。
② 語末の **-e-** を削除して結びつける：Erdbeben 地震（＜ Erde 地球）。
③ **-s-** または **-es-** を介して結びつける：Geburt**s**tag 誕生日，Jahr**es**ende 年末。
④ **複数形**の形で結びつける：**Kinder**zimmer 子供部屋，**Wörter**buch 辞書。

- 上例 2 の a の Unglück は名詞 Glück「幸福」に un- を結びつけたもの，b の glücklich は Glück に -lich を付けたもの。前者は語の意味を変え，-lich は品詞を変えています。このような，それ単独では使われることがないのですが，語の意味や文法的特性（たとえば品詞）を変える働きをするものを接辞と呼び，語と接辞が結びついて作る語を派生語と呼びます。なお，un- のように前に付ける接辞を接頭辞，後ろに付ける接辞を接尾辞と呼びます。

注1　**非分離動詞**は，本来，派生動詞とすべきでしょうが，本書では，便宜上，分離・非分離動詞も含めて，複合動詞として扱います。非分離前つづり，非分離動詞は→ 66

頁，分離・非分離前つづり，分離・非分離動詞は→67頁。

注2 動詞の名詞化は→87頁，現在分詞の形容詞化は→101頁，過去分詞の形容詞化は→106頁。

注3 名詞や形容詞から作られた派生動詞もあります。たとえば **nummer**ieren 通し番号を付ける（< Nummer 番号），er**leicht**ern 軽くする（< leicht 軽い）。

《主な接辞（カッコ内は意味あるいは文法的特性）》

A　接頭辞

anti-	（「反…」）	**Anti**babypille	（口語）経口避妊薬
ge-	（「…の集合」）	**Ge**birge	山岳地帯
haupt-	（「主要な…」）	**Haupt**rolle	主役
miss-	（「…の逆」）	**Miss**erfolg	不成功
un-	（「…でない」）	**Un**ordnung	無秩序
ur-	（「原初の…」）	**Ur**wald	原始林

注 上例は名詞のみです。各接頭辞の形容詞（一部動詞）の具体例は辞書で確認してください。

B　接尾辞（右側の（ ）は派生元の語）

-**er**	（「…する人」）	Lehr**er**	教師（< lehren）
		Musik**er**	音楽家（< Musik）
	（「どこそこの」）	Wien**er**	ウィーンの（< 地名）
-**in**	（「女性の…」）	Ärzt**in**	女医（< Arzt）
-**chen**	（「小さい…」）	Kätz**chen**	小猫（< Katze）
-**lein**	（「小さい…」）	Vög**lein**	小鳥（< Vogel）
-**bar**	（「…ができる」）	trink**bar**	飲める（< trinken）
-**frei**	（「…のない」）	steuer**frei**	免税の（< Steuer）
-**los**	（「…のない」）	arbeits**los**	無職の（< Arbeit）
-**halber**	（「…のために」）	ehren**halber**	名誉のために（< Ehre）
-**heit**	（女性名詞を作る）	Krank**heit**	病気（< krank）
-**keit**	（女性名詞を作る）	Einsam**keit**	孤独（< einsam）
-**schaft**	（女性名詞を作る）	Freund**schaft**	友情（< Freund）
-**ung**	（女性名詞を作る）	Entwickl**ung**	発展（< entwickeln）
-**nis**	（中性・女性名詞を作る）	Finster**nis**	暗闇（< finster）
-**ling**	（男性名詞を作る）	Prüf**ling**	受験者（< prüfen）
-**lich**	（形容詞を作る）	gefähr**lich**	危険な（< Gefahr）

注 -fach（倍数），-mal（回数）は→280頁。

補足4　数詞

1　基数

0	null	1	**eins**	2	zwei
3	drei	4	vier	5	fünf
6	sechs	7	sieben	8	acht
9	neun	10	**zehn**		
11	elf	12	zwölf	13	dreizehn
14	**vierzehn**[a]	15	fünfzehn	16	**sechzehn**[b]
17	**siebzehn**[b]	18	**achtzehn**[c]	19	neunzehn
20	**zwanzig**	21	einundzwanzig	22	zweiundzwanzig
23	dreiundzwanzig	24	vierundzwanzig	25	fünfundzwanzig
30	dreißig	40	**vierzig**[a]	50	fünfzig
60	**sechzig**[b]	70	**siebzig**[b]	80	**achtzig**[c]
90	neunzig				

100　**einhundert**：（しばしば簡略化して）hundert
101　hundert[und]eins
123　hundert[und]dreiundzwanzig
200　zweihundert　　　300　dreihundert　　　400　vierhundert

1 000　**eintausend**：（しばしば簡略化して）tausend
1 001　tausend[und]eins
1 234　tausendzweihundert[und]vierunddreißig
2千　zweitausend
1万　zehntausend
22 222　zweiundzwanzigtausendzweihundert[und]zweiundzwanzig
十万　hunderttausend
222 222　zweihundertzweiundzwanzigtausendzweihundert[und]zweiundzwanzig

百万　eine **Million**（女性名詞）
千万　zehn Millionen
1億　hundert Millionen
10億　eine **Milliarde**（女性名詞）

a) vier- は [fír-] と短母音になります。
b) sechs- は sech- に，sieben- は sieb- になります。
c) acht- の t は -zehn, -zig の z と融合し，[áxtseːn], [áxtsıç] となります。

注1 数字1は数字の末尾に置かれる場合，**eins**：hunderteins「101」。その他は ein (**ein**undzwanzig「21」)。なお，アクセントを伴い，「一つの」という意味で名詞に結びつけて使う場合，不定冠詞と同一の格変化をします。
　Nur **einen** Kuss — mehr will ich nicht von dir.
　一度だけ口づけを — それ以上は君から求めません。

注2 数字2と3は，格を示すために，格変化することがあります。
　innerhalb **zweier**<**dreier**> Jahre　2年〈3年〉以内に

注3 数字2の zwei は，drei と明確に区別するため，**zwo** と言うことがあります。

注4 10の位の数は原則的に基数に **-zig** を付けます。ただし30のみが **-ig**。また40, 80 は発音が，そして60, 70 はつづりと発音が1桁の基数と微妙に異なります。

注5 3桁を越える場合，3桁ごとに字間を空けます（金額の場合はピリオドでも可 → 1.000 Euro；単なる番号を示す場合，字間を空けずに書くこともあります）。

注6 hunderteins, tausendeins を名詞と結びつける場合，hundert**und**ein + 格語尾 + 単数形 (hundert**und**eine Katze 101匹の猫) となることもあります（ただし und が必要です；hundert **Katzen** und eine Katze の縮約形と考えるとよいと思います）。

注7 年号は → 283頁。

2　序数（カッコ内は基数）

-t-	1.	erst- (eins)	2.	zweit- (zwei)	3.	dritt- (drei)	
	4.	viert- (vier)	5.	fünft- (fünf)	6.	sechst- (sechs)	
	7.	siebt- (sieben)	8.	acht- (acht)	9.	neunt- (neun)	
	10.	zehnt- (zehn)					
	11.	elft- (elf)			12.	zwölft- (zwölf)	
	13.	dreizehnt- (dreizehn)			14.	vierzehnt- (vierzehn)	
	16.	sechzehnt- (sechzehn)			18.	achtzehnt- (achtzehn)	
-st-	20.	zwanzigst- (zwanzig)			30.	dreißigst- (dreißig)	
	21.	einundzwanzigst- (einundzwanzig)					
	32.	zweiunddreißigst- (zweiunddreißig)					
	100.	hundertst- (hundert)					
	101.	hunderterst- (hunderteins)			102.	hundertzweit- (hundertzwei)	
	123.	hundertdreiundzwanzigst- (hundertdreiundzwanzig)					
	1 000.	tausendst- (tausend)					

- 「第何番目の」を表す序数を数字で書く場合，後ろにピリオド「.」を打ちます。「1.」から「19.」までは基本的に基数 + -t。これらの序数を末尾に持たない序数（たとえば 29.）は基数 + -st になります。
- 名詞と結びつける場合，通常，定冠詞が付き，形容詞としての格変化をします。以下，1格と2格を例示します。

　　男性名詞　〈1格〉　der 2. (zweite) Weltkrieg　第2次世界大戦
　　　　　　　〈2格〉　des 2. (zweiten) Weltkrieges
　　女性名詞　〈1格〉　die erste Liebe　初恋
　　　　　　　〈2格〉　der ersten Liebe
　　中性名詞　〈1格〉　mein zweites Kind　私の2番目の子
　　　　　　　〈2格〉　meines zweiten Kindes

注1 序数 + -ens で順番を表す副詞を作ります。
　erstens 最初に　　zweitens 2番目に　　drittens 3番目に
注2 zu + 序数で「…人で」という意味の熟語的表現を作ります。
　Wir sind zu dritt.　私たちは（合計で）3名です（zu dreien は「3人ずつ」）。

3　分数，小数，反復数，倍数，数式

a) $\frac{1}{3}$ = ein drittel　　$\frac{3}{4}$ = drei viertel　　(⅓, ¾ とも書きます。)

b) 0,5 = null Komma fünf　　　　1,66 = eins Komma sechs sechs

c) einmal　　1回　　　　　　siebenmal　　7回

d) zweifach　2倍の；2重の　　dreifach　　3倍の；3重の

e) 2 + 3 = 5　Zwei und drei ist fünf. / Zwei plus drei ist fünf.
　　5 − 3 = 2　Fünf minus drei ist zwei.
　　2 × 3 = 6　Zwei mal drei ist sechs.
　　6 : 3 = 2　Sechs geteilt durch drei ist zwei.

- 上例 a は分数 (Bruchzahl)。分子は基数で，分母は序数 + -el で表します。数量に関わる名詞と結びつけて使います。分数には格語尾を付けませんが，基数，特に ein は名詞の文法上の性に応じて格変化します（最後の例）。

　　ein drittel Kilo　　　　　　3分の1キロ
　　zwei drittel Liter Milch　　3分の2リットルのミルク
　　eine hundertstel Sekunde　100分の1秒

　名詞として使う場合は大文字で書きます（中性名詞）。

ein **Drittel** des Weges　　道のりの3分の1
ein **Achtel** des Betrages　　金額の8分の1

複合名詞化することもあります。

eine **Viertel**stunde　15分間　　ein **Viertel**liter　4分の1リットル

注1 ½ を表す場合，形容詞 halb あるいは名詞 Hälfte を使います。
ein **halbes** Jahr　半年
die erste **Hälfte** eines Jahres　1年の最初の半分

注2 帯分数は，以下のように，整数と分数を並列させます。
1 ⅔　（通常の読み方：ein zwei drittel）
3 ⅘　（通常の読み方：drei vier fünftel）

特に分数が ½ の場合，einein**halb**（1 ½），andert**halb**（1 ½），zweiein**halb**（2 ½）のようにも言います。また，結びつく名詞は複数形になります：andert**halb** Jahre 1年半。

- 上例 b は少数（Dezimalbruch）。小数点は Komma（ピリオドでなく，コンマを使います）。小数点以下は数字を一つずつ読みます。

  (類例)　3,21　　（読み方：drei Komma zwei eins）
  　　　　2,3 m　（読み方：zwei Komma drei Meter）　2.3 メートル
  　　　　1,7 l　（読み方：eins Komma sieben Liter）　1.7 リットル
  　　　　0,1 Prozent der Bevölkerung（読み方：null Komma eins Prozent）
  　　　　住民の0.1パーセント

  注1 Meter に関しては，次のように，Komma を読まない言い方も可能です。
  2,3 m = zwei Meter dreißig (Zentimeter)

  注2 金額に関しては，Komma を読まない言い方のみが可能です。
  5,30 Euro = fünf Euro dreißig (Cent)

- 上例 c は反復数。基数 + -mal で表します。

  einmal am Tag　日に一度　　**zweimal** pro Jahr　年に2度
  Letztes Jahr bin ich **dreimal** in Deutschland gewesen.
  昨年私は3度ドイツに行きました。

- 上例 d は倍数。基数 + -fach で表します。

  die **dreifache** Menge　3倍の量

- 上例 e は四則計算の読み方です。等号「＝」は ist と読むのがふつうです。引き算の場合，minus の代わりに，weniger と読むこともあります。掛け算の場合，「・」も使います（2・3 = 6）。割り算の場合，「÷」は使いません。

  注 累乗数，たとえば「3^2」は，drei hoch zwei と読みます。

補足5　時刻，年月日

1　時刻

		読み方	表記法		
a)	1時	ein Uhr, eins	1:00	1.00	1^{00}
	2時	zwei (Uhr)	2:00	2.00	2^{00}
	20時	zwanzig Uhr	20:00	20.00	20^{00}
b)	3時30分	drei Uhr dreißig	3:30	3.30	3^{30}
		halb vier	（「4時に向かって半分進んだ」の意）		
c)	4時15分	vier Uhr fünfzehn	4:15	4.15	4^{15}
		Viertel nach vier			
	5時45分	fünf Uhr fünfundvierzig	5:45	5.45	5^{45}
		Viertel vor sechs	（「6時15分前」の意）		
d)	6時10分	zehn nach sechs	6:10	6.10	6^{10}
	7時50分	sieben Uhr fünfzig	7:50	7.50	7^{50}
		zehn vor acht	（「8時10分前」の意）		

- ドイツ語も，日本語と同じように，時刻表示に12時間制を使う場合（口語）と24時間制を使う場合（時刻表などの公式表示）があります。
- 上例 a は「…時」を表す場合。基数 + Uhr の形を使います。ただし，口語ではしばしば Uhr を省略します。「1時」の場合は ein Uhr（［誤］eine Uhr），また，口語では単に eins とも言います（→下の具体例）。
b は「…時30分」「…時半」を表す場合。halb を使うのは口語，Uhr は省略します。
c は「…時15分」「…時45分」を表す場合。名詞 Viertel「4分の1」を使うのは口語，Uhr は省略します。
d は，a, b, c の間の時間を表す場合。数字（時）+ Uhr + 数字（分）あるいは数字（分）+ nach / vor + 数字（時）の形になります。

[類例]　8時25分 = acht Uhr fünfundzwanzig
　　　　　　　　　zwanzig Uhr fünfundzwanzig（24時間制）
　　　　　　　　　fünf vor halb neun（口語）

- 時刻表現　Wie viel Uhr ist es? / Wie spät ist es?　　何時ですか？
　　　　　　— Es ist ein Uhr. / Es ist eins.　　　　　　1時です。
　　　　　　Ich stehe um sechs (Uhr) auf.　　　　　　私は6時に起きます。

> 注 1から12の数字を使う場合，午前中なのか午後なのかをはっきりさせるために，**morgens**，**abends**，**nachts** などの副詞を付けることがあります。
> um halb acht **morgens**　朝7時半に　　bis sechs Uhr **abends**　夕方の6時まで
> Es ist zwei Uhr **nachts**.　夜の2時です。

2　年月日

> a) Welcher Tag ist heute?　　　　きょうは何日ですか？
> — Heute ist **der 3.** (dritte) **Mai**.　きょうは5月3日です。
> b) Beethoven ist **1827** gestorben.　ベートベンの没年は1827年です。

- 上例 a の **der 3.** は日にち。**定冠詞 + 序数**。男性名詞の格変化をします。

  > 注1 日にちに関する表現。
  > **Der wievielte** ist morgen?
  > = **Welchen Tag**<**Den wievielten**> haben wir morgen?
  >   明日は何日ですか？
  > Heute haben wir **den 3. Mai**.　きょうは5月3日です。（dritten と読む）
  > Morgen ist **der 10. April**.　明日は4月10日です。（zehnte と読む）
  > なお，月名を付けずに，文字で書く場合，大文字を使います。
  > Heute haben wir den **Ersten**.　きょうは1日です。
  > 注2 曜日を尋ねるあるいは言う場合は下例 a，b のように，曜日と日にちを共に言う場合は下例 c のように言います。
  > a) **Welcher Wochentag** ist heute?　きょうは何曜日ですか？
  > b) Heute ist **Sonntag**.　きょうは日曜日です。
  > c) Heute ist **Montag, der dritte Mai**.　きょうは5月3日，月曜日です。
  > 注3 「…日に」と言う場合，前置詞 an の，定冠詞との融合形 am を使います。
  > Er ist **am 8. Mai** geboren.　彼は5月8日に生まれました。

- 上例 b の数字は西暦年数。in Jahr 1827 とも言います。
  西暦年数は1099年まで基数と同じように読み，1100年から1999年までは百の単位で区切ります。2001年以降は zweitausend- に基数を付けます。
   999年　neunhundertneunundneunzig　　　　1200年　zwölfhundert
  1999年　neunzehnhundertneunundneunzig　　2001年　zweitausendeins
  2019年　zweitausendneunzehn

  > 類例　Die Olympischen Sommerspiele 2020 sollen vom 24. Juli bis zum 9. August 2020 in Tokio stattfinden.　夏季オリンピック2020は2020年7月24日から8月9日まで東京で開催される予定です。（日にちを付ける場合，im Jahr は付けません。数字は続けて書きます。）

補足6　弱音節の e

- ドイツ語には，口調上の関係でアクセントのない音節の e（=弱音節の e）の連続を「避ける」という原則があります。
- 不定詞の語尾は本来 -en ですが，語幹が**弱音節の e** で終わる動詞，たとえば lächeln, rudern の場合，語尾が -n になります（→ 9 頁）。それはなぜか？ です。もしこれらの動詞に語尾 -en を付けると，lächeln, ruderen のように**弱音節の e** が連続します。しかし，ドイツ語には「**弱音節の e の連続を避ける**」という原則があるので，語幹末尾が**弱音節の e** の場合，e のない語尾 -n を付けるのです。
- 非分離前つづり be-, er-, ver-, zer- などを持つ動詞の過去分詞は ge- を付けずに作ります（→ 14 頁）。それはなぜか？ です。もしこれらの動詞，たとえば besuchen の過去分詞に ge- を付けると，gebesucht のように**弱音節の e** が連続します。しかし，ドイツ語には「**弱音節の e の連続を避ける**」という原則があるので，be-, er-, ver-, zer- などの非分離動詞の過去分詞は ge- を付けずに作るのです。
- 男性名詞と中性名詞の単数 2 格語尾には -es と -s の 2 種類がありますが，語幹が**弱音節の e** で終わる名詞，たとえば Lehrer, Onkel は 2 格語尾 -es を付けることはありません（→ 122 頁）。それはなぜか？ です。もしこれらの名詞に語尾 -es を付けると，Lehreres, Onkeles のように，**弱音節の e** が連続します。しかし，ドイツ語には「**弱音節の e の連続を避ける**」という原則があるので，語幹末尾が**弱音節の e** の名詞の 2 格語尾は必ず e のない語尾 -s になるのです。なお，複数形語尾に関しては 116 頁上 注 。
- 末尾が「**弱音節の e**」の所有冠詞 euer などに格語尾を付ける場合，通常，語幹あるいは語尾の e を省きます（→ 173 頁）。それはなぜか？ です。もしこれらの所有冠詞に格語尾を付けると，eueres, euerem のように，**弱音節の e** が連続します。しかし，ドイツ語には「**弱音節の e の連続を避ける**」という原則があるので，語幹末尾が**弱音節の e** の所有冠詞に格語尾を付ける場合，語幹または語尾の e を省くのです。

> 注1 語頭にアクセントを持たない，たとえば studieren などの外来語動詞なども，過去分詞に ge- を付けませんが，これも「弱音節の e の連続を避ける」という原則によるものです（→ 14 頁）。
> 注2 形容詞 weise に格語尾や比較語尾を付ける場合，weise-er でなく，weiser になったり（→ 235 頁 注），Dame の複数形が Dame-en でなく，Damen になったりするのは（→ 116 頁上 注），音としての e の連続を避けるという別の原則によるものです。

補足7　動詞句，名詞句の変化形一覧

1　動詞

1.1　直説法・能動態

1.1.1　現在人称変化

規則変化動詞は→補足 8，不規則変化動詞は→補足 9

1.1.2　過去人称変化

規則変化動詞は→補足 8，不規則変化動詞は→補足 9

1.1.3　単純未来人称変化 ─────────────────

ich	werde	… gewinnen	wir	werden	… gewinnen
du	wirst	… gewinnen	ihr	werdet	… gewinnen
er	wird	… gewinnen	sie	werden	… gewinnen

1.1.4　現在完了人称変化 （haben 支配；sein 支配は→ 18 頁） ─────

ich	habe	… gehört	wir	haben	… gehört
du	hast	… gehört	ihr	habt	… gehört
er	hat	… gehört	sie	haben	… gehört

1.1.5　過去完了人称変化 （sein 支配；haben 支配は→ 21 頁）─────

ich	war	… gekommen	wir	waren	… gekommen
du	warst	… gekommen	ihr	wart	… gekommen
er	war	… gekommen	sie	waren	… gekommen

1.1.6　未来完了人称変化 （haben 支配；sein 支配は→ 23 頁）─────

ich	werde	… gelernt haben	wir	werden	… gelernt haben
du	wirst	… gelernt haben	ihr	werdet	… gelernt haben
er	wird	… gelernt haben	sie	werden	… gelernt haben

1.2　直説法・受動態

1.2.1　現在人称変化 ───────────────────

ich	werde	… gewählt	wir	werden	… gewählt
du	wirst	… gewählt	ihr	werdet	… gewählt
er	wird	… gewählt	sie	werden	… gewählt

1.2.2 過去人称変化

ich	wurde	... gewählt	wir	wurden	... gewählt
du	wurdest	... gewählt	ihr	wurdet	... gewählt
er	wurde	... gewählt	sie	wurden	... gewählt

1.2.3 単純未来人称変化

ich	werde	... gewählt werden	wir	werden	... gewählt werden
du	wirst	... gewählt werden	ihr	werdet	... gewählt werden
er	wird	... gewählt werden	sie	werden	... gewählt werden

1.2.4 現在完了人称変化

ich	bin	... gelobt worden	wir	sind	... gelobt worden
du	bist	... gelobt worden	ihr	seid	... gelobt worden
er	ist	... gelobt worden	sie	sind	... gelobt worden

1.2.5 過去完了人称変化

ich	war	... gelobt worden	wir	waren	... gelobt worden
du	warst	... gelobt worden	ihr	wart	... gelobt worden
er	war	... gelobt worden	sie	waren	... gelobt worden

1.2.6 未来完了人称変化

ich	werde	... gelobt worden sein	wir	werden	... gelobt worden sein
du	wirst	... gelobt worden sein	ihr	werdet	... gelobt worden sein
er	wird	... gelobt worden sein	sie	werden	... gelobt worden sein

1.3 接続法

1.3.1 接Ⅰ・現在

ich	kaufe	wir	kaufen
du	kaufest	ihr	kaufet
er	kaufe	sie	kaufen

1.3.2 接Ⅱ・現在（左は**規則変化**動詞；右は**不規則変化**動詞，→ 44頁も）

ich	kaufte	wir	kauften	ich	käme	wir	kämen
du	kauftest	ihr	kauftet	du	kämest	ihr	kämet
er	kaufte	sie	kauften	er	käme	sie	kämen

1.3.3 接 I 過去

〈haben 支配〉

ich	**habe**	... gekauft	wir	**haben**	... gekauft
du	**habest**	... gekauft	ihr	**habet**	... gekauft
er	**habe**	... gekauft	sie	**haben**	... gekauft

〈sein 支配〉

ich	**sei**	... gekommen	wir	**seien**	... gekommen
du	**sei[e]st**	... gekommen	ihr	**seiet**	... gekommen
er	**sei**	... gekommen	sie	**seien**	... gekommen

1.3.4 接 II 過去

〈haben 支配〉

ich	**hätte**	... gekauft	wir	**hätten**	... gekauft
du	**hättest**	... gekauft	ihr	**hättet**	... gekauft
er	**hätte**	... gekauft	sie	**hätten**	... gekauft

〈sein 支配〉

ich	**wäre**	... gekommen	wir	**wären**	... gekommen
du	**wär[e]st**	... gekommen	ihr	**wär[e]t**	... gekommen
er	**wäre**	... gekommen	sie	**wären**	... gekommen

1.3.5 接 I 未来

ich	**werde**	... kommen	wir	**werden**	... kommen
du	**werdest**	... kommen	ihr	**werdet**	... kommen
er	**werde**	... kommen	sie	**werden**	... kommen

1.3.6 würde 形式

〈接続法現在の代用形〉

ich	**würde**	... kommen	wir	**würden**	... kommen
du	**würdest**	... kommen	ihr	**würdet**	... kommen
er	**würde**	... kommen	sie	**würden**	... kommen

〈接続法過去の代用形〉

ich	**würde**	... gekauft haben	wir	**würden**	... gekauft haben
du	**würdest**	... gekauft haben	ihr	**würdet**	... gekauft haben
er	**würde**	... gekauft haben	sie	**würden**	... gekauft haben

2　名詞・代名詞

2.1　定冠詞 + 名詞

	単数						複数	
1格	**der**	Abend	**die**	Stadt	**das**	Haus	**die**	Häuser
2格	**des**	Abend**s**	**der**	Stadt	**des**	Haus**es**	**der**	Häuser
3格	**dem**	Abend	**der**	Stadt	**dem**	Haus	**den**	Häuser**n**
4格	**den**	Abend	**die**	Stadt	**das**	Haus	**die**	Häuser

2.2　不定冠詞 + 名詞（複数なし）

1格	**ein**	Abend	**eine**	Stadt	**ein**	Haus
2格	**eines**	Abend**s**	**einer**	Stadt	**eines**	Haus**es**
3格	**einem**	Abend	**einer**	Stadt	**einem**	Haus
4格	**einen**	Abend	**eine**	Stadt	**ein**	Haus

2.3　人称代名詞

		1人称	2人称		3人称		
			親称	敬称	男性	女性	中性
単数	1格	ich	du	Sie	er	sie	es
	3格	**mir**	**dir**	**Ihnen**	**ihm**	**ihr**	**ihm**
	4格	**mich**	**dich**	**Sie**	**ihn**	**sie**	**es**
複数	1格	wir	ihr	Sie		sie	
	3格	**uns**	**euch**	**Ihnen**		**ihnen**	
	4格	**uns**	**euch**	**Sie**		**sie**	

2.4　再帰代名詞（3格, 4格）

	ich	wir	du	ihr	er / sie / es	sie	Sie	Sie
3格	**mir**	**uns**	**dir**	**euch**	sich	sich	sich	sich
4格	**mich**	**uns**	**dich**	**euch**	sich	sich	sich	sich

2.5　関係代名詞

	男性	女性	中性	複数
1格	**der**	**die**	**das**	**die**
2格	dessen	deren	dessen	deren
3格	**dem**	**der**	**dem**	denen
4格	**den**	**die**	**das**	**die**

3　冠詞類
3.1　定冠詞類（dieser 型）

	男性	女性	中性	複数
1格	dies**er**	dies**e**	dies**es**	dies**e**
2格	dies**es**	dies**er**	dies**es**	dies**er**
3格	dies**em**	dies**er**	dies**em**	dies**en**
4格	dies**en**	dies**e**	dies**es**	dies**e**

3.2　不定冠詞類（mein 型）

	男性	女性	中性	複数
1格	mein	mein**e**	mein	mein**e**
2格	mein**es**	mein**er**	mein**es**	mein**er**
3格	mein**em**	mein**er**	mein**em**	mein**en**
4格	mein**en**	mein**e**	mein	mein**e**

4　形容詞（名詞は省略）
4.1　冠詞類なし + 形容詞（＋ 名詞）　（dieser の語尾と比較）

	男性	女性	中性	複数
1格	heiß**er**	frisch**e**	kalt**es**	warm**e**
2格	heiß**en**	frisch**er**	kalt**en**	warm**er**
3格	heiß**em**	frisch**er**	kalt**em**	warm**en**
4格	heiß**en**	frisch**e**	kalt**es**	warm**e**

4.2　不定冠詞類 + 形容詞（＋ 名詞）
（枠以外の語尾はすべて -en）

	男性		女性		中性		複数	
1格	mein	-er	meine	-e	mein	-es	meine	-en
2格	meines	-en	meiner	-en	meines	-en	meiner	-en
3格	meinem	-en	meiner	-en	meinem	-en	meinen	-en
4格	meinen	-en	meine	-e	mein	-es	meine	-en

4.3　定冠詞類 + 形容詞（＋ 名詞）
（枠以外の語尾はすべて -en）

	男性		女性		中性		複数	
1格	der	-e	die	-e	das	-e	die	-en
2格	des	-en	der	-en	des	-en	der	-en
3格	dem	-en	der	-en	dem	-en	den	-en
4格	den	-en	die	-e	das	-e	die	-en

補足8　規則変化動詞の変化形一覧 （青字は三基本形）

《基本的な動詞》

		直説法現在形		直説法過去形	
lernen		ich lerne	wir lernen	ich **lernte**	wir lernten
学ぶ		du lernst	ihr lernt	du lerntest	ihr lerntet
		er lernt	sie lernen	er lernte	sie lernten
	過去分詞	**gelernt**		現在分詞	lernend
	接Ⅱ	lernte			
	命令形	lern[e]!	lernt!		lernen Sie!

《語幹が -d, -t などで終わる動詞》

warten		ich warte	wir warten	ich **wartete**	wir warteten
待つ		du wartest	ihr wartet	du wartetest	ihr wartetet
		er wartet	sie warten	er wartete	sie warteten
	過去分詞	**gewartet**		現在分詞	wartend
	接Ⅱ	wartete			
	命令形	wart[e]!	wartet!		warten Sie!

《語幹が -s, -ss / -ß, -x, -tz, -z などで終わる動詞》

reisen		ich reise	wir reisen	ich **reiste**	wir reisten
旅をする		du reist	ihr reist	du reistest	ihr reistet
		er reist	sie reisen	er reiste	sie reisten
	過去分詞	**gereist**		現在分詞	reisend
	接Ⅱ	reiste			
	命令形	reis[e]!	reist!		reisen Sie!

《語幹が -el, -er で終わる動詞》

lächeln		ich lächle	wir lächeln	ich **lächelte**	wir lächelten
ほほえむ		du lächelst	ihr lächelt	du lächeltest	ihr lächeltet
		er lächelt	sie lächeln	er lächelte	sie lächelten
	過去分詞	**gelächelt**		現在分詞	lächelnd
	接Ⅱ	lächelte			
	命令形	**lächle**! / lächele!	lächelt!		lächeln Sie!

補足9　不規則変化動詞の変化形一覧と主な不規則変化動詞 (青字は三基本形)

《基本的な不規則タイプ》

kommen　直説法現在形　　　　　　　　　　直説法過去形
来る
	ich komme	wir kommen	ich **kam**	wir kamen
	du kommst	ihr kommt	du kamst	ihr kamt
	er kommt	sie kommen	er kam	sie kamen
過去分詞	**gekommen**		現在分詞	kommend
接 II	**käme**			
命令形	komm[e]!	kommt!	kommen Sie!	

schlafen　直説法現在形　　　　　　　　　　直説法過去形
眠る
	ich schlafe	wir schlafen	ich **schlief**	wir schliefen
	du **schläfst**	ihr schlaft	du schliefst	ihr schlieft
	er **schläft**	sie schlafen	er schlief	sie schliefen
過去分詞	**geschlafen**		現在分詞	schlafend
接 II	**schliefe**			
命令形	schlaf[e]!	schlaft!	schlafen Sie!	

geben　直説法現在形　　　　　　　　　　直説法過去形
与える
	ich gebe	wir geben	ich **gab**	wir gaben
	du **gibst**	ihr gebt	du gabst	ihr gabt
	er **gibt**	sie geben	er gab	sie gaben
過去分詞	**gegeben**		現在分詞	gebend
接 II	**gäbe**			
命令形	**gib**!	gebt!	geben Sie!	

《主な不規則変化動詞》

- 不規則変化動詞は，その変化タイプは様々ですが，数は限定されているため，主なものを以下に簡略化して示します。

> **注1** 複合動詞の変化形は，基礎動詞の変化形に基づくため，本リストは単一動詞を中心に見出し語にしました。ただし，単一動詞としての使用頻度が極めて低い場合，使用頻度の高い非分離動詞の変化形を見出し語にしました。なお，使用頻度の高い分離動詞および非分離動詞がある場合，それらも注として併記しました。
> **注2** 意味によって変化形が異なることあります。見出し語の下には，当該変化形が該当する意味を書いておきました。また，自動詞の用法に限定される場合は（自）と記

載しました。

注3 重要語2000に含まれるような高頻度の動詞は青字で示しました。別形がある場合がありますが，頻度の低い方は（ ）に入れて示すか，削除しました。

注4 2人称親称単数と3人称単数の現在変化形も示してあります（不規則な場合は1人称単数も）。命令形は，感嘆符を付けて，親称単数（du）の形を示しました（なお，記載を決める際，願望的な使用も考慮しています）。

注5 「（+ist）」は完了の助動詞として haben 以外に sein も使うことを，「(ist)」は sein のみを使うことを示します。

不定詞	直説法現在	過去基本形	過去分詞	(上段) 接Ⅱ (下段) 命令形
backen 焼く	backst (bäckst) backt (bäckt)	backte / buk	gebacken	backte / büke back[e]!
befehlen 命令する	befiehlst befiehlt	befahl	befohlen	befähle / beföhle **befiehl!**
beginnen 始める	beginnst beginnt	**begann**	**begonnen**	begänne beginn[e]!
beißen かむ	beißt beißt	biss	gebissen	bisse beiß[e]!
bergen 救い出す	birgst birgt	barg	geborgen	bärge **birg!**
biegen 曲げる	biegst biegt	bog	gebogen	böge bieg[e]!
bieten 提供する	bietest bietet	**bot**	**geboten**	böte biet[e]!
注 verbieten 禁止する，an|bieten 申し出る				
binden 結ぶ	bindest bindet	**band**	**gebunden**	bände bind[e]!
注 verbinden 結びつける				
bitten 頼む	bittest bittet	**bat**	**gebeten**	bäte bitte!
blasen 息を吹く	bläst bläst	blies	geblasen	bliese blas[e]!
bleiben 留まる	bleibst bleibt	**blieb**	**geblieben** (ist)	bliebe bleib[e]!

braten 焼く	brätst brät	briet	gebraten	briete brat[e]!
brechen 折る	brichst bricht	**brach**	**gebrochen** (+ist)	bräche **brich**!
注 unterbrechen 中止する				
brennen 燃える	brennst brennt	**brannte**	**gebrannt**	brennte brenne!
bringen 持っていく	bringst bringt	**brachte**	**gebracht**	brächte bring[e]!
注 verbringen（時を）過ごす，mit|bringen 持って来る				
denken 考える	denkst denkt	**dachte**	**gedacht**	dächte denk[e]!
注 nach|denken 熟慮する				
dringen 強く迫る	dringst dringt	drang	gedrungen (+ist)	dränge dring[e]!
dürfen …してもよい	ich darf du darfst er darf	**durfte**	**dürfen** / **gedurft**（独立用法）	dürfte
empfangen 受け取る	empfängst empfängt	empfing	empfangen	empfinge empfang[e]!
empfehlen 勧める	empfiehlst empfiehlt	**empfahl**	**empfohlen**	empföhle / empfähle **empfiehl**!
empfinden 感じる	empfindest empfindet	**empfand**	**empfunden**	empfände empfind[e]!
entscheiden 決める	entscheidest entscheidet	**entschied**	**entschieden**	entschiede entscheid[e]!
erschrecken 驚く（自）	erschrickst erschrickt	**erschrak**	**erschrocken** (ist)	erschräke **erschrick**!
essen 食べる	isst isst	**aß**	**gegessen**	äße **iss**!
fahren （乗り物で）行く	fährst fährt	**fuhr**	**gefahren** (+ist)	führe fahr[e]!
注 erfahren 聞き知る				

不定詞	直説法現在	過去基本形	過去分詞	接続法第2式 / 命令形
fallen 落ちる	fällst fällt	**fiel**	**gefallen** (ist)	fiele fall[e]!

　注 gefallen 気に入る

fangen 捕まえる	fängst fängt	fing	gefangen	finge fang[e]!
finden 見つける	findest findet	**fand**	**gefunden**	fände find[e]!

　注 statt|finden 開催される

fliegen 飛ぶ	fliegst fliegt	**flog**	**geflogen** (+ ist)	flöge flieg[e]!
fliehen 逃げる	fliehst flieht	floh	geflohen (+ ist)	flöhe flieh[e]!
fließen 流れる	fließt fließt	**floss**	**geflossen** (ist)	flösse fließ[e]!
fressen (動物が) 食べる	frisst frisst	fraß	gefressen	fräße friss!
frieren 寒がる	frierst friert	fror	gefroren	fröre frier[e]!
geben	→上掲（291 頁）			
gehen 行く	gehst geht	**ging**	**gegangen** (ist)	ginge geh[e]!

　注 aus|gehen（デートなどに）出かける，zurück|gehen 戻る

gelingen 成功する	— gelingt	**gelang**	**gelungen** (ist)	gelänge
gelten 有効である	giltst gilt	**galt**	**gegolten**	gälte / gölte **gilt**!
genießen 楽しむ	genießt genießt	**genoss**	**genossen**	genösse genieß[e]!
geschehen 起こる	— geschieht	**geschah**	**geschehen** (ist)	geschähe
gewinnen 勝つ	gewinnst gewinnt	**gewann**	**gewonnen**	gewänne/ gewönne gewinn[e]!
gießen 注ぐ	gießt gießt	goss	gegossen	gösse gieß[e]!

gleiten	gleitest	glitt	geglitten	glitte
滑る	gleitet		(ist)	gleit[e]!
graben	gräbst	grub	gegraben	grübe
掘る	gräbt			grab[e]!
greifen	greifst	**griff**	**gegriffen**	griffe
つかむ	greift			greif[e]!

注 **begreifen** 理解する

haben	hast	**hatte**	**gehabt**	hätte
持っている	hat			hab[e]!
halten	hältst	**hielt**	**gehalten**	hielte
つかんでいる	hält			halt[e]!

注 **erhalten** 受け取る，sich **unterhalten** 語り合う，sich **verhalten** 振る舞う

hängen	hängst	**hing**	**gehangen**	hinge
掛かっている(自)	hängt			häng[e]!
heben	hebst	**hob**	**gehoben**	höbe
持ち上げる	hebt			heb[e]!
heißen	heißt	**hieß**	**geheißen**	hieße
…という名前である	heißt			heiß[e]!
helfen	hilfst	**half**	**geholfen**	hülfe / hälfe
手伝う	hilft			**hilf**!
kennen	kennst	**kannte**	**gekannt**	kennte
知っている	kennt			kenn[e]!
klingen	klingst	**klang**	**geklungen**	klänge
鳴る	klingt			kling[e]!
kneifen	kneifst	kniff	gekniffen	kniffe
つねる	kneift			kneif[e]!
kommen	→上掲（291頁）			

注 **bekommen** 得る，an|**kommen** 到着する，zurück|**kommen** 戻って来る

können	ich kann	**konnte**	**können** /	könnte
…ができる	du kannst		**gekonnt**（独立用法）	
	er kann			
kriechen	kriechst	kroch	gekrochen	kröche
はう	kriecht		(ist)	kriech[e]!

laden 積む	lädst lädt	**lud**	**geladen**	lüde lad[e]!

注 ein|laden 招待する

lassen …させる	lässt lässt	**ließ**	**gelassen** / **lassen**（助動詞）	ließe **lass**!

注 verlassen 立ち去る

laufen 走る	läufst läuft	**lief**	**gelaufen** (ist)	liefe lauf[e]!
leiden 苦しむ	leidest leidet	**litt**	**gelitten**	litte leid[e]!
leihen 貸す	leihst leiht	lieh	geliehen	liehe leih[e]!
lesen 読む	liest liest	**las**	**gelesen**	läse **lies**!
liegen 横になっている	liegst liegt	**lag**	**gelegen**	läge lieg[e]!
lügen うそをつく	lügst lügt	log	gelogen	löge lüg[e]!
meiden 避ける	meidest meidet	**mied**	**gemieden**	miede meid[e]!

注 vermeiden 避ける

messen 測る	misst misst	**maß**	**gemessen**	mäße **miss**!
misslingen 失敗する	— misslingt	misslang	misslungen (ist)	misslänge
mögen …が好きだ	ich mag du magst er mag	**mochte**	**mögen** / **gemocht**（独立用法）	möchte
müssen …しなければならない	ich muss du musst er muss	**musste**	**müssen** / **gemusst**（独立用法）	müsste
nehmen 取る	nimmst nimmt	**nahm**	**genommen**	nähme **nimm**!

注 übernehmen 引き継ぐ, unternehmen（旅行などを）する
teil|nehmen 参加する, zu|nehmen（量などが）増える

nennen	nennst	**nannte**	**genannt**	nennte
…と名づける	nennt			nenn[e]!
pfeifen	pfeifst	pfiff	gepfiffen	pfiffe
口笛を吹く	pfeift			pfeif[e]!
quellen	—	quoll	gequollen	quölle
湧き出る（自）	quillt		（ist）	
raten	rätst	riet	geraten	riete
助言する	rät			rat[e]!
reiben	reibst	rieb	gerieben	riebe
こする	reibt			reib[e]!
reißen	reißt	**riss**	**gerissen**	risse
引き裂く	reißt		（+ ist）	reiß[e]!
reiten	reitest	ritt	geritten	ritte
馬に乗る	reitet		（+ ist）	reit[e]!
rennen	rennst	rannte	gerannt	rennte
走る	rennt		（ist）	renn[e]!
riechen	riechst	roch	gerochen	röche
匂いを嗅ぐ	riecht			riech[e]!
rufen	rufst	**rief**	**gerufen**	riefe
叫ぶ	ruft			ruf[e]!

注 an|rufen 電話をかける

saufen	säufst	soff	gesoffen	söffe
（動物が）飲む	säuft			sauf[e]!
saugen	saugst	sog /	gesogen /	söge / saugte
吸う	saugt	saugte	gesaugt	saug[e]!
schaffen	schaffst	**schuf**	**geschaffen**	schüfe
創造する	schafft			schaff[e]!
scheinen	scheinst	**schien**	**geschienen**	schiene
輝く	scheint			schein[e]!

注 erscheinen 現れる

schelten	schiltst	schalt	gescholten	schölte
しかる	schilt			**schilt**!
schieben	schiebst	**schob**	**geschoben**	schöbe
押して動かす	schiebt			schieb[e]!

注 verschieben 延期する

schießen 撃つ	schießt schießt	schoss	geschossen (+ist)	schösse schieß[e]!
schlafen	→上掲（291 頁）			
schlagen 殴る	schlägst schlägt	schlug	geschlagen (+ist)	schlüge schlag[e]!

注 vor|schlagen 提案する

schleichen そっと歩く	schleichst schleicht	schlich	geschlichen (ist)	schliche schleich[e]!
schleifen 研ぐ	schleifst schleift	schliff	geschliffen	schliffe schleif[e]!
schließen 閉める	schließt schließt	schloss	geschlossen	schlösse schließ[e]!

注 sich entschließen 決心する

schmeißen 投げる	schmeißt schmeißt	schmiss	geschmissen	schmisse schmeiß[e]!
schmelzen 溶かす，溶ける	schmilzt schmilzt	schmolz	geschmolzen (+ist)	schmölze schmilz!
schneiden 切る	schneidest schneidet	schnitt	geschnitten	schnitte schneid[e]!
schreiben 書く	schreibst schreibt	schrieb	geschrieben	schriebe schreib[e]!
schreien 叫ぶ	schreist schreit	schrie [riː]	geschrien [riː]も[riːə]も可	schrie [riːə] schrei[e]!
schreiten 悠然と歩く	schreitest schreitet	schritt	geschritten (ist)	schritte schreit[e]!
schweigen 黙る	schweigst schweigt	schwieg	geschwiegen	schwiege schweig[e]!
schwellen 腫れる（自）	— schwillt	schwoll	geschwollen (ist)	schwölle
schwimmen 泳ぐ	schwimmst schwimmt	schwamm	geschwommen (+ist)	schwämme schwimm[e]!
schwingen 振る	schwingst schwingt	schwang	geschwungen	schwänge schwing[e]!
schwören 誓う	schwörst schwört	schwor	geschworen	schwöre schwör[e]!

sehen 見る	siehst sieht	**sah**	**gesehen**	sähe sieh[e]!
注 an|sehen 見る, aus|sehen …のように見える				
sein …である	ich bin du bist er ist	**war**	**gewesen** (ist)	wäre sei!
senden 送る	sendest sendet	sandte / sendete	gesandt / gesendet	sendete send[e]!
singen 歌う	singst singt	**sang**	**gesungen**	sänge sing[e]!
sinken 沈む	sinkst sinkt	**sank**	**gesunken** (ist)	sänke sink[e]!
sitzen 座っている	sitzt sitzt	**saß**	**gesessen**	säße sitz[e]!
注 besitzen 所有している				
sollen …すべきである	ich soll du sollst er soll	**sollte**	**sollen** / **gesollt**（独立用法）	sollte
spalten 割る	spaltest spaltet	spaltete	gespalten (gespaltet)	spaltete spalt[e]!
sprechen 話す	sprichst spricht	**sprach**	**gesprochen**	spräche **sprich**!
注 entsprechen …に対応する, versprechen 約束する, aus|sprechen 述べる				
springen 跳ぶ	springst springt	**sprang**	**gesprungen** (ist)	spränge spring[e]!
stechen 刺す	stichst sticht	stach	gestochen	stäche **stich**!
stehen 立っている	stehst steht	**stand**	**gestanden**	stünde steh[e]!
注 bestehen 合格する, entstehen 生じる, verstehen 理解する 　　 auf|stehen 起きる				
stehlen 盗む	stiehlst stiehlt	stahl	gestohlen	stähle **stiehl**!
steigen 登る	steigst steigt	**stieg**	**gestiegen** (ist)	stiege steig[e]!

不定詞	直説法現在	過去基本形	過去分詞	接続法第2式 / 命令形
sterben 死ぬ	stirbst / stirbt	**starb**	**gestorben** (ist)	stürbe / **stirb**!
stinken 臭い	stinkst / stinkt	stank	gestunken	stänke
stoßen 突く	stößt / stößt	**stieß**	**gestoßen** (+ist)	stieße / stoß[e]!
streichen 塗る	streichst / streicht	**strich**	**gestrichen**	striche / streich[e]!
streiten 争う	streitest / streitet	stritt	gestritten	stritte / streit[e]!
tragen 運ぶ	trägst / trägt	**trug**	**getragen**	trüge / trag[e]!
treffen 会う	triffst / trifft	**traf**	**getroffen**	träfe / **triff**!
treiben 追い立てる	treibst / treibt	trieb	getrieben (+ist)	triebe / treib[e]!
treten 歩む	trittst / tritt	**trat**	**getreten** (ist)	träte / **tritt**!
trinken 飲む	trinkst / trinkt	**trank**	**getrunken**	tränke / trink[e]!
tun …をする	ich tue / du tust / er tut	**tat**	**getan**	täte / tu[e]!
unterscheiden 区別する	unterscheidest / unterscheidet	**unterschied**	**unterschieden**	unterschiede / unterscheid[e]!
verderben 腐る	verdirbst / verdirbt	verdarb	verdorben (+ist)	verdürbe / **verdirb**!
vergessen 忘れる	vergisst / vergisst	**vergaß**	**vergessen**	vergäße / **vergiss**!
vergleichen 比較する	vergleichst / vergleicht	**verglich**	**verglichen**	vergliche / vergleich[e]!
verlieren 失う	verlierst / verliert	**verlor**	**verloren**	verlöre / verlier[e]!
verschwinden 見えなくなる	verschwindest / verschwindet	**verschwand**	**verschwunden** (ist)	verschwände / verschwind[e]!

不定詞	直説法現在	過去基本形	過去分詞	接続法第2式／命令形
verzeihen 許す	verzeihst verzeiht	verzieh	verziehen	verziehe verzieh[e]!
wachsen 成長する	wächst wächst	**wuchs**	**gewachsen** (ist)	wüchse wachs[e]!
waschen 洗う	wäschst wäscht	**wusch**	**gewaschen**	wüsche wasch[e]!
weben 織る	webst webt	webte / wob	gewebt / gewoben	webte / wöbe web[e]!
weisen 指し示す	weist weist	wies	gewiesen	wiese weis[e]!

注 beweisen 証明する

wenden 向ける	wendest wendet	**wandte** / wendete	**gewandt** / gewendet	wendete wend[e]!

注 verwenden 使う，an|wenden 使う

werden …になる	wirst wird	**wurde**	**geworden** / worden（受動） (ist)	würde **werde**!
werfen 投げる	wirfst wirft	**warf**	**geworfen**	würfe **wirf**!
wiegen 重さを量る	wiegst wiegt	wog	gewogen	wöge wieg[e]!
winden 身をよじる	windest windet	wand	gewunden	wände wind[e]!
wissen 知っている	ich weiß du weißt er weiß	**wusste**	**gewusst**	wüsste **wisse**!
wollen …するつもりだ	ich will du willst er will	**wollte**	**wollen** / **gewollt**（独立用法）	wollte
ziehen 引く	ziehst zieht	**zog**	**gezogen**	zöge zieh[e]!

注 an|ziehen 着る

zwingen 強いる	zwingst zwingt	**zwang**	**gezwungen**	zwänge zwing[e]!

索引（数字は該当する頁。説明が次頁に続く場合もあります。）

《日本語》

あ行

アクセント 272
　〜のない前つづり 272
穴埋めの es 137, 269
アルファベット 271
1 人称 131
1 格（用法）124
移動動詞 79

か行

外交的接続法 57
格 120
　→1格 →2格 →3格 →4格
格語尾 120
　強語尾 163　弱語尾 190
格支配　形容詞の〜 196
　前置詞の〜 178　動詞の〜 249
格変化 120
　強変化 163　弱変化 190
　混合変化 191
過去完了形（〜時制）
　作り方・人称変化 21　用法 26
　〜文の作り方 21
過去基本形 11　作り方 12
過去形（〜時制；直説法）
　人称変化 15　用法 24
　→接続法過去
過去分詞 11
　作り方 12　用法 102
　形容詞化 106
過去分詞句（用法）102
関係詞　→[定]関係代名詞
　→不定関係代名詞　→関係副詞
　→関係代名副詞
関係代名詞（[定]〜）222　格変化 224
関係代名副詞 229
関係副詞 230
関係文 222　作り方 223, 232
　制限的用法 231　非制限的用法 231
冠詞 155　→冠詞類　→定冠詞
　→不定冠詞　→無冠詞
冠飾句 233　現在分詞句の〜 98
　過去分詞句の〜 105
冠詞類　→定冠詞類　→不定冠詞類
関心の3格 127
間接疑問文 215, 222
間接話法 47
　時制 50　話し言葉の特徴 49
　直接話法との対応 51
　→独立的間接話法
感嘆文 171, 246
幹母音 9
完了の助動詞 17
　副文での使用（語順）260
　haben と sein の使い分け 17, 29
完了不定詞 17
基数 278
規則変化動詞 7, 12
基礎動詞 64
機能動詞 81
機能動詞句 81　表現機能 82
疑問冠詞
　was für ein 175　welcher 171
疑問詞　→疑問冠詞　→疑問代名詞

→疑問代名副詞　→疑問副詞
疑問代名詞　wer 154　was 154
疑問代名副詞 203
疑問副詞 202
疑問文 245
強語尾 163
強調構文 140
強変化 163
強変化動詞 12
口調上の e　8, 12, 236
形式主語 139
形式目的語 139
敬称　→2人称敬称
継続的用法（関係文）232
形容詞　格変化・用法 189
　格・前置詞支配 196
　名詞的用法 193
結果表現 71, 252
結果目的語 250
決定疑問文 245
原級（比較変化）235
現在完了形（～時制）　作り方 17
　人称変化 18　用法 25
　～文の作り方 19
現在形（～時制；直説法）
　人称変化 7　用法 23
　→接続法現在
現在分詞　作り方 97　用法 98
　形容詞化 101
現在分詞句
　作り方 97　用法 98
　主文との時制関係 99
語幹 7
語順（文成分配列）258
　文法的規則 258　情報的規則 260

断り書き 105, 259
語末の r / -er 275
固有名詞　2格語尾 123
混合変化（形容詞）191
混合変化動詞 13

さ行

再帰代名詞　格変化一覧 141
　用法 69, 141
再帰動詞 69　再帰的熟語表現 70
最高級　→最上級
最上級　作り方 235, 237　用法 238
3格（用法）127
3格支配　～の形容詞 196, 253
　　　　　～の前置詞 180
　　　　　～の動詞 127, 250
3格・4格支配の前置詞 183
三基本形 11
3人称 131
　～の人称代名詞の用法 133
子音 274
使役の助動詞 lassen 78
　完了形 20
時刻 282
指示冠詞 163
指示代名詞 der　格変化・用法 145
時称　→時制
時制　直説法 6　接Ⅰ 43　接Ⅱ 44
　間接話法での時制 50
　非現実話法での時制 54
自動詞 83　～の受動文 34
弱音節の e 116, 284
弱語尾 190
弱変化（形容詞）190
弱変化動詞 12

従属接続詞 212, 215
従属複合文 212, 245
従属文　→副文
熟語動詞 96
主語 248　語順 263
主語述語 195, 251　語順 265
述語 194, 251
　→主語述語　→目的語述語
述部 244
受動態（受動形）30
　→ werden 受動（動作受動）
　→ sein 受動（状態受動）
　→ bekommen 受動
受動文
　→人称受動　→非人称受動
主文 215, 245
小数 280
状態再帰 70 注3, 104
状態受動　→ sein 受動
序数 279
女性名詞 109
助動詞 63
　完了の〜 17　受動の〜 30
　未来の〜 22　話法の〜 72
所有冠詞（一覧）172
　格変化 172　用法 174
所有の3格 127, 267 注4
所有の4格 127 下 注2
親称　→2人称親称
心態詞 205
数（すう）112
数詞 278
数式（四則計算）280
性　→文法上の性
制限的用法（関係文）231

接Ⅰ　用法 47　時制 50
接Ⅰ過去　作り方・人称変化 45
接Ⅰ現在　作り方・人称変化 43
接Ⅰ未来　作り方・人称変化 46
接辞 276
接続詞 212
接続副詞 204
接続法 42　→接Ⅰ　→接Ⅱ
接続法過去　→接Ⅰ過去　→接Ⅱ過去
接続法現在　→接Ⅰ現在　→接Ⅱ現在
接続法第1式　→接Ⅰ
接続法第2式　→接Ⅱ
接続法未来　→接Ⅰ未来
絶対最上級 241
絶対的用法（時制）28
絶対的4格 101
絶対比較級 241
接頭辞 276
接Ⅱ　用法 54　時制 54
接Ⅱ過去　作り方・人称変化 45
接Ⅱ現在　作り方・人称変化 44
接尾辞 276
先行詞 222　〜の冠詞 226
前置詞 178
　→2格支配の〜　→3格支配の〜
　→3格・4格支配の〜　→4格支配の〜
　定冠詞との融合形 185
前置詞句目的語 187, 196, 251, 253
　形容詞との語順 265 注1
前置詞支配
　形容詞の〜 187, 196, 253
　動詞の〜 187, 249, 251
全否定　→文否定
相関接続詞 214
造語 276

索　引

相互代名詞 143
相対的用法（時制）28

た行

体験話法 53
第2位（定義）245 注
第2成分（定義）247
代名詞 131
代名副詞（da[r]- + 前置詞）200
代用語 133
他動詞 83　〜の絶対的用法 250
単一文 244
単純未来時制（〜形）
　　作り方・人称変化 22　用法 26
　　〜文の作り方 22
単数形 112　特殊な用法 117
単数形名詞 116
男性弱変化名詞 123
男性名詞 109, 111
知覚動詞 79　〜の完了形 20
中域 260　一般的語順規則 261
中性名詞 109, 111
直説法 6
直接話法 51
つづり（綴り）　読み方 272
定関係代名詞　→関係代名詞
定冠詞 156
　　格変化 120　用法 156
　　前置詞との融合形 185
定冠詞類 163
定形 7
定形第2位　→定動詞第2位
定動詞 7
定動詞第2位 245 注
同格 255

動作受動　→werden 受動
動詞 6　〜の格支配 249
　　〜の前置詞支配 187
同族目的語 129, 250
同等比較 243
独立的間接話法 50

な行

2格（用法）125
　　-s と -es の使い分け 121
2格支配　〜の形容詞 125, 253
　　　　　〜の前置詞 178
　　　　　〜の動詞 126, 250
2人称 131　→〜親称　→〜敬称
2人称敬称 132　〜の命令形 61
2人称親称 132　〜の命令形 60
人称 131
人称語尾 7, 15
人称受動 33
人称代名詞 131
人称動詞 80
人称変化[1]（直説法）
　　現在形 7　過去形 15　未来形 22
　　現在完了形 18　過去完了形 21
　　未来完了形 23
人称変化[2]（接続法）43　→接Ⅰ　→接Ⅱ
認容文 220
年月日 283
能動態 6

は行

派生語 276
発音 272
判断基準の3格 128
比較級　作り方 235, 237　用法 238

比較変化　→比較級　→最上級
比較文 215, 235
非現実的願望文 56
非現実話法 54
非制限的用法（関係文）231
必須成分（定義）256
否定冠詞 kein　格変化 174
　　用法 175　kein と nicht 176
否定詞（nicht など）206
日にち（日付）283
非人称主語 80
非人称受動 34
非人称動詞 80
非必須成分（定義）256
非分離動詞 66
　　人称変化 66　三基本形 14
非分離前つづり 66
付加語（定義）255　（比較変化）238
不規則変化動詞 9　（三基本形）12
複合語 276
複合動詞 64
　　→分離動詞　→非分離動詞
　　→分離・非分離動詞
複合文 212, 244
　　→並列〜　→従属〜
　　→主文　→副文　→間接疑問文
副詞 197
副詞成分（定義）253　語順 267
複数形 112
　　作り方 113　特殊な用法 118
複数形名詞 116
副文 215, 245
　　名詞的〜 216　副文的〜 217
不定関係代名詞　wer 227　was 228
不定冠詞　格変化 120　用法 159

不定冠詞類 172
不定形 6, 84
不定詞 6, 84　〜と dass 文 92 注2
不定詞句 85　用法 86
不定数冠詞 167
不定代名詞 149
部分否定 207
文 244　種類 244　意味タイプ 245
文型（一覧）256
分詞 97　→現在分詞　→過去分詞
文肢　→文成分
分数 280
文成分（定義）247, 256
　　文成分配列　→語順
文頭 268
文否定 207
文法上の性 108
　　生物学上の性と〜 109
分離動詞 64
　　人称変化 64　三基本形 14
分離・非分離動詞 67
　　人称変化 67　三基本形 14 注1
分離・非分離前つづり 67
分離前つづり 65
平叙文 245
並列接続詞 212
並列複合文 212, 245
変化形一覧（名詞句・動詞句）285
母音　長短 273
補足疑問文 222, 245
本動詞 63

ま行

前つづり 64, 66
未来完了形（〜時制）

作り方・人称変化 23 　用法 27
〜文の作り方 23
未来形（〜時制）
→単純未来形 →未来完了形
未来受動分詞　作り方・用法 99
無冠詞　用法 161
名詞　分類 107
名詞的用法（名詞化）
過去分詞の〜 106 　形容詞の〜 193
現在分詞の〜 101
命令法（命令形）60
親称の〜 60 　敬称の〜 61
目的語 249 　語順 263
4格〜 129, 249 　3格〜 127, 250
2格〜 125, 250
前置詞句〜 187, 251
目的語述語 195, 252

や・ら・わ行

要求話法 52

予告語 135
主語の〜 89, 135 　述語の〜 89
目的語の〜 90, 136
前置詞格目的語の〜 90, 202
予告の代名副詞 91, 202
予告の es 89, 135
4格（用法）129
所有の〜 127 下 注2
4格支配　〜の形容詞 196, 253
　　　　　〜の前置詞 181
　　　　　〜の動詞 129, 249
利害の3格 128
歴史的現在 24
劣等比較 243
枠外配置 270
枠構造 269
話法の助動詞 72
現在人称変化 72 　過去人称変化 16
〜文の作り方 73
用法 74 　独立用法 73

《ドイツ語》

* 所有冠詞 mein, dein, sein, ihr, unser, euer, Ihr は→第3章。

a →ä タイプ 9
aller 168
als ob 文 56
bekommen 受動 41
da[r]- 200
das（指示代名詞）147
der（指示代名詞）145
deren 147
derjenige 166
derselbe 166
dessen 147

desto + 比較級 243
dies 164
dieser［型］163
durch（受動文）36
e → i/ie タイプ 10
einer（不定代名詞）151
es 134
etwas 153
-ieren 動詞（三基本形）14
je + 比較級 243
jeder 167

jemand 149
jener 164
kein →否定冠詞 kein
keiner（不定代名詞）151
lassen →使役の助動詞 lassen
man 149
mancher 169
nicht 206　～の位置 208
　kein との使い分け 176
nichts 153
niemand 149
ob（間接疑問文）51, 217
sein[1]（本動詞）　三基本形 13
　現在人称変化 11
　過去人称変化 16
sein[2]（完了の助動詞）17
sein 受動（状態受動）39
　～文の作り方 40

-s と -es（2格語尾）121
sich 141
solcher 165
von（受動文）36
was[1]（疑問代名詞）154
was[2]（不定関係代名詞）228
was für ein 175
welcher 171
wer[1]（疑問代名詞）154
wer[2]（不定関係代名詞）227
werden　三基本形 13
werden 受動　人称変化 30
　作り方 32　用法 34
　類似表現 37
　～の不定詞 30　～の完了不定詞 31
würde 形式 46, 48, 55
zu 不定詞 88
zu 不定詞句　用法 88

〈参考文献〉

Duden. Die deutsche Rechtschreibung. 25. Aufl. 2009
Duden. Die Grammatik. 9. Aufl. 2016
Duden. Richtiges und gutes Deutsch. 7. Aufl. 2011
G. Helbig / J. Buscha：Deutsche Grammatik. 8. Aufl. 1984
Jones, R. & Tschirner, E.：A Frequency Dictionary of German. Routledge. 2006
H. Schumacher u. a.：VALBU - Valenzwörterbuch deutscher Verben. Narr. 2004
在間進：『［改訂版］詳解ドイツ語文法』．大修館．2006
中島悠爾他著：『必携ドイツ文法総まとめ─改訂版─』．白水社．2003
浜崎長寿他編：『ドイツ語文法シリーズ』．大学書林．1999～2007

〈コーパス〉

Deutche Refernzkorpus DeReKo（Institut für deutsche Sprache）
Digitales Wörterbuch der Deutschen Sprache DWDS
　（Berlin-Brandenburgische Akademie der Wissenschaft）
Google Ngram Viewer（https://books.google.com/ngrams/）

著者略歴

在間　進（ざいま・すすむ）
東京外国語大学名誉教授
　［編著］『アクセス独和辞典第3版』(三修社),『アクセス和独辞典』(三修社),
　　　　『ドイツ語会話とっさのひとこと辞典』(ＤＨＣ)
　［著書］『新キャンパス独和辞典』(郁文堂),『エクセル独和辞典』(郁文堂),
　　　　『スタートラインのドイツ語』(三修社),『ゼロからはじめるドイツ
　　　　語』(三修社),『Z先生の超かんたんドイツ語』(郁文堂)
　［共著］『独検合格4週間2級』(第三書房),『独検合格4週間 neu 3級』(第
　　　　三書房),『独検合格4週間 neu 4級』(第三書房),『独検合格4週間
　　　　5級』(第三書房),『新・独検合格 単語＋熟語1800』(第三書房)

リファレンス・ドイツ語
ドイツ語文法の「すべて」がわかる

2017年4月20日　初版発行
2020年9月26日　4版発行

著　者　在　間　　　進
発行者　柏　倉　健　介
印刷所　幸和印刷株式会社

発行所　㈱ 郁 文 堂　〒113-0033 東京都文京区本郷5-30-21
　　　　　　　　　　Tel. 03-3814-5571 振替 00170-9-452287

落丁・乱丁本はお取り替えいたします。　　　　Printed in Japan
　　　　　　　　　　　　　　　　　　　ISBN978-4-261-07355-3

本書のコピー，スキャン，デジタル化等の無断複製は著作権法上での例外を除き禁じ
られています。本書を代行業者等の第三者に依頼してスキャンやデジタル化すること
は、たとえ個人や家庭内での利用であっても著作権法上一切認められておりません。

好評 ドイツ語参考書

好評 単語集

新・独検合格 単語＋熟語 1800
在間　進／亀ヶ谷昌秀　共著
CD 2枚付・2色刷・A 5変型判
272 頁・本体 2,300 円＋税

独検対応

★超基礎（5級）〜4・3・2級レベルに対応
★シンプルで覚えやすい例文と見やすいレイアウト

独検合格シリーズ

★最新の過去問題を分析し，対策をアドバイス
★CD で聞き取り対策もしっかり行います

　　在間　進
　　亀ヶ谷昌秀　共著

5〜2級 全て CD 付・2色刷・A 5判

独検合格 4 週間 neu《5 級》	160 頁	別冊解答集付	本体 1,900 円＋税
独検合格 4 週間 neu《4 級》	162 頁	別冊解答集付	本体 2,200 円＋税
独検合格 4 週間 neu《3 級》	233 頁	別冊解答集付	本体 2,300 円＋税
独検合格 4 週間　　　《2 級》	181 頁	別冊解答集付	本体 2,300 円＋税

独学に最適の学習書

CD 付
独学でもよくわかるやさしくくわしいドイツ語
改訂版

清水　薫／石原竹彦　共著
CD 付・ホームページから音声無料ダウンロード
2色刷・B 5判・184 頁・本体 2,400 円＋税

★完全書き込み式ドイツ語トレーニングブック
★文法説明と練習問題が見開きで完結
★使いやすい別冊解答

中級参考書

ドイツ語、もっと先へ！

渡辺克義／アンドレアス・マイアー　共著
CD 付・2色刷・A 5判
178 頁・本体 1,600 円＋税

★前半は，有名な落語をドイツ語で演じる等，楽しめる読み物中心
★後半は，東大のドイツ語入試問題に挑戦！ 作文力を鍛えます